REINAS GODAS

Daniel Gómez Aragonés

REINAS GODAS

Las mujeres que pusieron la semilla de España

la esfera de los libros

Primera edición: febrero de 2025

© Daniel Gómez Aragonés, 2025
© La Esfera de los Libros, S. L., 2025
Avenida de San Luis, 25
28033 Madrid
Tel.: 91 443 50 00
www.esferalibros.com

Ilustración: Max Hierro
Mapas: José Luis Montoro
ISBN: 978-84-1384-995-9
Depósito legal: M.26.775-2024
Composición: Versal CD, S. L.
Impresión y encuadernación: Cofás
Impreso en España-*Printed in Spain*

Índice

«Apareció en el cielo una señal grande,
una mujer envuelta en el sol, con la luna debajo
de sus pies, y sobre la cabeza una corona de doce estrellas».
Apocalipsis, 12, 1

«He combatido la buena batalla, he terminado
la carrera, he conservado la fe».
II a Timoteo, 4, 7

Agradecimientos

La verdad es que no me canso de decir y de escribir lo complicado que resulta exponer los agradecimientos ligados a la publicación de un nuevo libro. No obstante, si hemos conseguido, en mayor o en menor medida, recorrer la fascinante epopeya de los godos a través de sus reinas y mujeres con la complejidad que eso conlleva, creo que podré cumplir con esta nueva misión.

De esta manera, arranco con una dama que me ha acompañado de principio a fin en esta aventura, Engel... *Liebe... Kann den Blick nicht von dir Lassen... Du bist schön wie ein Diamant* (diría que mi Amalasunta o mi Baddo pero sé que tú eres más de Gala Placidia). Claro está, muchas gracias a mi querida madre, María Jesús (una auténtica Erelieva/Eusebia), y a mi querido padre, Valentín, porque siempre son y siempre están; a mi hermana (sabes que te gusta Egilo) y al resto de mi familia porque son mucho más que una gran familia goda, a veces más visigoda, a veces más ostrogoda. Ni puedo ni debo olvidarme de mi estimado editor César Cervera, quien ha pasado de entrevistarme por mis libros a encaminarme y acompañarme en nuevos proyectos. Un honor para este humilde siervo del Señor que escribe estas líneas y muchas gracias por tu santa paciencia. Nunca falta en un apartado como este mi admirado maestro y amigo Jesús Callejo a quien tanto debo. Hay dos personas, en verdad dos fratres, Gonzalo Rodríguez y Julio César Pantoja, que con tres palabras queda todo dicho: «Fuerza y Honor». Muchas gracias también a mis amigos Paco Rodríguez,

Adolfo de Mingo y Luis Dévora por creer en mí y al gran «romano» Federico Romero por compartir «historias bárbaras». El pasado año me ha llevado para futuros «proyectos godos» con Gerardo Álvarez y David Luna, así que muchas gracias por vuestras siempre «godas» y motivadoras palabras. Un sincero agradecimiento a mi apreciada Ymelda Navajo (la grandeza de Adosinda te acompaña) por contar conmigo en este viaje tan godo y a todo el equipazo de La Esfera de los Libros por hacer cosas bonitas. Y como no, muchas gracias a Max Hierro por «darnos» a toda una reina goda con su espectacular trabajo.

Por otro lado, quiero aprovechar estas líneas para dar las gracias a todos aquellos que desde la Antigüedad Tardía hasta la actualidad han escrito, investigado y/o divulgado la temática de los godos, desde el gran San Isidoro de Sevilla hasta el ilustre profesor García Moreno y los añorados profesores Sánchez Albornoz y Orlandis, pasando por todas las personas mencionadas en la bibliografía contenida en este trabajo. Sin vuestras mercedes este y tantos trabajos ligados directamente a mi persona no estarían aquí. Como es de bien nacidos ser agradecidos y al César lo que es del César, de nuevo, muchas gracias.

En el camino de escribir un libro como en el propio camino de la vida pueden acompañarte amigos, que en verdad son miembros de la familia, de cuatro patas. En este sentido, debo traer a colación a mi Berenguela (Guela para el común de los mortales y aunque te pusimos nombre de reina castellana, podías ser una verdadera Goswinta porque representas a una auténtica «reina goda gatuna»), al siempre bondadoso Pintillas y a Críspulo, que te fuiste demasiado pronto pero ya corres por las verdes praderas junto a Zar, mi sempiterno escudero.

Me resulta muy difícil no mencionar a un gran número de amigos pero siempre lo digo, vosotros sabéis perfectamente quiénes sois y disculpadme que no plasme aquí vuestros nombres. Sin vosotros tampoco podría haber llegado hasta aquí y, es más, no podría seguir avanzando. Y ya que estamos con las disculpas, también podría exponer un buen listado de medios de comunicación que siempre me tratan genialmente, pero me faltaría espacio. Del mismo modo, os doy mis más sinceros agradecimientos.

Me atrevería a decir que tengo por costumbre referirme a ti, amigo lector, en los agradecimientos. Aprovecho para darte las gracias por sumergirte en esta fascinante parte de nuestra Historia. Si lo has hecho más veces junto a mí, espero que vuelvas a disfrutar, y si lo haces por primera vez, espero no decepcionarte.

Finalmente, quiero dar las gracias a Dios por vincular mi vida al estudio y a la divulgación de Teodorico el Grande, Amalasunta, Leovigildo, Goswinta, Recaredo, etc. Espero seguir cumpliendo con mi misión y ser digno por ello. Como me gusta señalar en tantas ocasiones y como dicen en una película que me encanta: «… gracias por tu protección y por tus señales a lo largo del camino. Gracias por si he hecho algo bueno y perdón por lo malo».

Introducción
FEMENINO GODO PLURAL

Muerto Alarico después de la toma de Roma, Ataúlfo es puesto al frente de los godos en Italia durante seis años. Este, en el quinto año de su reinado, salió de Italia y llegó a las Galias. Tomó por esposa a Placidia, la hija del emperador, que habían hecho los godos cautiva en Roma.

Con ello se cumplió, según creen algunos, la profecía de Daniel, quien dice que la hija del Austro habría de unirse al rey del Aquilón, sin que, sin embargo, quedase ninguna descendencia de su estirpe.

Hemos considerado más que oportuno arrancar el desarrollo de este libro —más allá de índice y de los preceptivos agradecimientos— con el gran sabio o faro intelectual del Occidente europeo durante la Antigüedad tardía o primera fase de la Alta Edad Media, San Isidoro de Sevilla. Dicho extracto corresponde a su obra *Historia Gothorum*, y en el mismo se recoge un episodio fundamental, que será expuesto en el oportuno capítulo: el enlace entre el rey godo Ataúlfo y la princesa romana Gala Placidia. Este relevante y sonado matrimonio se consideró que encajaba con una predicción del profeta Daniel, la cual hace referencia a la lucha entre el norte y el sur, el bien y el mal, etc.

Pues bien, sean estas palabras para nosotros fuente de inspiración de cara a todo lo que se va a encontrar de aquí en adelante, estimado lector.

Una vez deslizada esta premisa, habría que responder a la siguiente pregunta: ¿tiene sentido en el panorama actual un libro de estas características? Nuestra respuesta no puede ser más rotunda: ¡sí! De cara a argumentar esta categórica respuesta, vamos a desplegar tres ideas que opinamos que son irrebatibles e incuestionables.

En primer lugar, estamos viviendo un periodo en el que se está recuperando el papel de la mujer en la Historia —por nuestra parte ya dejamos claro que sin ningún tipo de politización y siempre del lado del conocimiento histórico—. Dentro de este contexto del estudio y de la divulgación histórica, en la Historia de España contamos con distintas mujeres cuyo peso, legado y trascendencia superan la propia Historia patria y resultan grandes referentes. Asimismo —y aunque no vayamos a hablar exclusivamente en este trabajo del ámbito monárquico—, si permanecemos en dicho ámbito regio, figuras como la de Urraca I, Berenguela I e Isabel la Católica, siendo esta última una de las mujeres más importantes de la humanidad sin que seamos muchas veces conscientes de ello, son ejemplos clarificadores de lo expuesto anteriormente. Así, en estas páginas nos encontraremos con reinas —consortes— de los siglos v, vi, vii y viii que, pese a las limitaciones de las fuentes, resultan de sumo interés y bien se merecían un libro propio y no solo como «compañeras» de sus respectivos maridos.

En segundo lugar, un hecho que podemos indicar que venimos viendo, sintiendo y presenciando a lo largo de los últimos años —especialmente desde que autores como el mítico Juan Antonio Cebrián, que en paz descanse, abriesen el camino de la «divulgación goda» con su conocida obra *La aventura de los godos* (La Esfera de los Libros)— es el buen momento que está viviendo «lo godo». Así, resulta innegable que, más allá de los magníficos estudios y de las geniales investigaciones que se realizan tanto dentro como fuera de nuestras fronteras a nivel de universidad y de academia, la divulgación histórica ligada a los godos está en su mejor momento. Solo hay que ver el nivel y la cantidad de publicaciones en cuanto a libros, revistas y artículos se refiere. De manera paralela, cada vez tienen más peso y fama las jornadas visigodas que se llevan a cabo en distintas localidades españolas como Guadamur, Arisgotas (ambas en Toledo), Pampliega (Burgos) o Cabra (Córdoba), las cuales cuentan en sus programas habituales con conferencias, presentaciones de libros, recreaciones históricas, talleres, etc., o el aumento del número de rutas, visitas, charlas y actividades culturales en las que la temática visigoda es la protagonista o tiene un papel preponderante. Bien es cierto que la cuenta pendiente es una buena producción audiovisual, pero eso es harina de otro costal y entrarían en juego una serie de cuestiones que no vienen a cuento aquí.

Y para este trío de planteamientos que justifican la publicación de este libro, no podía faltar algo en lo que insistimos en cada uno de nuestros trabajos y que tal vez diríamos se ha convertido en «santo y seña» de nuestra labor: nos referimos al particular, y en muchos casos diferenciador, enfoque. De esta manera y desde el marco de la alta divulgación histórica, mantendremos nuestro estilo riguroso a la par que dinámico y una línea en la que las premisas de Identidad, Tradición y Esencia serán primordiales.

En resumen, el papel de la mujer en la Historia en general y en nuestra Historia en particular, el gran momento que vive la divulgación de temática goda en diferentes escenarios y nuestro singular enfoque sustentan las páginas que siguen a esta introducción.

¿Y qué nos vamos a encontrar? Pues vamos a ver cómo podemos adentrarnos en la Historia de los godos a partir de las mujeres que conocemos a través de las fuentes escritas, las cuales recogen cuestiones políticas, sociales, culturales, legislativas, religiosas, etc., en las que la mujer era partícipe de manera directa o indirecta. En verdad, no podemos y no debemos entender esta parte tan fundamental de nuestra Historia sin lo que podríamos llamar el «lado femenino», puesto que está inexorablemente unido al masculino, aunque la presencia varonil en las fuentes sea muy superior. Así, figuras históricas tan abrumadoras como la mencionada Gala Placidia, las reinas que conocemos ligadas a la monarquía tolosana, la poderosa reina Goswinta y sus enfrentamientos dignos de cualquier serie de televisión actual, las reinas del *Regnum Gothorum* de Toledo, las reinas ostrogodas que estaban vinculadas a uno de los soberanos más impresionantes de la Historia como es Teodorico el Grande, y otras figuras regias femeninas pertenecientes a distintas monarquías germánicas que se levantaron sobre las cenizas del Imperio romano de Occidente, no faltarán a esta cita. Y de cara a disponer de una visión y perspectiva más completas de este periodo, igualmente nos detendremos en mujeres clave en la caída del Reino visigodo de Toledo, y casi como colofón, mencionaremos a otras reinas que vivieron en primera persona el surgimiento y desarrollo del Reino de Asturias, lo que nos permitirá establecer uno de los muchos puntos de conexión entre ambos reinos.

Pero esto no será todo, puesto que no queremos quedarnos únicamente con las reinas o princesas y el plano netamente político; los matrimonios, la vida social, el contexto de la religión o cuestiones heterodoxas serán del mismo modo tratadas con el fin de comprender mejor a dichas reinas, pero también con el objetivo de acercarnos a la vida de las mujeres que no aparecen en las fuentes escritas. Y siguiendo esta peculiar circunstancia proporcionada —o no facilitada— por las fuentes escritas, no nos quedaremos aquí y hablaremos de algunas figuras femeninas elevadas a los altares y, como ya podría decirse que es un sello en nuestro trabajo, abordaremos leyendas en las que el componente femenino es fundamental y determinante.

Para poder llevar a cabo la empresa que hemos expuesto en las líneas precedentes, contaremos con distintas fuentes históricas que serán, desde lo limitado de su uso en este escenario, expuestas profusamente ante el lector, así como con los trabajos de referentes mundiales en el estudio de los godos como son los profesores García Moreno, Orlandis, Arce Martínez, Sanz Serrano, Jiménez Garnica, H. Wolfram, P. Heather, entre muchos otros más. Llegados a este punto casi inicial de la exposición, y dado que acabamos de mencionar a varias de las grandes figuras internacionales en la materia, queremos desde ya señalar a dos destacadas profesoras que seguramente sean las que más han tratado y estudiado el «lado femenino» de la Historia de los godos y que resultan imprescindibles en cualquier trabajo de estas características: nos referimos a las profesoras Gallego Franco y Valverde Castro. Sin las fuentes de la época y sin sus estudios —y los de todos aquellos autores que detallaremos en la bibliografía contenida al final de este libro—, esta obra no habría visto la luz. Por esta razón, y como hemos hecho en otras ocasiones, al principio de cada capítulo mencionaremos las fuentes escritas más importantes para las cuestiones tratadas e indicaremos los estudiosos cuyas investigaciones son indispensables para el tema desarrollado. De esta manera, consideramos que hacemos justicia al pasado y el presente de la historiografía de los godos y ayudamos a que el lector entienda la razón de lo que decimos y aumente sus lecturas si así lo desea.

Y ahora sí, nos disponemos a seguir conociendo la Historia Goda y, a través de ella, disfrutar de una de las etapas más importantes de la Historia de nuestro país, ya que, como venimos incidiendo desde hace muchos años, el Reino visigodo de Toledo es el germen de España y esto no sería así sin el lado masculino y sin el femenino: las dos caras de la misma moneda.

1

LA HISTORIA DE LOS GODOS Y LA MUJER HASTA LOS ALBORES DEL SIGLO V: MIGRACIONES, DUDAS, INCERTEZAS Y POCOS DATOS

Desde estas líneas iniciales consideramos determinante y fundamental incidir en que —a la par que vayamos exponiendo las figuras femeninas más relevantes y de las que contamos con más información, aunque en algunos casos es extremadamente sucinta, y tratemos la situación de la mujer goda— iremos conjuntamente desarrollando la Historia de los godos desde sus orígenes. El objetivo de este planteamiento no es el de resultar repetitivos con respecto a otros trabajos precedentes, sino que —en base a la premisa señalada, si un lector es la primera vez que llega a un libro sobre este periodo cronológico— no queremos que sienta que la lectura se le queda coja al pasar por alto elementos imprescindibles de la Historia goda, independientemente de que *a priori* no tengan contenido femenino, porque lo femenino y lo masculino van de la mano.

Una vez hecha esta necesaria salvedad, nos disponemos a sumergirnos en lo que habitualmente nos gusta denominar como la epopeya goda. Ese fascinante viaje digno de una auténtica superproducción audiovisual —insistimos mucho en esta cuestión porque esperamos que algún día haya una película o una serie sobre los godos— llevó a los godos desde el norte de Europa hasta prácticamente la península itálica. En este desarrollo nos enfrentaremos a un gran problema, y es que estamos ante el capítulo para el que disponemos de menos datos sobre la mujer goda y del que menos personajes femeninos de relevancia o que hayan llegado a las fuentes escritas se dan cuenta. Empero, nos lanzaremos a ello.

Para este menester nos valdremos de una fuente definida por el autor de una magnífica edición crítica de la misma, como es el traductor Sánchez Martín, como «el primer intento conocido de crear una historia nacional de un pueblo europeo elaborada de modo consciente con ese objetivo». Esta definición de la *Getica* u *Orígenes y gestas de los godos* no nos parece ni mucho menos algo baladí, dado que recoge la importancia del texto en cuestión. El autor de esta obra es el historiador godo Jordanes, quien la escribió a mediados del siglo VI, y un hecho que le da un valor añadido es que utilizó, entre otras fuentes directamente ligadas a los godos, historias que hoy no hemos conservado como son las de Ablavio o Casiodoro. Aparte de Jordanes, también recurrimos a los textos de Amiano Marcelino, Zósimo, San Isidoro de Sevilla, etc. Lo aportado por las fuentes antiguas será complementado, contextualizado y ampliado por distintos estudios arqueológicos y por los trabajos de grandes referentes como son García Moreno, Arce Martínez, Sanz Serrano, Gallego Franco, Valverde Castro, Jiménez Garnica, P. Heather, M. Kazanski y H. Wolfram, entre otros grandes estudiosos.

★ ★ ★

El gran sabio San Isidoro de Sevilla en su *Historia de los Godos* llega a decir lo siguiente respecto del término de «godos» a la hora de hablar de su origen: «La interpretación de su nombre en nuestra lengua es la de *techo* que significa fortaleza; y con toda razón, pues no hubo en el orbe ningún pueblo que tanto haya hostigado al pueblo romano». Más allá de exaltaciones y de otras posturas historiográficas que sitúan el origen de los godos en tierras bálticas, su punto de partida estaría en el sur de Escandinavia. Este lugar era considerado en la Antigüedad y en la Tardoantigüedad una isla, y así lo refiere el cronista Jordanes cuando dice que esta «se puede considerar una fábrica de razas o vivero de pueblos (*vagina nationum*)». Además, la toponimia sueca nos puede servir de ayuda al encontrarnos con palabras como Gotland, Östergötland y Västrä Götaland. Si a lo anteriormente señalado, le añadimos el relato legendario del rey godo Berig llevando a su pueblo en barco a través del mar Báltico hasta lo que conocemos como la ciudad polaca de Gdansk —Jordanes habla de «Gotiscandia»—, lo escrito por distintos autores grecolatinos y la información vertida por la arqueología, podemos reforzar los *a priori* orígenes escandinavos del pueblo godo.

Las migraciones: en busca de nuevos territorios

A esta zona de la actual Polonia habría llegado la primera migración en busca de nuevos territorios y este lugar, y más hacia el sur avanzando por el cauce del río Vístula, es en el que tenemos que hablar de un primer proceso de etnogénesis. La identificación de los godos en estas tierras es clara y así lo atestigua Tácito en su obra *Germania* a la hora de hablar de los *gotones*. Enfrentamientos, contactos e integración fueron configurando a los godos con lo que podríamos definir como una confederación en base a un núcleo aristocrático de plena raíz gótica y con carácter aglutinador sobre postulados esencialistas y tradicionalistas.

La migración inicial cruzando parte del mar Báltico, el primer proceso de etnogénesis y el paralelo desarrollo histórico afectó, lógicamente, a todo el pueblo godo: hombres, mujeres y niños. No estamos hablando de un pueblo en armas avanzando como un ejército, aunque el componente militar y guerrero estuviese muy presente en el proceso global. Así, en el registro arqueológico los godos de este periodo histórico quedan identificados con la cultura de Wielbark.[1]

Los hombres, mujeres y niños godos vivieron una nueva gran migración mucho tiempo después, acompañados de otros contingentes poblacionales germanos como grupos de vándalos y no germanos, como por ejemplo grupos de sármatas. Entre mediados del siglo II d. C. y principios del siglo III se produjo un paulatino proceso migratorio que llevó al pueblo godo hasta el sur de las actuales Ucrania, Rusia y Moldavia, es decir, hasta asentarse en las orillas del mar Negro y en las llanuras de la Escitia, llegando a contactar, entre otros, con algunos pueblos protoeslavos y escitas sármatas. Siempre nos gusta incidir en este hecho histórico tomando las palabras de nuestro eternamente

Arminio se despide de Thusnelda de Johannes Gehrts (1884).
La obra se encuentra en el *Lippisches Landesmuseum* de Detmold (Alemania).
Arminio fue un destacado líder germano que venció a los romanos en la
famosa batalla de Teutoburgo (9 d. C.) (Wikimedia Commons).

admirado profesor García Moreno cuando señala que se produce «una profunda sarmatización del elemento germano godo», quedando de esta manera, especialmente en el plano aristocrático, un fuerte sello iranio-estepario en actuaciones, costumbres, modas y usos.

Para las primeras décadas del siglo III podemos hablar de un gran reino godo-escita que abarcaría un amplio territorio entre los ríos Danubio y Don, y al que algunos autores se refieren como *Gothia*. Este reino godo-escita, en el que se incluían pueblos y tribus, tanto germanos como no germanos, se identifica en el registro arqueológico con la cultura de Čerjahov-Sîntana de Mureş, la cual comprendería el inmenso espacio geográfico marcado por los dos grandes ríos mencionados. Esta cultura alcanzaría su plenitud a lo largo del siglo IV, aunque hay muestras hasta principios de la centuria siguiente. Los elementos característicos serían la influencia romana y la conjunción de elementos germanos e iranio-esteparios, junto con evidencias que justifican un salto cultural y un relevante crecimiento demográfico.[2] Obviamente, estaríamos ante un nuevo proceso de etnogénesis por parte de los godos.

Desde la posición de los godos en la Escitia, el historiador Jordanes incluye en su texto varios relatos con tintes marcadamente legendarios en los que las mujeres godas están muy presentes. Así, nos encontramos con referencias como «las mujeres de los godos fueron atacadas por un pueblo vecino con intención de apresarlas. Estas, adiestradas por sus maridos, se defendieron valientemente y rechazaron a los enemigos que vergonzosamente se lanzaban sobre ellas. Una vez lograda esta victoria y aumentada la confianza en su propia audacia, se animaron unas a otras a tomar las armas y, después de elegir a las dos más audaces, Lampeto y Marpesia, se pusieron a sus órdenes [...]. Marpesia, tras formar un escuadrón de mujeres, conduce este nuevo tipo de ejército a Asia». En estas líneas, Jordanes, como también hacen otros cronistas, busca la manera de ensalzar el valor de las mujeres, exaltando su capacidad guerrera y llegando a vincularlas con las famosas amazonas. Es más, en este relato cargado de mitos y leyendas, llega a tratar las guerras de los persas de los reyes Darío y Jerjes con los escitas —de ahí saca el vínculo con los godos— e igualmente menciona a algunas reinas y princesas godas en el contexto de juegos matrimoniales con los soberanos persas y con Filipo, rey de Macedonia y padre de Alejandro Magno. Aunque también Jordanes escribe: «Pero para que no digas: ¿por qué insiste tanto en las mujeres de los godos cuando se ha propuesto hablar de sus maridos?», lo que deja claro lo difícil de nuestra tarea.

Volviendo al desarrollo histórico, a mediados del siglo III los godos se enfrentaron a otros pueblos bárbaros en su expansión por las llanuras escíticas y llegaron a asomarse a la frontera romana. El Imperio romano comenzó a sufrir los primeros ataques godos en las provincias de Dacia y Mesia, y en el año 251 los godos derrotaron a los romanos en la batalla de Abrito (Bulgaria), donde acabaron con la vida del emperador Decio. Después de otros éxitos conseguidos más allá de las provincias danubianas como sucedió en tierras griegas, emperadores como Claudio II (268-270) y Aureliano (270-275) frenaron el ímpetu godo y acabaron derrotándolos.

División en dos pueblos: greutungos y tervingios

Entre mediados y el último tercio del siglo III se produjo un hecho fundamental en la Historia de los godos y es la famosa división en dos pueblos. Es conveniente precisar que estos dos pueblos godos, independientemente del término recogido por las fuentes o del nombre que nosotros utilicemos en el marco historiográfico, siempre se consideraron godos al compartir una misma esencia. Algunas fuentes antiguas tienden a situar esta división en periodos anteriores y algunos autores también son favorables a estos postulados. Por nuestra parte, consideramos que las derrotas frente a los romanos, la expansión por la Escitia y el poder acumulado por dos clanes serían factores a tener muy en cuenta en esta división entre greutungos y tervingios. A sabiendas que lo expuesto en las siguientes líneas puede tener muchos matices y estar sometido a debate, los primeros estarían vinculados al contexto ostrogodo y los segundos al contexto visigodo. En el caso de los greutungos, su etimología los asocia con la estepa y la costa; serían los «godos del este» y, asimismo, tendrían una monarquía plenamente operativa ligada a la familia o clan de los Amalos. En cuanto a los tervingios,[3] su etimología los relaciona con los bosques y serían los «godos del oeste»; además era una confederación muy poliétnica y con muchas influencias romanas, y su clan o familia preponderante sería la de los Baltos o Baltingos.

El primer tercio del siglo IV, aparte de por las victorias frente a otros pueblos bárbaros, resulta de especial importancia por las profundas interacciones con el Imperio romano, como ejemplifica el tratado o *foedus* del año 332, el cual consistió en el pago en dinero y víveres por parte romana a cambio del apoyo militar godo. Este acuerdo fue firmado entre los tervingios y el emperador Constantino.

Mientras que para la década de los años sesenta del siglo IV entre los tervingios sobresalía el juez o *iudex* Atanarico —que no rey, porque la institución monárquica no tenía el mismo peso entre los tervingios que entre los greutungos—, que se inmiscuyó en la política romana y se enfrentó a estos, los greutungos eran regidos por uno de sus reyes más famosos, Hermanarico, quien consiguió ampliar los dominios y el área de influencia de su pueblo. Todo este escenario vino a cambiar hacia el año 375 con la llegada de los hunos y, como nos gusta indicar, el efecto dominó que provocaron sobre muchos pueblos bárbaros entre los que se incluyen los godos.[4]

Sobre el origen de los hunos, siempre han de exponerse las palabras de Jordanes, y en este caso con más razón, puesto que el elemento femenino está muy presente: «Filimer, rey de los godos e hijo de Gadarico el Grande [...] encontró entre su pueblo a ciertas hechiceras a las que llamó en la lengua de sus padres *haliarunas*. Como no le inspiraron confianza, mandó expulsarlas de entre los suyos y, después de que el ejército las hiciera huir bien lejos, las obligó a andar errabundas por una zona despoblada. Cuando las vieron los espíritus inmundos que erraban por el desierto se echaron en sus brazos y, tras copular con ellas, engendraron esta raza ferocísima que al principio vivió entre pantanos, minúscula, sombría y raquítica, una raza que apenas se parecía a la humana y a la que no se conocía otro lenguaje aparte de uno que parecía asemejarse remotamente al humano. Así que esta era la estirpe de la que procedían los hunos que llegaron a las tierras de los godos». El cronista godo seguramente seguiría una antigua tradición oral con más visos de perseguir un objetivo de desprestigiar el origen de los hunos que de ofrecer una realidad histórica sobre estos. Sin embargo, nos resulta de interés en nuestro cometido, dado que para los godos el origen de sus enemigos hunos partiría de un grupo de hechiceras godas que fueron expulsadas de su propio pueblo. Los historiadores romanos también hablaron despectivamente de los hunos, lo que muestra el temor que estos generaban entre sus enemigos.

Como decíamos, la irrupción de los hunos afectó de manera directa tanto a greutungos como a tervingios. Los primeros vieron cómo sus enemigos avanzaban desde el este derrotando a los alanos, quedando una parte de estos sojuzgados por los hunos y otra, huyendo a territorio greutungo. Finalmente, Hermanarico y los greutungos cayeron y estos pasaron a estar sometidos a los hunos. Empero, un grupo de greutungos y de alanos marchó junto a los tervingios. El juez tervingio Atanarico no pudo hacer frente a los hunos y al resto de pueblos subyugados por estos, y otros dos jueces tervingios como son Fritigerno y Alavivo, gracias al permiso imperial, cruzaron con una parte importante de su pueblo —hombres, mujeres y niños— el Danubio y se establecieron dentro de la frontera romana. El equilibrio en esa zona del *limes* imperial estaba muy comprometido, máxime cuando los funcionarios romanos no respetaron lo pactado.

Dada esta coyuntura, y como recogen tanto Amiano Marcelino como Jordanes, los tambores de guerra no tardaron en sonar. El conflicto alcanzó su cenit cuando en el año 378 se dio la gran batalla de Adrianópolis (Edirne, Turquía) en la que Fritigerno y los tervingios, con el auxilio de los greutungos y alanos huidos, vencieron al emperador oriental Valente, quien murió en el combate. De esta batalla nos gustaría resaltar la táctica del círculo de carros utilizada por Fritigerno para que sirviese, entre otros menesteres, de refugio a mujeres, niños y ancianos. Tras la gran victoria goda se dieron nuevos enfrentamientos con los romanos, hasta que finalmente se firmó un tratado con el emperador occidental Graciano (375-383) y con el emperador oriental —posteriormente del Imperio unificado— Teodosio (379-395). La tensión entre Teodosio y los visigodos era más que notoria, la cual

Familia germana de la Antigüedad tardía representada en un grabado de 1913. Grevel, New York Public Library (Wikimedia Commons).

seguramente se veía favorecida al no existir en los primeros años de la última década del siglo IV ningún líder claro ni rotundo. En el año 394 los visigodos sufrieron muchas bajas al participar del lado de Teodosio en la batalla del río Frígido que enfrentó a este contra el usurpador occidental Eugenio.

En estos años de finales del siglo IV los visigodos estaban dirigidos por Alarico, miembro del prestigioso linaje de los Baltos como recoge Jordanes, un personaje que ya había destacado militarmente. Ahora su cuota de poder y liderazgo había cimentado la sobresaliente posición que atesoraba entre los suyos. El año 395 trajo la muerte del emperador Teodosio y la partición definitiva del Imperio romano, quedando la parte oriental en manos de su hijo Arcadio y la occidental en manos de su hijo Honorio.

El objetivo de Alarico era claro: encontrar un territorio en el que asentarse, ser reconocido como *rex gothorum* y conseguir integrarse en la estructura político-militar romana, a sabiendas de que eso le proporcionaría a él y a su pueblo recursos económicos y alimenticios. Tras arrasar buena parte de Grecia, Alarico recibió por parte del emperador oriental Arcadio el destacado título militar de *magister militum per Illyricum* (el Ilírico abarca buena parte del territorio comprendido entre Grecia y la actual Hungría). Hacia el año 400 los acuerdos entre Alarico y Arcadio se rompieron y los visigodos entraron en Occidente. El líder visigodo se enfrentó con el *magister militum* de Occidente Estilicón, cuyo origen era vándalo, y fue derrotado en varias ocasiones llegando a ser apresada su familia. Empero, consiguió retirarse a Panonia y Dalmacia y obligó con su presión a que la sede imperial pasase de Milán a Rávena para mayor seguridad. Para Honorio los visigodos solo eran un problema más, porque en la primera década del siglo V tuvo que hacer frente a la penetración de otro grupo de godos encabezados por su líder Radagaiso, a la invasión de suevos, vándalos, alanos y demás pueblos bárbaros que a finales del año 406 cruzaron el helado río Rin, a una usurpación por parte de un militar romano de Britania —Constantino III— y a la muerte de Estilicón, asesinado en un claro error de estrategia.

Así llegamos al simbólico año de 410: tras una nefasta política imperial y sin saber contemporizar con los visigodos, Alarico se encontraba ante las puertas de Roma. El Balto había visto crecer el contingente poblacional que dirigía gracias a la suma de otros bárbaros y de un número indeterminado de esclavos huidos. Asimismo, y en el sentido de este libro y del llamado «lado femenino» de la Historia de los godos, es digno de resaltar el siguiente hecho: Alarico hizo llamar al prestigioso guerrero Ataúlfo, el cual se encontraba en Panonia y comandaba una importante fuerza de caballería greutunga-huna. Independientemente de la cuestión militar, debe señalarse que Ataúlfo era cuñado de Alarico. El primer rey de la «lista de reyes godos» estaba casado con la hermana de Ataúlfo —matrimonio del que nació una hija a la que posteriormente nos referiremos— y este, como veremos en el siguiente capítulo, contrajo matrimonio con uno de los personajes fundamentales de este libro.

La cuestión religiosa

Un asunto que no queremos dejar de lado —que consideramos vital tanto en la Historia de los godos en general como en la cuestión femenina en particular, y al que volveremos en páginas posteriores— es el tema de la religión. Así, contamos con muy pocos datos sobre la religión precristiana de los godos. Estos suelen quedar enmarcados en las creencias ligadas a la mitología germánica, pero hay que tener en cuenta que la larga migración de los godos los hizo entrar en contacto y asumir otras poblaciones —confederación poliétnica— con creencias diferentes que pudieron modular la fe pagana de los godos. Hay dos piezas ligadas al contexto pagano de los godos que nos llaman mucho la atención y ambas forman parte del Tesoro de Pietroasele (Museo Nacional de Historia de Rumanía), cuya cronología nos lleva aproximadamente a la segunda mitad del siglo IV aunque está sometida a discusión. La primera de ellas es un plato de oro o pátera litúrgica en cuyo centro hay representada una bella mujer que sostiene una copa en una posición y en una actitud nada casuales —ritualísticas— y con mucho más que un mero sentido artístico. No se sabe quién sería esta dama, de clara influencia griega; sin embargo lo más lógico es que se trate de una representación de una divinidad de los godos, tal vez relacionada con la fertilidad, o que esta mujer sea un punto de conexión entre el plano terrenal del creyente que sostiene la pátera y la divinidad a la cual se le está ofreciendo. La segunda pieza es un anillo con una inscripción rúnica que dice *gutaniowi hailag*. Como señala el profesor G. Halsall, y dependiendo del especialista que se siga, la traducción puede variar; pero nos llaman la atención dos de ellas recogidas por el citado profesor británico. Una de estas traducciones sería «sagrada reliquia de la sacerdotisa» y la otra, que es la que más nos gusta porque encontramos correlación entre *gutani* y *godas*, sería «dedicado a las madres godas».

Para mediados del siglo IV también conocemos que los godos tenían ídolos de madera a los cuales se les ofrecían sacrificios, que rendían culto a elementos vinculados con la naturaleza y entre los cuales tenían una gran importancia los semidioses-héroes llamados Anses. A mediados del siglo IV, y dadas las interacciones con el Imperio romano, se produjeron las primeras conversiones al cristianismo de manos de misioneros. Estas conversiones se hicieron en una vertiente herética del cristianismo, el arrianismo —negación de la naturaleza divina de Cristo—. El gran responsable de la difusión del cristianismo entre los godos fue el obispo Ulfilas, que tradujo la Biblia a la lengua gótica.[5] A pesar de las persecuciones que se produjeron dentro del seno godo, el cristianismo fue ganando cada vez más peso, especialmente cuando Fritigerno y los suyos se convirtieron. El arrianismo pasó a ser un rasgo identitario para las mujeres y los hombres godos (algunas reinas fueron férreas defensoras del arrianismo, como veremos más adelante), máxime cuando el cristianismo niceno o catolicismo se convirtió en religión oficial del Imperio romano con Teodosio.

Llegados a este punto, estimado lector, habrá comprobado la poca información sobre la mujer que hemos podido ofrecer a lo largo de este capítulo, y los nulos nombres propios de mujeres que hemos podido presentar ante la falta de referencias a grandes figuras femeninas desde la salida de los godos del sur de Escandinavia hasta la llegada a Roma a principios del siglo V. Esta circunstancia cambiará radicalmente a partir del siguiente capítulo. Sin embargo, y a pesar de esa señalada

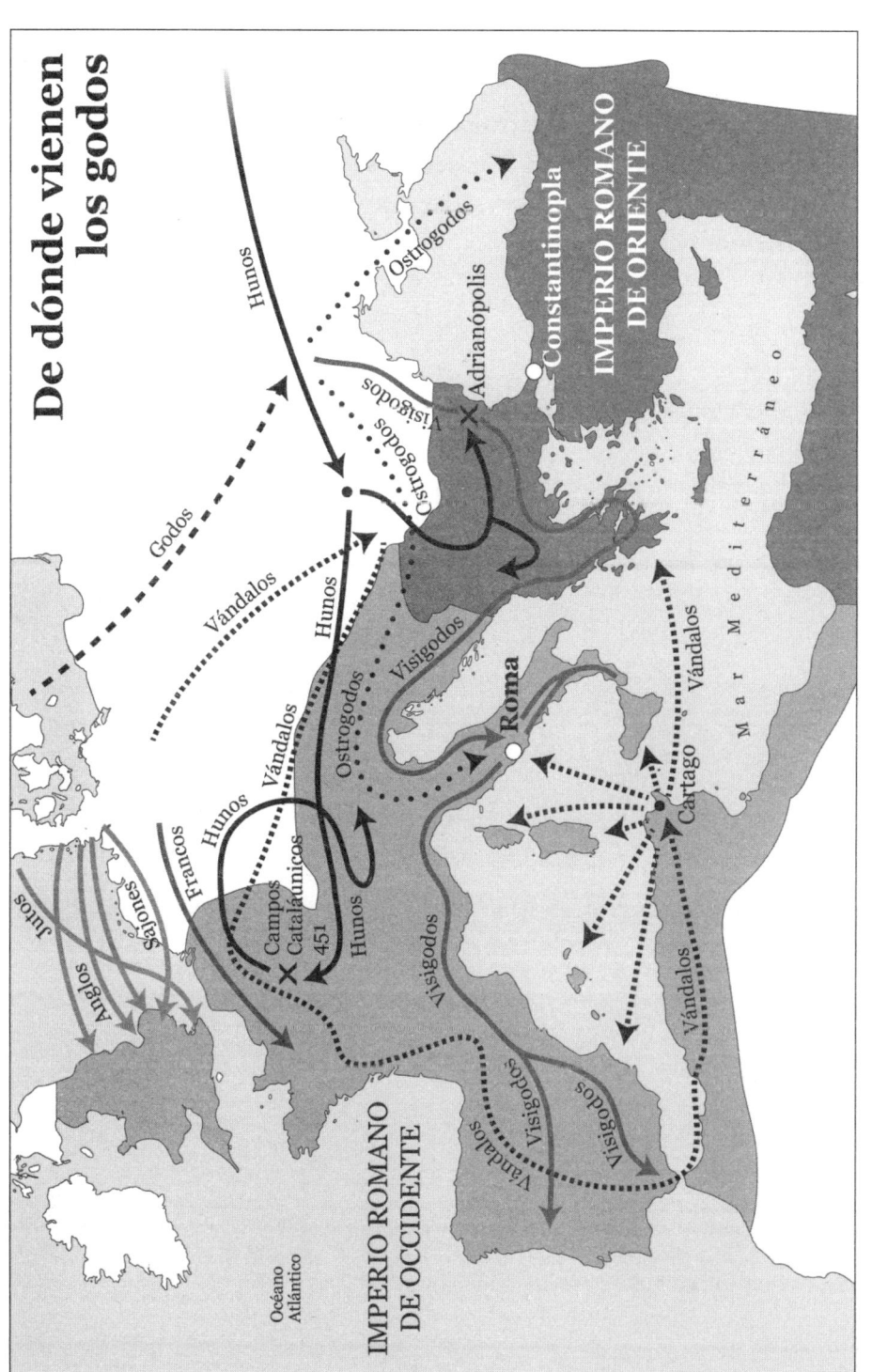

De dónde vienen los godos

IMPERIO ROMANO DE OCCIDENTE

IMPERIO ROMANO DE ORIENTE

Océano Atlántico

Mar Mediterráneo

Constantinopla

Roma

Cartago

Adrianópolis

Campos Cataláunicos 451

Hunos

Godos

Vándalos

Visigodos

Ostrogodos

Francos

Sajones

Anglos

Jutos

Invasiones bárbaras hasta finales del siglo v con los principales pueblos.

limitadísima información sobre la mujer goda en el periodo histórico tratado, nos parece más que oportuno el recorrido histórico que hemos realizado, salpicado este con algunos detalles en los que la mujer goda tenía presencia directa. En definitiva, ello se ha hecho con el claro objetivo de poner todo en su contexto y encajar mejor las piezas que veremos posteriormente.

2

GALA PLACIDIA, UNA MUJER DE PELÍCULA

Nos encontramos ante uno de los personajes más interesantes de la Antigüedad tardía o Tardoantigüedad y una figura histórica femenina que no pasa a los anales de la Historia únicamente por «ser hija de…, madre de… o esposa de…» sino que, dentro de ese contexto familiar en el que se movió entre romanos y godos, supo sobresalir y dejar una huella muy profunda en nuestro pasado, que es casi de obligado cumplimiento conocer y divulgar. De hecho, seguramente la figura de Gala Placidia sea la única de los grandes personajes femeninos que aparecen en este libro que daría por sí sola para un trabajo monográfico, quitando una o dos excepciones. Estamos ante una mujer perteneciente a la prominente familia teodosiana, y su estatus junto a sus capacidades le permitieron ser reina[1] visigoda, regente del Imperio romano de Occidente y emperatriz romana —recibió el título de Augusta—, además de estar muy próxima a las decisiones políticas que tomaban sus familiares directos varones desde la sede imperial de Rávena.

Así, en este capítulo no vamos a sumergirnos en una biografía exhaustiva, sino que haremos un resumen y un análisis de la misma, resaltando los momentos de mayor interés para nuestro objetivo. A la par iremos trazando el desarrollo histórico de los godos, ya que Gala Placidia vivió momentos fundamentales para ese pueblo, tanto en primera persona como desde un cercano segundo plano.

Para estos menesteres seguiremos la senda abierta desde las primeras páginas de este libro. En lo que se refiere a las principales fuentes antiguas para conocer la gran figura de Gala Placidia, recurriremos a Hidacio, Jordanes, Olimpiodoro, Orosio, San Isidoro de Sevilla, Procopio de Cesarea y Zósimo. En cuanto a los grandes estudios actuales, se han publicado un buen número de biografías en distintos idiomas sobre la protagonista de este capítulo. En alemán, *Die Kaiserin Galla Placidia* de H. Benrath; en italiano, *Galla Placidia: la nobilissima* de V. A. Sirago; en inglés, *Galla Placidia: The Last Roman Empress* de H. Sivan, y, en francés, *Galla Placidia: impératrice romaine, reine des Goths (388-450)* de H. Gourdin, entre otras. Por nuestra parte, aparte de también apoyarnos en los trabajos ligados a los grandes expertos que mencionamos en el capítulo anterior, para las próximas páginas seguiremos principalmente los trabajos de Jiménez Garnica, Sanz Serrano, Seijo Ibañez, Conesa Navarro y la reciente publicación de la profesora Judith Herrin, la cual se centra en la Historia de Rávena, ciudad a la que estuvo muy ligada Gala Placidia y en la que dejó una huella que hoy en día sigue siendo palpable.

★   ★   ★

Elia Gala Placidia nació en Constantinopla. Nos detenemos aquí a consecuencia de que no tenemos certeza del año en el cual vino al mundo la protagonista de este capítulo. El debate historiográfico está servido y, en función del especialista que sigamos, la fecha puede variar en una horquilla que va desde el año 388 al 392. Por esta razón consideramos que, como ya han indicado otros autores, tal vez lo mejor sea hablar de «alrededor del año 390».

Conocemos ampliamente tanto la familia como el ambiente en el que se crio. Su padre fue Teodosio. Este emperador nacido en Hispania bien puede ser considerado uno de los más importantes de la Historia de Roma, especialmente del Bajo Imperio. Para entender esta aseveración sobre el padre de Gala Placidia y comprender su contexto familiar, vamos a exponer muy brevemente la figura de Teodosio, particularmente en lo que a su relación con los godos se refiere. Tras la debacle en Adrianópolis, Teodosio supo moverse y posicionarse acertadamente para ir acaparando cada vez más poder. En el año 379 fue proclamado emperador de Oriente y rápidamente tomó las riendas de la maltrecha política romana. De hecho, el cronista Jordanes dice al respecto: «Este nuevo emperador, hombre de carácter firme y célebre por su valor e inteligencia, fue capaz de levantar los ánimos de un ejército desmoralizado». En el año 382 firmó un *foedus* con los tervingios y en el año 394 venció en el norte de Italia, en la mencionada batalla del río Frígido, al usurpador del trono imperial de Occidente, Eugenio, contando en sus filas con sus numerosos godos. A partir de aquí, Teodosio se convirtió en el último emperador que reunió en su puño ambas partes del Imperio. Asimismo, durante su gobierno se produjo un hito en nuestra Historia y es que el cristianismo niceno o catolicismo se convirtió en la religión oficial del Imperio, pasando a ser perseguidas las corrientes heréticas y el paganismo. Por otro lado, Teodosio estuvo casado primeramente con la también hispanorromana Flacila. De este matrimonio nacieron Honorio, Arcadio y Pulqueria. Flacila murió y Teodosio encontró una nueva esposa en Gala, hija del emperador Valentiniano I. De este matrimonio —la boda se celebró en Tesalónica en el año 387— nació Gala Placidia, de la cual vemos que la «sangre imperial» corría indudablemente por sus venas y que era hermana —de padre— de los sucesores de Teodosio, el emperador oriental Arcadio y el emperador occidental Honorio, a quien estuvo más unida.

De Constantinopla a Milán y Rávena

Los primeros años de vida de la princesa romana, que contaba con el título de *nobilissima*, se desarrollaron en la «nueva Roma», Constantinopla, ciudad en la que también vio morir a su madre en el año 394. La figura femenina que vino a cubrir la ausencia maternal fue la de Serena, sobrina de Teodosio y a la quien este convirtió en su hija adoptiva. Un año después, y de la mano de las victorias obtenidas por el emperador hispano en Occidente, Serena, Honorio y Gala Placidia llegaron a Milán, urbe que se convirtió en la sede imperial. El infortunio quiso que Teodosio dejase este mundo ese mismo año, con lo que Gala Placidia

Díptico de Serena y Estilicón con su hijo Euquerio. La obra es de marfil
y podría fecharse alrededor del año 400. Se encuentra en la catedral
de Monza (Wikimedia Commons).

perdió en un breve espacio de tiempo a sus padres. Empero, podríamos decir que Teodosio «dejó todo atado y bien atado».

El Imperio volvió a quedar dividido: Oriente para Arcadio y Occidente para Honorio, aunque ambos jóvenes quedaron ligados a dos grandes referentes político-militares, Rufino y Estilicón respectivamente. Quien más nos interesa es el segundo de ellos, puesto que quedó igualmente vinculado a la protagonista de este capítulo. Estilicón, que era mitad romano y mitad vándalo, contrajo matrimonio con Serena, y Gala Placidia pasó a estar tutelada por ellos y a convivir con los tres hijos que tuvieron estos. Los lazos entre la hija de Teodosio y la familia de Estilicón y Serena se iban a hacer más fuertes al casarse su hermano Honorio con la hija mayor de estos, María, y al ser ella misma prometida con otro de sus hijos, Euquerio. El *magister militum* de origen vándalo, astutamente, quería utilizar el linaje imperial de los hermanos para entroncarlos directamente con su familia.

Tras la pérdida de sus padres, siendo ya sus hermanos emperadores y estando ella asentada en una nueva familia, vio cómo a principios del siglo v la amenaza bárbara se cernía sobre Milán, en este caso a manos de los visigodos de Alarico. El *magister militum* Estilicón aconsejó a Honorio que trasladara la corte imperial a la ciudad de Rávena y allí llegó la princesa romana a finales del año 402 junto a su familia. Desde ese año se estableció una profunda unión entre la bellísima Rávena y la gran, aunque ese momento todavía era una niña, Gala Placidia. Con muy pocos años de edad ya había conocido tres de las grandes ciudades de la Antigüedad tardía: Constantinopla, Milán y Rávena, y a buen seguro que ya había recibido una exquisita educación y había ido tomando nota de las acciones de sus ancestros —emperadores y emperatrices— para, llegado el caso, ponerlas en práctica. Visto lo visto, y como esperamos que el lector comparta con nosotros, Gala Placidia estuvo muy a la altura de su linaje imperial. Asimismo, esta visitó en estos años primeros del siglo v la ciudad de Roma a causa de los viajes del emperador Honorio, del *magister militum* Estilicón y de su mujer Serena, y allí conocería el Senado romano y toda la Ciudad Eterna.

En el año 407 murió la emperatriz María, y Estilicón se movió rápidamente para que Honorio se casase con su otra hija, Termancia.

Sin embargo, más allá de estas idas y venidas matrimoniales de su hermano, lo que se debía de preocuparle a Gala Placidia era el peligro que se cernía, no sobre la frontera romana, sino sobre el mismísimo corazón de la *pars Occidentis*. Las victorias de Estilicón sobre los godos de Alarico por un lado, y frente a los godos de Radagaiso por otro, solo fueron una alegría momentánea. Suevos, vándalos y alanos actuaban sin control por las Galias; el usurpador llegado desde Britania, Constantino III, se había hecho fuerte en suelo galo y en Hispania, y Alarico volvía a amenazar la península itálica. Un escenario harto complicado para un emperador como Honorio que no había heredado la sapiencia política y militar de su padre y que, comparativamente, bien podemos decir que tampoco tenía la astucia, inteligencia y capacidad de su hermana. Creemos que esta última afirmación queda demostrada, entre otras cuestiones que se irán analizando, cuando en el año 408 Honorio tomó la decisión de deshacerse de su mejor baza, el *magister militum* Estilicón. Este era favorable a la negociación a toda costa con Alarico para convertirlo en un aliado frente a los múltiples enemigos que tenía el gobierno de Rávena. En un primer momento parece que Estilicón consiguió convencer a Honorio y al Senado romano, pero en verdad las distancias entre el *magister militum* —progodo— y Honorio y el Senado romano —antigodos— eran cada vez más notorias, máxime cuando el hermano de Gala Placidia y emperador oriental Arcadio murió y la facción romana que estaba en contra de Estilicón comenzó a hacer ver que este podría tener algún interés en el gobierno de Constantinopla.

Los acontecimientos se precipitaron. Honorio ordenó la ejecución de Estilicón en el otoño del año 408. Entretanto, Alarico, que ya había hecho llamar a su cuñado Ataúlfo para que se sumase a su causa con su poderosa fuerza de caballería greutungo-huna, ya estaba asediando Roma. No sabemos cómo pudo afectar a Gala Placidia la muerte de Estilicón, pero lo que sí conocemos es que la llamada a las puertas de la Ciudad Eterna por parte del líder godo le pilló dentro de sus murallas. Lo cierto es que la situación se tornó muy tensa porque los familiares y seguidores de Estilicón fueron perseguidos. Es más, según el cronista Zósimo, «estando ya Alarico en las inmediaciones de Roma y habiendo sometido a cerco a sus habitantes, concibió el Senado sospechas respecto a Serena en el sentido de que había atraído a los bárbaros a la ciudad; por ello el Senado todo, en unánime decisión, y Gala Placidia, la hermana por parte de padre del Emperador, decidieron la ejecución de aquella como responsable de los males que se habían abatido sobre la ciudad».

Bajo nuestro punto de vista, resulta muy llamativa la actitud de Gala Placidia contra Serena, la cual, no olvidemos, era sobrina de su padre, el emperador Teodosio, hermana adoptiva suya y se había convertido años atrás en su figura materna tras la muerte de su madre. Suponemos que el compromiso de Gala Placidia hacia su hermano Honorio —hay grandes especialistas que difieren y consideran que actuó en beneficio propio dadas las críticas circunstancias políticas del momento—, aunque este no corrió en ningún momento a socorrerla, y lo difícil de la situación, la harían actuar de aquella severa manera. Todo hace indicar que Serena sería inocente de tales acusaciones. Siguiendo las palabras de Zósimo sobre la ejecución de Serena, y como ya han apuntado distintos investigadores, lo que no podemos dejar pasar por alto es la ascendencia de la protagonista de este capítulo al ser muy tenida en cuenta por el Senado romano a la hora de tomar una decisión tan importante y drástica. Para nosotros, desde este momento la vertiente política de la hija de Teodosio, que contaba con menos de veinte años de edad, comenzó a hacerse más que patente y ya podemos considerar que el respeto por su figura era indiscutible.

Volviendo al asedio, este será el primero de los tres a los que Alarico sometió a la urbe de Roma y es que Honorio desde Rávena no podía socorrer a su hermana y a la Ciudad Eterna. Los visigodos no permitieron que los alimentos llegasen, y el hambre comenzó a campar por Roma, produciéndose escenas dantescas. Alarico exigía un pago, al que finalmente tuvo que acceder el Senado. El rey godo levantó el asedio y esperó a que Honorio accediese a firmar un ventajoso tratado. El hermano de Gala Placidia no estaba por la labor y Alarico volvió a asediar la ciudad de Roma en el año 409. Algunos autores consideran que ante esta difícil situación que se vivía en Roma, Gala Placidia intentaría escapar hacia Rávena, si bien lo más lógico es que lo hubiese hecho tras el primer asedio como así hicieron algunos destacados personajes, pero sería apresada. Desde nuestra óptica, la princesa romana no fue en este momento cuando cayó en manos godas, sino en el tercer y definitivo asedio. Durante el segundo asedio, Alarico presionó al Senado romano para que reconociese a un nuevo emperador que contaba con el visto bueno del godo al acceder a sus pretensiones; nos referimos a Átalo, a quien posteriormente depondría.

El saqueo de Roma: Gala Placidia, rehén de Alarico

Cuando parecía que Honorio tendría que empezar a recular o incluso a huir de Rávena, desde el Imperio romano de Oriente llegaron tropas y suministros desde el norte de África con lo que pudo llegar a atacar a su rival. Alarico reaccionó asediando y rindiendo Roma a finales de agosto del año 410. Una fecha marcada en la Historia de Europa. El saqueo duró tres días (24, 25 y 26 de agosto) y sobre este dice Jordanes lo siguiente: «Alarico da orden de que solamente la saqueen, pero no permite que la incendien, como suelen hacer estos pueblos, ni que se cometa afrenta alguna contra cualquier cosa que se encuentre en los lugares sagrados». ¿Qué sucedió con Gala Placidia durante y tras el saqueo, un hecho que a buen seguro marcó su vida? Los visigodos de Alarico obtuvieron un gran botín pero no solo a nivel material, sino que también en forma de prestigiosos rehenes y entre estos el más elevado y destacado era, por supuesto, Gala Placidia. Las fuentes inciden en que Alarico trató a Gala Placidia como un rehén a la altura que la dignidad merecía —disfrutando de «prerrogativas reales» según Zósimo—. El *rex gothorum* sabía que con ella tenía una baza muy a su favor a la hora de volver a negociar con el emperador Honorio. La profesora Sanz Serrano señala al respecto que, independientemente del preciado botín y del resto de prestigiosos rehenes, «Alarico se llevó un tesoro que él consideraba mucho más valioso, Gala Placidia».

A partir de este momento y durante varios años el destino de la protagonista de este capítulo quedó irremediablemente unido al de los visigodos. En este periodo de tiempo se vio rodeada de bárbaros pero esto no era algo nuevo para ella, ya que desde su más tierna infancia en

Constantinopla y luego en Roma había convivido, y tratado muy de cerca, con bárbaros de distintas procedencias. Por ende, la adaptación no tuvo que suponer ningún choque a nivel de paradigma cultural y social.

Tras el saqueo, los visigodos, y con ellos Gala Placidia, abandonaron rápidamente la Ciudad Eterna con el objetivo de cruzar al norte de África y asentarse en ese rico territorio. Cuando se disponían a embarcar en Mesina, una tormenta dañó la flota, con lo que los visigodos volvían a quedarse sin un lugar en el que poder establecerse. Del mismo modo, se apuesta por que la armada romana de la zona no estaría por la labor de facilitar este traslado. El infortunio se cebó con el gran Alarico y al poco tiempo murió por enfermedad en Cosenza, siendo enterrado en el cauce del río Busento.[2] La desaparición de Alarico no supuso que la incertidumbre se cerniese sobre el destino de Gala Placidia o que fuese a quedar desatendida. Ataúlfo, el sucesor de Alarico, iba a ser un personaje más cercano si cabe y dejaría una profunda huella en su existencia.

Si el lector recuerda, arrancamos la introducción de este libro con una cita en la que se hablaba de la hermana del emperador Honorio, del segundo rey de la lista de reyes godos y de una profecía. Pues bien, ha llegado el momento de poner esas palabras en contexto porque nos hablan de una de las relaciones de amor —porque bajo nuestro punto de vista hubo amor verdadero— entre una mujer y un hombre fundamentales en la Historia del siglo v, especialmente en el caso de ella.

Una vez elegido *rex*, Ataúlfo, perteneciente como Alarico al «ilustre linaje de los Baltos», como decía Jordanes, y de quien el mismo historiador dice «famoso por su inteligencia y su belleza, pues aunque no era de gran estatura, se distinguía por la belleza de su cuerpo y de su rostro», abandonó la idea de su predecesor de cruzar al norte de África. Así, dio media vuelta, y saqueó distintas ciudades de la península itálica avanzando hasta el norte, con el objetivo final de llegar a tierras galas para pactar con un nuevo emperador que había sido proclamado con el apoyo de parte de la aristocracia galorromana y de algunos pueblos bárbaros; nos referimos a Jovino. Sin embargo, el plan no salió como Ataúlfo esperaba, y la estrategia cambió al aliarse con el emperador legítimo, Honorio, para atacar a Jovino.

Todas estas acciones serían seguidas de cerca por Gala Placidia, que no dejaba de ser un «rehén de lujo» en cualquier negociación entre los godos y Rávena. La vida de la princesa romana estaría un tanto alejada de lo que había vivido previamente porque sería partícipe de los perjuicios que sufrían los visigodos al ser un pueblo en constante movimiento y al no disponer de un territorio en Occidente en el que poder asentarse y actuar de manera autónoma en connivencia con el gobierno imperial. Como bien señala la profesora Herrin, independientemente del buen trato, una persona de su dignidad no estaba acostumbrada a moverse encima de un carro recorriendo inmensas distancias en tan corto espacio de tiempo y siendo testigo de los enfrentamientos que encabezó Ataúlfo.

Tras el pacto con Honorio, Ataúlfo derrotó a Jovino y a sus aliados, y a partir de aquí y de la mano del nuevo *magister militum*, Constancio —personaje que como más tarde veremos también estará muy ligado a la biografía de la protagonista de este capítulo—, quedaron asentados en Burdeos, provincia de Aquitania Segunda. *A priori* pudiera parecer que un nuevo escenario se abría en la vida de Gala Placidia al conseguir los visigodos un territorio en el que asentarse. Nada más lejos de la realidad; Honorio se había guardado un as en la manga: solo proporcionaría el ansiado y necesario grano para Ataúlfo y su pueblo si le era entregada su hermana. Como vemos, el carácter de prestigiosa moneda de cambio entre godos y romanos de la hija de Teodosio queda más que claro. Tampoco hay que pasar por alto los problemas que en estos primeros años de la década de los años diez tenía Honorio en el principal suministrador imperial de grano, el norte de África.

Boda real entre la romana y el godo

Si acabamos de señalar que Honorio contaba con un as en la manga, Ataúlfo también lo tenía, en este caso ligado a la figura de su «rehén de lujo»: el matrimonio. El año de Nuestro Señor de 414 arrancó con la fastuosa boda entre la romana Gala Placidia y el godo Ataúlfo. Gracias a las fuentes, particularmente a Olimpiodoro de Tebas, sabemos de manera directa y clara cómo fue este enlace, uno de los más importantes y llamativos de toda la Antigüedad tardía sin ningún género de dudas. A través del trabajo del profesor Arce, nos parece más que útil e imprescindible recoger las palabras de Olimpiodoro sobre este matrimonio, ya que nos resultan una descripción sublime que ni la mejor de las «crónicas rosas» del periodismo actual pudiera hacer:

> Por consejo e instigación de Candidianus, Ataúlfo se casó con Placidia a comienzos del mes de enero [año 414] en la ciudad de Narbona, en la casa de Ingenius, uno de los notables del lugar. Allí, en el aula, decorada a la manera romana, estaba sentada Placidia, vestida con trajes regios, y a su lado Ataúlfo, llevando puesto el *paludamentun* de los generales romanos. Entre las celebraciones, además de otros varios regalos, Ataúlfo ofreció a Placidia cincuenta jóvenes de gran belleza, vestidos con telas de seda, cada uno de ellos llevando dos grandes bandejas (*missoria*), una de ellos de monedas de oro y la otra llena de piedras preciosas, de valor incalculable, que habían sido robadas por los godos en el saqueo de Roma. Y se cantaron himnos nupciales, siendo el primero en hacer Attalo y luego Rusticio y Phoebadio. Las ceremonias se completaron con el regocijo y celebración tanto por parte de los bárbaros como de los romanos, todos juntos.

La fuerza simbólica de la descripción del enlace entre Gala Placidia, quien tendría poco más de veinte años, y Ataúlfo es sencillamente brutal, si el lector nos permite una expresión tan coloquial, y el significado del mismo debe tenerse muy en cuenta. En primer lugar, el escenario de la celebración fue la casa de un notable de Narbona, probablemente una suntuosa villa como así señala la profesora H. Sivan a partir de restos arqueológicos, lo que advierte el visto bueno por parte de la aristocracia sudgálica. En segundo lugar, no se aprecia ni rastro de germanismo, por lo que los gustos, modas y costumbres romanos, es decir, los de la novia, son los que marcaron el relevante evento. Es más, el novio se vistió más como un destacado militar romano que como un rey bárbaro, hecho a reseñar puesto que ya hemos visto que Ataúlfo se unió al grupo de su cuñado liderando una tropa de caballería greutungo-huna. Si llamativa es la vestimenta de este, más lo tuvo que ser la de la protagonista del capítulo «vestida con trajes regios», ergo en consonancia con su dignidad y con sus valores internos y externos. Tampoco debemos pasar por alto los sobresalientes regalos que recibió la ahora reina visigoda por parte de su marido, entre los que se incluían piezas robadas durante el saqueo de Alarico de cuatro años atrás. Y en último lugar, el ambiente festivo que se traslada a partir de las palabras de Olimpiodoro y la buena sintonía entre romanos y godos —conexión con la aristocracia galorromana de la zona tras los tiempos inestables que habían vivido—, siendo el mayor ejemplo el mismo matrimonio que se celebraba. En definitiva, bien nos parece una escena de una gran producción audiovisual.

Una cuestión que siempre ha sembrado la duda entre los historiadores es cómo se encajó un elemento tan fundamental en este enlace conyugal como era el de la religión. Ambos eran cristianos pero Gala Placidia era católica y Ataúlfo era arriano; empero, las diferencias con respecto a la fe no fueron una barrera.

Sobre este enlace, Jordanes ensalza la figura de Gala Placidia —quien era muy apreciada por su marido, el cual ya se había casado previamente y tenía hijos de su primer matrimonio— «en atención a su noble linaje, su belleza física, su casta pureza en legítimo matrimonio [...] para que los restantes pueblos, al conocer este enlace, se asustaran más pensando que se trataba de una alianza del Imperio con los godos». Asimismo, el cronista, que ubica la boda al norte de Italia y no en Narbona, resalta el lógico interés político en el matrimonio de cara al resto de los pueblos bárbaros. Como seguidamente trataremos, donde no sentó nada bien esta unión fue en la sede imperial de Rávena.

Un dato que nos permite reafirmar que, más allá de los intereses particulares, políticos, estratégicos y diplomáticos inherentes a este matrimonio, había una relación muy especial entre romana y germano nos lo ofrece Orosio cuando dice que el rey godo era «influido en todas sus acciones de buen gobierno por los consejos y razones sobre todo de su esposa Placidia, mujer ciertamente de agudo ingenio y suficientemente honrada gracias a su espíritu religioso». La información vertida por este historiador romano, el cual ve la intercesión divina detrás de la unión, no solo nos sirve para insistir en la conexión entre Gala Placidia, que actuaría con libertad y ajena a los deseos de su familia, y Ataúlfo, sino que del mismo modo son una clara muestra del interés por parte de la princesa romana y reina goda en los asuntos políticos y de su elevada inteligencia. De hecho, la profesora Gallego Franco da una gran importancia a las palabras de Orosio en «la utilización de las uniones matrimoniales por parte de los hombres poderosos como instrumento de establecer fidelidades políticas, vertiente que presenta a la mujer como objeto pasivo sujeto a las decisiones de los varones [...]. Excepción a este planteamiento lo constituye la figura de Gala Placidia [...]. El historiador no la considera simple comparsa de esta alianza política, sino que le reconoce una activa influencia en la política goda a través de su ascendente sobre su marido [...]. Así, Gala Placidia es uno de los escasos personajes femeninos de los que Orosio traza una imagen positiva y activa». Nuevamente es preciso señalar que Gala Placidia no es una mujer más de la Antigüedad tardía. Alrededor de ella nada es casual, todo lo contrario: las fuentes, con un marcado carácter masculino, coinciden e inciden en la posición y virtudes de la princesa romana y reina goda. Ataúlfo había conseguido como esposa a la hija del gran emperador Teodosio y a la hermana por parte de padre del emperador occidental Honorio y del emperador oriental Arcadio. Este es un hecho irrefutable, pero también lo es que su mujer no responde al concepto de «florero, objeto o triunfo masculino», sino que tiene su propia personalidad, sus objetivos, sus acciones, su influencia, sus valores y unas virtudes que jamás pasaron desapercibidas.

Gala Placidia y su marido, especialmente este último, pensaban o tal vez ansiaban que desde Rávena Honorio no viera con malos ojos este matrimonio, debido a que representaba la unión de dos mundos en pos de la paz y de un nuevo futuro para Occidente a partir del vínculo directo entre romanos y visigodos. Vana ilusión. El emperador rechazó rotundamente esta unión y reaccionó de la mano del *magister militum* Constancio, quien, tras aplastar algunas rebeliones, comenzó a hostigar a los godos. El sueño de Gala Placidia y Ataúlfo se esfumaba y además debían retroceder ante el empuje de las huestes imperiales. Los godos fueron atacando ciudades del sur de las Galias hasta verse obligados a cruzar los Pirineos, entrando así por primera vez en la Historia en Hispania. Ataúlfo buscó una ciudad en la que establecerse y hacerse fuerte frente a los envites imperiales y la elegida fue Barcino (Barcelona).

Esta destacada urbe de la provincia de la Tarraconense se convirtió en la sede de la corte goda y allí se asentaron Gala Placidia y su marido, el séquito de esta, la nobleza goda, los miembros de la iglesia arriana de los godos, el resto del pueblo e incluso el usurpador-emperador Átalo que, como vimos, tuvo una destacada participación en la boda y en cierta medida daba base legal a muchas de las actuaciones. Barcelona es una ciudad importante en la vida de Gala Placidia, puesto que allí nacería, o llegaría con apenas semanas, el hijo fruto del matrimonio romano-godo. Este hecho es muy significativo no solo por quiénes eran los padres del pequeño, sino también por el nombre escogido para el mismo: Teodosio. El nombre elegido evidencia una vez más el peso y la influencia de la princesa romana y reina goda, no en vano era el nombre de su padre, y resultaba un claro acto simbólico de unión de lo romano y de lo godo. Paralelamente, evidencia algo que varios grandes especialistas vienen recogiendo en los últimos años y es el afán integrador de distintos grupos bárbaros y no el interés en destruir la estructura imperial. Circunstancia que queda muy clara con los visigodos, tanto con Alarico como con Ataúlfo: querencia de una tierra en la que establecerse, apoyar militarmente al Imperio y favorecerse del sistema imperial. Aquí es donde las palabras de Orosio sobre Ataúlfo nos resultan clarificadoras y donde vemos, otra vez, la alargada sombra de Gala Placidia: «Que él, al principio, deseaba más que nada que, olvidado el nombre romano, todo el Imperio romano se hiciera y se llamara y fuera solo imperio de los godos, para decirlo vulgarmente, que Gothia fuera lo que había sido Romania y llegara a ser ahora Ataúlfo lo que en otro tiempo César Augusto; pero, cuando una larga experiencia había demostrado que de ningún modo los godos podían obedecer a las leyes a causa de su barbarie desenfrenada y que era preciso que no fueran prohibidas en la república las leyes, sin las cuales la república no es república, había elegido por lo menos que buscaría para sí la gloria de restituir al completo con las fuerzas de los godos y aumentar el nombre romano y de ser tenido entre la posteridad por autor de la restitución romana, ya que no era posible como el que lo cambió». Nos resulta imposible no ver a la católica, elemento fundamental para los cronistas romanos, Gala Placidia sosteniendo estos postulados, aunque fuese de manera velada y no bajo el concepto de reina titular, y que su hijo fuese visto por parte de ella y de su padre como el mayor valedor de ese nuevo futuro.

Muerte del hijo y asesinato del esposo

Por si esto fuera poco, volviendo a la figura de Teodosio, este podría haber sido un perfecto candidato al trono imperial al contar con la legitimidad de sangre y dinastía que le proporcionaba su madre y por la ausencia de descendientes que arrastraba Honorio, a causa de su incapacidad sexual,[3] el cual, si se enfureció por el matrimonio de su hermana, igual o más lo hizo por el nacimiento de su sobrino. No es casual que hayamos utilizado el condicional al hablar de dicha candidatura, dado que, sin llegar a cumplir un año, el pequeño Teodosio murió o tal vez fue asesinado. Este hecho rompió los corazones de la protagonista de este capítulo y de su marido «bárbaro romanizado», y sería uno de los golpes más duros que recibió Gala Placidia en su ajetreada vida. El fruto del amor —porque seguimos insistiendo en que entre Gala Placidia y Ataúlfo hubo amor— fue enterrado en una iglesia, capilla u oratorio a las afueras de Barcelona. Existe cierto debate sobre qué edificio podría haber sido el depositario del ataúd de plata con el cuerpo de Teodosio, por ello recomendamos al lector interesado a que acuda a la bibliografía contenida al final de este trabajo si quiere profundizar en esta cuestión. La muerte de Teodosio encajaría con la cita que abría nuestra introducción, viéndose, tristemente, cumplida la profecía anunciada en la misma.

La vida tenía previsto un nuevo golpe para Gala Placidia: en el año 415 fue asesinado su marido, el *rex gothorum* Ataúlfo, muerte celebrada tanto en Rávena como en Constantinopla. Las fuentes —alguna añade que se produjo durante la visita a los establos reales— tienden a coincidir en que el regicidio fue cometido por alguien cercano al líder germano: «fue muerto por traición de los suyos, según se cuenta» (Orosio); «fue degollado por un godo en Barcelona por cuestiones familiares» (Hidacio); «murió por culpa de una herida que había recibido en el vientre de la espada de Evervulfo, de cuya estatura solía burlarse» (Jordanes); «siendo degollado en Barcelona por uno de los suyos durante una charla familiar» (San Isidoro de Sevilla). En verdad, detrás de estas afirmaciones todo hace indicar que estaría la postura filorromana de Ataúlfo y la visión contraria de una parte de la nobleza goda, incluso cercana a él, que no seguiría la misma línea. Este hecho dejaba en muy mal lugar a Gala Placidia, cuyo sufrimiento y padecimiento no acabó con la muerte de su hijo y el asesinato de su marido. En cambio, su hermano se veía muy favorecido al ver que desaparecía tanto un enemigo, a pesar de los intentos del godo por mostrarse y ser su aliado, como un problema sucesorio en la figura del pequeño Teodosio.

La estancia de Gala Placidia en Hispania, tierra de sus ancestros paternos, pronto iba a llegar a su fin. Siguiendo a la profesora Sanz Serrano, los años en los que la hija del emperador Teodosio vivió entre los godos fueron cómodos, de conexión y alejados de los patrones propios de un rehén. Sin embargo, los últimos días que vivió en suelo hispano junto a los godos fue el tiempo que de verdad sí resultó un duro cautiverio para ella. Perdió por primera vez a sus siervos y colaboradores más allegados desde su salida de Roma, y fue la única vez en la que se le humilló y maltrató por una parte del pueblo de su ya fallecido marido. Según Olimpiodoro, Ataúlfo, al morir, recomendó a su hermano, cuyo nombre no conocemos, que devolviese a su esposa al gobierno de Rávena —tal vez temiendo lo que a continuación vamos a detallar— y que continuase su línea filorromana.

Resulta casi inconcebible que el regicidio de Ataúlfo fuese un suceso violento aislado. Lo más factible es que un sector de la nobleza goda, muy descontenta con la política filorromana de su líder y, presumiblemente, con la ascendencia de su esposa, decidiera cortar por lo sano y dar un nuevo giro a la política romano-bárbara. En este escenario el nuevo *rex gothorum* pasó a ser Sigerico, cuya familia —clan o linaje de los Rosomones— había estado enfrentada previamente con Ataúlfo. Del largo listado de reyes visigodos, estamos ante el monarca que menos tiempo estuvo en el trono, tan solo una semana, pero estos días le cundieron a la hora de teñirlos de sangre y llenarlos de dolor contra Gala Placidia y los allegados a su difunto marido. Así, Sigerico ejecutó a los hijos que Ataúlfo había tenido con su primera esposa e igualmente eliminó a esta. Esta acción de Sigerico no era de violencia brutal sin más o de simple venganza contra Ataúlfo; era una muestra clara de su intención de retener el trono y de borrar cualquier atisbo de rivalidad o pretensión al mismo por parte de los descendientes de Ataúlfo. Esto nos lleva a suponer que si el hijo que tuvo Gala Placidia no hubiese muerto anteriormente —algunos autores sostienen que esta muerte no fue por causas naturales— Sigerico igualmente habría ordenado su ejecución.

El siguiente paso de Sigerico sería la princesa romana, ya no reina visigoda: resulta presumible que el rey godo habría querido acabar con su vida. Pero consumar este acto supondría que todas las fuerzas del Imperio romano de Occidente, con la inestimable ayuda de la *pars Orientis*, habrían caído sobre él a pesar de la distancia entre los hermanos Gala Placidia y Honorio. Por consiguiente, la protagonista de este capítulo no perdió la vida; en cambio, y como ya hemos anunciado, sus últimos días junto al pueblo visigodo fueron para ella muy tristes, muy desagradables y muy dolorosos. Sigerico quería llevar a cabo un gran acto cargado de simbolismo y de demostración de poder; por eso escenificó un cortejo triunfal yendo él a caballo y delante de su persona la comitiva de derrotados, es decir, los allegados a Ataúlfo y, sobre todo y principalmente, Gala Placidia. Después de digerir la muerte de su hijo y de su marido, tuvo que sufrir uno de los episodios más humillantes de su vida, como era desfilar por Barcelona y fuera de la urbe como un vil reo a lo largo de doce millas. El episodio es de un simbolismo bestial, porque no olvidemos que Gala Placidia llegó a contar con el título de Augusta y, como indica la profesora Herrin, estamos ante una mujer imperial a la cual «habían preparado para la vida imperial».

La Divina Providencia no tenía en su agenda más humillaciones para la hija del emperador Teodosio. Sigerico fue asesinado y el trono fue a parar a Walia, miembro del clan Baltingo y alabado por Jordanes a causa de sus virtudes. Gala Placidia, aun siendo rehén, dejó de ser maltratada y humillada —tratada con honor y respeto según Orosio—, y es que el nuevo rey visigodo tenía un plan para ella. A Walia le habría encantado cumplir el sueño de Alarico de cruzar al norte de África, en esta ocasión desde el sur de Hispania, pero una vez más fue imposible. La situación de su pueblo era muy comprometida, con una Hispania inestable con otros pueblos como suevos, vándalos y alanos campando casi a sus anchas, una Tarraconense bajo control del gobierno de Rávena —salvo la ciudad de Barcelona y su territorio, donde estaban establecidos los visigodos— y un emperador y un *magister militum* que no dejaban de presionar. A todo esto se sumaba la necesidad de cereal que tenía el germano para alimentar a su pueblo tras haber tenido que comprar trigo a los vándalos a un precio desorbitado.

Gala Placidia, moneda de cambio

Había que actuar con determinación y tras un *impasse*, Walia lo hizo; su as en la manga, Gala Placidia, jugó un papel determinante sin tener voz ni voto. Aquí los intereses de Honorio, que no se fiaba de Walia y que sentía vergüenza porque su hermana seguía siendo un prestigioso rehén, coincidían con los del godo porque ambos sabían que había que llegar a un acuerdo. El emperador envió a su mejor hombre, el ya patricio Constancio, al mando de un gran ejército para que se viese las caras con Walia y trajese de vuelta a su hermana. Sin embargo, en el caso de producirse ese regreso, el destino de Gala Placidia estaba escrito en forma de un nuevo matrimonio. «Por eso pactó [Honorio] con Constancio que se la concedería en matrimonio si podía llevársela a su reino», dice Jordanes. El romano, un veterano general que estaba profundamente enamorado de Gala Placidia, sabía que un matrimonio con ella lo situaría en una posición de absoluto privilegio —más del que ya disfrutaba— dentro de la corte imperial. Además, posicionaba al posible hijo que naciera de dicha unión como el candidato perfecto al trono imperial de Occidente. El lector podría pensar que es un contexto similar al descrito con Ataúlfo respecto de la princesa romana;

pero hay una diferencia muy notable: Gala Placidia no estaba enamorada de Constancio y no quería casarse con él. La voluntad y el deseo de esta no contaban una vez desaparecido Ataúlfo y su hijo Teodosio. Para Honorio su hermana era la pieza fundamental del momento de cara a reconducir el tablero político de Occidente.

A principios del año 416 los ejércitos de Walia y Constancio se encontraron a la entrada de los Pirineos sin que llegasen a chocar sus espadas y lanzas. La diplomacia entró en juego. El acuerdo, más ventajoso para romanos que para germanos, consistió en lo siguiente:

- Los visigodos pasaban a ser un pueblo federado y prestarían ayuda militar en caso de necesidad del Imperio, como pasó a continuación con la victoriosa campaña en Hispania frente a vándalos silingos y alanos.
- Los romanos entregaban grano (seiscientos mil raciones o modios) a los visigodos[4].
- Walia devolvía a Gala Placidia.

De esta manera, la protagonista de este capítulo dejó de ser rehén de prestigio de los visigodos. Lógicamente, no emprendió el viaje sola hasta Roma, sino que la acompañaron un nutrido séquito formado por otros romanos que habían sido cautivos, la comitiva enviada por Honorio y, quizá lo más llamativo e interesante, una escolta de destacados guerreros visigodos, presumiblemente ligados a un juramento de lealtad a su difunto marido, que siempre estuvieron junto a ella.

Todo hace indicar que Gala Placidia no conoció que su vida iba a estar ligada irremediablemente al general Constancio hasta que llegó a la península itálica. Intentó por todos los medios negarse y no ceder a las pretensiones de su hermano, pero su destino ya estaba fijado: formar parte del «Juego de tronos», si se permite la licencia, de la Antigüedad tardía. Olimpiodoro nos ofrece una información muy interesante al respecto y es que la brava, carismática e inteligente Gala Placidia siguió negándose a contraer matrimonio incluso durante la celebración de las propias nupcias. Hay un consenso generalizado en el círculo historiográfico a la hora de considerar que el primer matrimonio de esta fue consentido —con mayor o menor dosis de amor según el historiador—, y que el segundo fue duramente forzado, sin ningún vínculo romántico y existiendo incluso rechazo físico por parte de ella. Se presupone que Gala Placidia podía rechazar a su pretendiente por respeto a su difunto marido godo, por su origen innoble y/o por la falta de atracción hacia él (existía una considerable diferencia de edad). No obstante, a principios del año 417 Constancio y Gala Placidia ya eran marido y mujer.

Desde este momento la vida de Gala Placidia quedó desligada, al menos de manera directa, de los visigodos. Pese a ello, y por las características de este trabajo, consideramos más que oportuno continuar y cerrar su semblanza, dada la importancia que tuvo entre los años 410 y 416 para el que también podemos considerar su pueblo —y, claro está, el nuestro—, aunque ella muriese muchos años después.[5]

La princesa romana tuvo rápidamente dos hijos con el *magister militum* Constancio. En el año 418 vino al mundo Justa Grata Honoria y, al año siguiente, Valentiniano. A ambos vástagos el futuro les iba a deparar un gran protagonismo, especialmente al segundo de ellos, como veremos. La vida de Gala Placidia transcurrió mayormente entre las ciudades de Rávena y Roma, y no pasó desapercibida en ninguna de ellas. Dada su profunda fe católica quiso intervenir e influir en asuntos eclesiásticos en estos últimos momentos de la década de los años diez del siglo v. Conocemos más aspectos de su matrimonio con Constancio, recogidos por Olimpiodoro y resaltados por la profesora Seijo Ibañez, como, por ejemplo, cuando el historiador nos dice que Constancio, para no ver roto su matrimonio, tuvo que condenar a muerte a un mago asiático que se había presentado en la urbe de Rávena presumiendo de sus poderes contra los bárbaros. Por otro lado, el mismo cronista señala que Constancio era un hombre casi austero, pero que tras la unión matrimonial comenzó a acaparar riquezas, incluso de manera no legal, sin que su esposa lo reprimiese.

El año 421, y concretamente el mes de febrero, fue muy importante en la vida de Gala Placidia y en la de su familia. Su hermano Honorio, plausiblemente por su debilidad política y por el peso de su hermana, nombró emperador a Constancio —Constancio III—,

Medallón con tres personajes que tradicionalmente han sido identificados como Gala Placidia y sus hijos Valentiniano y Justa Grata Honoria. Se halla en el Museo de Santa Guilia de Brescia (Wikimedia Commons).

el cual quedó asociado al trono imperial y pasó a actuar como coemperador. Asimismo, Valentiniano, que cada vez estaba más posicionado para ser el sucesor de su tío, recibió el título de *nobilissimus* y la propia Gala Placidia el título de Augusta, es decir, emperatriz aunque sin poder efectivo, circunstancia que ya hemos visto que no le impidió influir decisivamente a nivel político. El matrimonio Constancio-Gala Placidia y su hijo Valentiniano quedaron perfectamente colocados para hacerse con el poder una vez falleciese Honorio. Sin embargo, desde Constantinopla iban a llegar los problemas: la proclamación de Constancio —la de Gala Placidia y el título de Valentiniano no podían ser discutidos al tener sangre teodosiana— no fue ni bien vista ni reconocida por el emperador oriental Teodosio II, quien era sobrino de Honorio y de nuestra protagonista. Cuando Constancio se dispuso a empuñar las armas contra Teodosio II —sucesor de Arcadio—, la muerte lo sorprendió a finales del año 421.

Un nuevo, perturbador y oscuro futuro se abría en la vida de Gala Placidia. Estando ya viuda, nos dice Olimpiodoro que entre ella y su hermano había «efusiva complacencia» y «constantes besos en la boca». Estas actitudes inapropiadas no pasaron desapercibidas y los rumores, cotilleos y habladurías de todo tipo comenzaron a ser una constante en la corte imperial. A esta incestuosa circunstancia se le sumó el choque entre los godos que custodiaban y protegían a la hija de Teodosio y los soldados imperiales de Rávena. Los acontecimientos se precipitaron e hicieron imposible que Gala Placidia siguiese viviendo en Rávena, por lo que fue obligada a salir de la ciudad junto a otros allegados suyos, acusados de intrigar contra el emperador. Corría el año 423 y la orden de este exilio forzoso partió de Honorio.

De nuevo, la princesa romana se veía viajando, en esta ocasión por el destierro propiciado por su hermano. Finalmente, el lugar de acogida fue la bien conocida e imperial Constantinopla, donde llegó en compañía de sus hijos y su comitiva. En la corte de su sobrino Teodosio II, y de la hermana de este, Pulqueria —Augusta igualmente y muy religiosa, la cual tenía una gran ascendencia sobre su hermano y participaba en la política activamente—, Gala Placidia no perdió de vista lo que acontecía en Rávena, ya que sabía que volvería de manera casi triunfal antes o después. No en vano, contaba con apoyos en Occidente como el general Bonifacio, quien estaba casado con una goda. De hecho, no tuvo que esperar demasiado, puesto que a mediados de agosto del mismo año 423 moría por enfermedad el emperador Honorio. La coyuntura intentó ser aprovechada por un destacado funcionario imperial llamado Juan para usurpar el trono, pero, lógicamente, no fue reconocido por el gobierno de Constantinopla. Primero, Gala Placidia convenció a Teodosio II de que el jovencísimo Valentiniano tenía que hacerse con el trono de Occidente y no él. Y en segundo lugar, el plan de la familia teodosiana fue que Valentiniano contrajese matrimonio con Licinia Eudoxia, hija de Teodosio II y, por tanto, sobrina-nieta de Gala Placidia.

Doce años como emperatriz regente

La maquinaria del Imperio romano de Oriente se puso en marcha. Un año después de la muerte de Honorio, un poderoso ejército comandado por el general Ardabur, de origen alano, y su hijo Aspar, y en el que estaba incluida Gala Placidia, partió hacia la península itálica. Además, Valentiniano recibió el título de César como paso previo a convertirse en emperador. En el año 425 la aventura del usurpador Juan llegó a su fin y el hijo de Gala Placidia, ahora Valentiniano III, llegó al trono imperial siendo aclamado en Rávena y seguidamente, y en compañía de su madre, proclamado en Roma ante el Senado. Hubo grandes celebraciones en la Ciudad Eterna, que bien podrían recordar a los tiempos del Alto Imperio. En otro orden, la corta edad del emperador, de tan solo seis años, despertaba recelos, pero Gala Placidia se había ganado a Teodosio II y Pulqueria en Constantinopla y también lo iba a hacer con los altos y temerosos personajes de Occidente. Comenzaba la etapa de la emperatriz regente —actuando en nombre de su hijo— que abarcó doce años. La protagonista de este capítulo estaba absolutamente preparada y dispuesta para ello; además contaba con un nutrido personal enviado desde Oriente para hacerse cargo de la administración y con los funcionarios y dignatarios que en Occidente no apoyaron la usurpación de Juan.

En los primeros años de regencia de la hija de Teodosio chocaron dos grandes generales por ver quién iba a ser el hombre fuerte de Gala Placidia-Valentiniano III, como había sucedido con Estilicón y Constancio con respecto a Honorio. Uno de ellos era un antiguo aliado de la regente, Bonifacio, *comes Africae* ascendido a la categoría de *magister militum*, y el otro era uno de los grandes personajes del siglo V, nos referimos a Aecio. Este último, aprovechando su contacto y relación con el pueblo huno, había puesto su tropa a disposición de Juan, pero

Calle dedicada a Gala Placidia en la ciudad de Rávena
(fotografía del autor).

tras el fracaso de este, se ofreció a Gala Placidia y pasó a actuar en las
Galias. Bonifacio y Aecio se enfrentaron y cuando parecía que iba a
salir triunfador el primero, la muerte le sorprendió. El general Aecio se
quedó con el camino libre para convertirse en la mano derecha de
Gala Placidia, primero, y de Valentiniano III, después, y para ser el gran
referente militar del Imperio romano de Occidente, a pesar de los
roces entre ellos.

La regencia concluyó en el año 437 y durante estos años Gala
Placidia, aparte de vivir el mencionado enfrentamiento entre Bonifacio y Aecio, sufrió por la consolidación de distintas monarquías germánicas en territorio imperial, como los visigodos en el sur de las
Galias (en el siguiente capítulo retomaremos esta cuestión), los suevos
en el noroccidente de Hispania, los vándalos en el norte de África o los
hunos avanzando ya con el famoso Atila despuntando. Paralelamente,
se consiguieron victorias contra los bárbaros y no se tuvo que hacer
frente a ninguna peligrosa usurpación. En verdad y a tenor de los hechos, Gala Placidia estuvo mucho más interesada en seguir de cerca e
intervenir en los asuntos de gobierno que su hermano Honorio. Su
figura fue ampliamente conocida tanto en Occidente como en Oriente y se acuñaron monedas de oro y bronce con su efigie acompañadas
de simbólicas inscripciones como *Domina Nostra Galla Placidia Pia
Felix Augusta*. La administración imperial no podía estar descuidada y
no lo estuvo por su implicación a nivel legislativo (su huella quedó
plasmada en el famoso Código de Teodosiano —por Teodosio II—),
judicial, económico, social, diplomático, militar, etc.

Como bien resalta la profesora Herrin, todas estas acciones se realizaron desde el palacio imperial de Rávena, ciudad que no puede
entenderse sin Gala Placidia. De hecho, en esta urbe emprendió una
destacada labor edilicia de la que se ha perdido una buena parte. De
dicha función queremos distinguir, porque a día de hoy podemos seguir disfrutando de ella y porque es una obra que resulta sencillamente una maravilla, el llamado mausoleo de Gala Placidia. Este en realidad podría ser una capilla[6], aunque nos parece casi secundaria su
función porque lo mejor está en su interior, donde la belleza icono-
gráfica, simbólica, espiritual y colorista puede provocar, y perdone el

lector por la expresión, un auténtico «síndrome de Stendhal». Tampoco podemos pasar por alto otra edificación encargada por Gala Placidia, aunque ha cambiado muchísimo desde el siglo v, como es la iglesia
de San Juan Evangelista. Esta construcción levantada tras encomendar-
se Gala Placidia a San Juan después de la tormenta que sufrió en la
travesía de regreso de Constantinopla a la península itálica tenía una
poderosa fuerza simbólica, puesto que era una rotunda muestra de su
autoridad, de su fe y de su legitimidad y la de su hijo, amparada en la
imperial dinastía a la que pertenecían y en los vínculos con Valentiniano I y Constantino I. En resumen, hay una Rávena imperial antes de
Gala Placidia y una Rávena imperial después de Gala Placidia.

En el mencionado año de 437 el ahora adolescente Valentiniano III viajó a Constantinopla para contraer matrimonio, como estaba
pactado, con Licinia Eudoxia. Regresaron a la península itálica al año
siguiente, quedando Gala Placidia en un activo y sobresaliente segundo plano. Lo cierto es que el nuevo papel de la emperatriz madre era
más que necesario porque su hijo no heredó la sapiencia ni las virtudes
ni de su madre, ni de su padre, ni de su abuelo; más bien estaba casi en
la línea de su tío y antecesor. Aparte de la política, y como ya hemos
apuntado, la fe jugaba un papel determinante y fundamental en la vida
de Gala Placidia, y a partir del año 438 pudo involucrarse mucho más
en cuestiones religiosas, no solo en el plano constructivo, sino también
caritativo. Su interés la llevó a intervenir en disputas teológicas que
amenazaron a la Iglesia católica, a la cual ella siempre se mantuvo fiel.

Antes de cerrar este capítulo, hay dos aspectos negativos que debemos adelantar y a los que más tarde volveremos. En primer lugar,
una parte de la vida de la emperatriz en la que se suele considerar que
fracasó fue la educación de sus hijos. Resulta evidente que ni Valentiniano III ni Honoria heredaron las elevadas condiciones ni las destre-
zas de su progenitora. Ambos hermanos tenían un gran espejo en el
que mirarse, pero puede que su propia madre «tapase» ese espejo que
era ella misma, tal vez por un exceso de protección o por una inade-
cuada gestión de cara al futuro. Y en segundo lugar —aunque de este
asunto también es muy responsable su hijo Valentiniano III e incluso
sus sucesores o el propio Imperio romano de Oriente— nos referimos

al imparable avance por el norte de África de los vándalos, que provocó que su rey Genserico se hiciese con la ciudad de Cartago y que desde allí levantase un poderoso reino que se hizo con el control de buena parte del Mediterráneo.

La protagonista de este capítulo murió en el año 450, y con su desaparición física se fue una de las mentes más lúcidas y una de las figuras más interesantes e influyentes no solo del siglo v y de la Antigüedad tardía en general. Es más, podríamos apostar por qué se fue uno de los personajes más preponderantes de la Historia del Imperio romano. No vamos a volver a detallar su abultado currículum pero el concepto y el significado del Imperio romano corría por sus venas de Augusta. Cuando lanzamos estas grandilocuentes afirmaciones, no nos referimos exclusivamente al ámbito femenino, constreñido siempre por el elemento masculino, ya que la Historia romana está rodeada de mujeres sobresalientes y destacadas, como por ejemplo en el siglo iv, y por buscar un contexto más cercano al que nos ocupa, Helena la madre del emperador Constantino, o la abuela de Gala Placidia, la emperatriz Justina. Realmente, hablamos de manera global. Como dice la profesora Herrin, «Gala Placidia conocía a la perfección su estatus; personificaba las tradiciones y los deberes imperiales [...], sus opiniones personales estaban marcadas por una concepción de lo femenino imperial que dotaba a las mujeres de la dinastía gobernante de la capacidad de ejercer el liderazgo. Gala Placidia había sido educada para desempeñarlo al más alto nivel [...] aunque acabara casada con un godo».

Sin embargo, este trabajo se centra en los godos y no en los romanos, y aunque Gala Placidia apenas estuvo ligada a ellos siete años, sin el valor que tuvo en la Historia de Roma, no conoceríamos tan bien su biografía, y seguramente habríamos perdido muchos aspectos de su vida del año 410 al año 416. La atención que le prestan las fuentes siendo una figura femenina —cuando las menciones a las mujeres, desgraciadamente, son muy escuetas o intencionadas— no es casual. Asimismo, las biografías tanto de Alarico como de Ataúlfo, incluso del malogrado Sigerico, no serían iguales sin ella. Definió sus vidas, sobremanera en el caso de los dos últimos reyes godos, y es que fue una

Exterior del llamado Mausoleo de Gala Placidia en Rávena
(fotografía del autor).

Interior del llamado Mausoleo de Gala Placidia en Rávena
(fotografía del autor).

mujer acostumbrada desde pequeña a moverse entre los bárbaros. Bien podría decirse que, entendiendo su esencia imperial, fue un puente entre dos mundos cada vez más próximos y en el que uno decrecía mientras el otro crecía. En definitiva, y dejando a un lado sus títulos y dignidades romanas e imperiales, Gala Placidia fue cautiva de los godos, rehén de prestigio de los godos, reina de los godos y madre de un posible sucesor al trono godo. Y aun siendo cierto lo anteriormente expuesto, para nosotros lo más importante de cara a la historia de los godos es su matrimonio con Ataúlfo y primordialmente su influjo sobre este, y es que ella no fue una mujer cualquiera.

3
REINAS VISIGODAS EN EL REINO VISIGODO DE TOLOSA

Después del intenso capítulo protagonizado por la gran Gala Placidia, nos adentramos en un periodo de unos ciento treinta años —las tres primeras décadas aproximadamente de este periodo van en paralelo a la etapa en la cual la emperatriz romana dejó de ser reina goda y su muerte—, es decir, entre el desarrollo del Reino visigodo de Tolosa, su caída y el surgimiento del incipiente Reino visigodo de Toledo. En este ciclo la información con la que contamos sobre grandes figuras femeninas ligadas al contexto visigodo es bastante limitada, aunque no por ello resulta carente de interés. Curiosamente, podríamos decir que la primera fase de este ciclo es más de princesas godas y el segundo, más de reinas godas; y es que hasta prácticamente cincuenta años después de que Gala Placidia regresa con los romanos, no volvemos a conocer el nombre de ninguna reina visigoda. Durante los reinados de Walia, Teodorico I, Turismundo y Teodorico II no tenemos, tristemente, ningún nombre ni ninguna referencia directa hacia sus respectivas esposas. En cambio, lo que sí conocemos —no siempre con el nombre propio— es que algunas de sus hijas jugaron un papel importante dentro de los matrimonios políticos de la época, de los que podemos adelantar que algunos de ellos fueron muy llamativos, otros dieron alguna ilustre descendencia y otros acabaron francamente mal. A partir del reinado de Eurico, ya con el Reino visigodo de Tolosa plenamente asentado, recuperaremos nombres y referencias en las fuentes sobre las reinas godas.

Asistimos a un periodo muy interesante porque veremos la caída del Imperio romano de Occidente y el surgimiento sobre sus cenizas de distintas monarquías germánicas como la de los visigodos. E incluso avanzaremos al siglo VI presenciando la destrucción de un reino, la convergencia entre dos reinos godos, el levantamiento de un nuevo reino godo y los enfrentamientos entre distintos pueblos bárbaros. Todo este escenario va de la mano de lo anteriormente expuesto, formando parte de un mismo tablero de ajedrez.

Las principales fuentes antiguas que resultan imprescindibles para conocer este periodo son ya viejos conocidos como Hidacio, Jordanes, Procopio de Cesarea y San Isidoro de Sevilla, a los que añadimos para el contexto del Reino de Tolosa a Sidonio Apolinar y a Gregorio de Tours para las interacciones con los francos, propias de las primeras décadas de la sexta centuria. En lo concerniente a los trabajos contemporáneos, varios de los grandes expertos señalados en capítulos precedentes siguen más que vigentes, a los que se irán sumando otros que serán oportunamente señalados.

★   ★   ★

En el punto que nos encontramos y de cara a que el lector siga teniendo una imagen muy clara del escenario que estamos trazando y marcando, nos parece de extrema utilidad la siguiente exposición de la profesora Valverde Castro:

> En los denominados «reinos bárbaros» o «germánicos» de la Antigüedad tardía, como norma general, la mujer, por el mero hecho de serlo, no podía desempeñar tareas gubernativas. En la mentalidad entonces dominante, se asociaba lo público a lo masculino y lo privado a lo femenino. El espacio doméstico se identificaba, en consecuencia, con el ámbito de actuación propio de las mujeres […], pero, en el caso de los miembros femeninos de los linajes regios, la casa, el hogar, coincidía con la corte, el centro de poder por excelencia, la equiparación entre lo privado y la domesticidad […]. Sin embargo, que las damas de la realeza se movieran en los círculos cortesanos no les reportó el reconoci-

miento de un rol de carácter institucional. Tampoco se les otorgó ningún poder por ser imprescindibles para perpetuar las estirpes gobernantes, pues es evidente que eran ellas quienes parían a los descendientes más idóneos para postularse como posibles candidatos al trono.

Retomando el desarrollo histórico de los visigodos, en el capítulo anterior nos quedamos en la entrega de Gala Placidia a los romanos por parte del rey Walia en el contexto del acuerdo entre unos y otros, y en la campaña del soberano godo en Hispania. En primer lugar, Walia derrotó a los alanos, que seguramente sería la fuerza combativa de mayor calidad de las presentes en la península ibérica. Seguidamente, y muy al sur de Hispania, los vándalos silingos y los restos de los alanos caerían ante las espadas godas. Addax, rey de los alanos, murió en combate y los pocos supervivientes marcharon al norte peninsular para unirse a los vándalos asdingos y desaparecer como grupo independiente. Fredbal, rey de los vándalos silingos, fue apresado y enviado a Rávena. En consecuencia, la campaña de los años 416 y 417 fue un éxito y los visigodos habían cumplido como federados del Imperio romano de Occidente. Tanto Alarico como Walia fracasaron en su intento de establecerse en el norte de África, pero lo que sí consiguió el segundo es poner unas mínimas bases para lo que vendría posteriormente. El reinado de Walia también trajo consigo —en base a los acuerdos con Flavio Constancio— el asentamiento en la provincia de la Aquitania Segunda y en otras zonas del sur galo como por ejemplo la ciudad de Tolosa (Toulouse en francés) de los visigodos bajo el régimen de la *hospitalitas*.[1]

Por desgracia, no conocemos el nombre de la esposa de Walia. Sin embargo, lo que sí sabemos es que tuvo una hija, y que esta formó parte de lo que bien podría considerarse una política matrimonial de acercamiento entre visigodos y suevos. Esta afirmación se debe a que la descendiente del monarca godo se casó con un noble suevo o incluso con el príncipe suevo y posteriormente rey Rechila o Riquila. De este matrimonio nacería Ricimero, uno de los más destacados *magister militum* de los últimos años del Imperio romano de Occidente. Más allá de estas elucubraciones, lo que resulta de interés es la figura de la mujer goda de prestigio político en el contexto de acercamientos o de alianzas entre pueblos bárbaros, circunstancia que quedará más que confirmada, como veremos en breve, con el sucesor de Walia.

Matrimonio de Teodorico I con una hija de Alarico

En el año 418 murió Walia y llegó al trono Teodorico I, el cual es uno de los monarcas que más tiempo dirigió el destino de los visigodos —hasta el año 451—, y tal vez esto sea lo que nos permite tener algún dato más sobre las mujeres de su familia aunque, por desgracia, no conozcamos sus nombres. Según algunas fuentes, Teodorico I contrajo matrimonio ni más ni menos que con una hija del gran Alarico, lo que en palabras del profesor Isla Fernández significaba que «fortalecía sus propias posibilidades y las de sus hijos de permanecer en el [poder]». Ergo, un auténtico matrimonio de prestigio y de legitimación tanto para el marido, al estar casado con la hija del gran referente visigodo en cuanto al liderazgo se refiere, como para la mujer, al unirse con el nuevo líder de su pueblo.

Con Teodorico I ya podemos hablar de un proyecto político que dio sus frutos en forma del Reino visigodo de Tolosa. Este reinado coincide de lleno con la biografía de la protagonista del capítulo anterior, Gala Placidia, y, por tanto, la emperatriz romana y antigua reina goda fue testigo de pleno del reinado de Teodorico I, ya que además ambos murieron casi a la par. Es más, sabemos que el *magister militum* Castino, nuevo hombre fuerte de Occidente tras la muerte de Constancio, penetró en Hispania con un ejército acompañado de federados godos para acabar con un nuevo usurpador y atacar a los vándalos. La cuestión es que cuando la victoria parecía próxima para Castino, los federados godos se marcharon y dejaron al general romano a merced de los vándalos. El profesor García Moreno opina que esta actitud se debería al respeto que seguían manteniendo los godos hacia Gala Placidia y la mala relación de esta con Castino.

En cuanto a los hechos más destacados del gobierno de Teodorico I, él también fue testigo desde su lado de las muertes del general y emperador Constancio III, del emperador Honorio y del usurpador Juan y de la consecución del trono imperial de Occidente por parte de Valentiniano III, hijo de Gala Placidia. Asimismo, ya en la década de los años treinta, se enfrentó al nuevo hombre fuerte de Occidente, el mencionado general Aecio, con victorias y derrotas tanto para el bando godo como para el romano. En el año 439 se firmó un nuevo tratado como el anterior entre Walia y Constancio, pero ahora entre Teodorico I y Aecio, que resultó más beneficioso para los germanos, seguramente al verse favorecidos por la gran cantidad de frentes abiertos que tenía el gobierno de Rávena; ni siquiera con la sapiencia de Gala Placidia, que estaba detrás de su hijo Valentiniano III, ni con la destreza del general Aecio eran capaces de parar la hemorragia que sufría el Imperio romano de Occidente. En estos momentos el Reino visigodo de Tolosa disponía de más territorios y de más autonomía: dentro del mismo se había establecido un entendimiento con la aristocracia galorromana y los visigodos habían absorbido otros contingentes poblacionales bárbaros.

Dada la temática de este trabajo y aprovechando que tenemos datos concisos, hay otra cuestión a tener muy en cuenta del reinado de Teodorico I y es que, aparte de tener varios hijos que fueron llegando al trono godo de manera sucesiva como veremos en páginas siguientes, del mismo modo sabemos que tuvo al menos dos hijas. Tristemente, no conocemos sus nombres pero sí el destino que corrieron. Siguiendo las políticas matrimoniales propias de este periodo, estas «damas de la realeza» —utilizando las palabras que expusimos de la profesora Valverde Castro—, desde su papel pasivo pero muy valioso, iban a formar parte del «Juego de tronos» de mediados del siglo v. Una manera de fortalecer la política exterior y de acercar posturas, aunque eso supusiera el distanciamiento del núcleo familiar e incluso algunos riesgos que, como iremos viendo, podían derivar en daños morales, físicos y, según las circunstancias, la muerte.

De esta manera, a mediados del siglo v la gran fuerza del Mediterráneo central y occidental no era el maltrecho Imperio romano de Occidente, sino el Reino vándalo, con capital en la valiosa y estratégica Cartago, dirigido con puño de hierro por el poderoso rey Genserico. Este había llevado a su pueblo desde Hispania al norte de África y había conseguido levantar un influyente reino que condicionaba la política mediterránea. En el contexto de la cuasi ancestral rivalidad entre godos y vándalos, se dio el matrimonio entre una de las hijas de Teodorico I y el hijo de Genserico, el príncipe Hunerico. Sin embargo, este enlace no resultó nada feliz para la princesa visigoda, es más, dejó una profunda y terrible huella física en ella que jamás pudo olvidar. Sin entrar a hacer un juicio de valor sobre Hunerico, lo que resulta más que obvio es que el maltrato al que sometió a su esposa resulta de lo más despreciable. Dice al respecto Jordanes: «[…] Hunerico, con la crueldad que solía manifestar hasta con sus propios familiares, solo por sospechar que su esposa había intentado suministrarle un veneno, la había enviado de vuelta a las Galias junto a su padre después de mutilarle la nariz y las orejas, privándola así de su natural belleza, para que la desdichada mostrara siempre este vergonzoso recuerdo. Tal crueldad, que conmovía incluso a los extranjeros, estaba pidiendo a gritos la venganza de su padre».

Insistimos, un acto terrible. Las palabras del historiador denotan la brutalidad y las malas artes del príncipe y futuro rey vándalo Hunerico y el doloroso destino de la princesa visigoda. En verdad, detrás de esta deleznable acción que se produjo en el año 442, no había ningún intento de envenenamiento, sino otro matrimonio más del gusto de la corte vándala. Nos encontramos a principios de la década de los años cuarenta y Genserico y Valentiniano III, en el marco de un nuevo tratado, acordaron el matrimonio entre Hunerico y la princesa imperial Eudocia, una niña en aquel momento. Hunerico no se conformó con repudiar y devolver a tierras godas a su esposa, sino que la desfiguró de tal manera que este acto resonó en el Occidente de mediados del siglo v. Evidentemente, la rivalidad entre godos y vándalos aumentó más aún si cabe.

Otra de las hijas de Teodorico I corrió más suerte con su matrimonio. El cronista Hidacio nos informa de que en el año 449 el rey suevo Requiario tomó como esposa a la princesa visigoda. Otro matrimonio interesante en el contexto de la época, ya que suponía acercar, como vimos con el enlace de la hija de Walia, a la corte visigoda de Tolosa con la corte sueva de Braga. Pero no solo esto, sino que, como indica la profesora Jiménez Garnica, «en la ancestral concepción matrimonial de la familia indoeuropea y en el sistema matrimonial germánico, el marido de la hija no contraía ningún vínculo de parentesco con la familia de su esposa, pero sí se establecía una relación especial entre los hijos de las hijas y los hermanos varones de estas que se convertían en *auunculi* de sus sobrinos. A Tácito ya le llamó la atención esta costumbre germánica». Asimismo, a partir de estas estrechas relaciones entre suevos y godos, los primeros se verían fortalecidos para que, justo después del matrimonio, lanzasen un ataque contra los vascones.

Paralelamente a este segundo matrimonio de las hijas de Teodorico I, sobre los visigodos en particular y sobre Occidente en general se cernía un antiguo peligro y viejo rival; nos referimos a los hunos. Bajo el liderazgo de su mítico rey Atila, su poderoso avance preocupaba al gobierno de Rávena e igualmente al Reino visigodo de Tolosa. Es más, desde Cartago, ahondando en la señalada rivalidad entre vándalos y godos, Genserico animaba al gran rey de los hunos a atacar a Teodorico I. Aunque *a priori* pueda resultar sorprendente, en este escenario y casi al final de su vida, volvemos a referirnos a Gala Placidia. Y es que, como ya hemos indicado, ni su hijo el emperador Valentiniano III ni su hija Honoria estuvieron a la altura de su madre. En el caso de Honoria nos encontramos ante un episodio inesperado. En el año 449, y con una edad más que de sobra para estar casada y haber sido madre para los estándares de la época —30 años de edad—, todavía no había contraído matrimonio. Las elucubraciones sobre este hecho son múltiples. La cuestión es que Honoria tomó una actitud independiente sobre su vida amorosa, lo que provocó que su hermano Valentiniano III quisiera obligarla a contraer matrimonio con un destacado senador. La sangre de Gala Placidia corría por las venas de Honoria y esta actuó con bravura. Se negó a aceptar dicha unión; pero no se quedó ahí, sino que envió una petición de auxilio desde Rávena al mismísimo Atila junto con un anillo, evidenciando así su interés en contraer matrimonio con el «bárbaro entre los bárbaros». Resulta inevitable no acordarse de su madre rechazando distintos matrimonios y casándose con un rey bárbaro. Algunos grandes estudiosos han querido ver un fracaso como madre de Gala Placidia en la peligrosa actitud de su hija, puesto que un matrimonio de estas características legitimaba a Atila —muy interesado en este casamiento— en su posición de poder frente a ambas partes del Imperio. Acerca de las capacidades como madre de Gala Placidia, preferimos que el lector saque sus propias conclusiones.

La invasión de las Galias por Atila

El general Aecio no consiguió frenar diplomáticamente a Atila y este cruzó el *limes* imperial e invadió las Galias. Junto a los hunos marchaban múltiples pueblos sojuzgados como por ejemplo ostrogodos —a quienes posteriormente trataremos—, gépidas, grupos de alanos, etc. Lo que sí consiguió Aecio, aparte de contar con distintos contingentes bárbaros entre los que resaltaremos a los francos, es el que el *rex gothorum* Teodorico I se aliase con los romanos frente a un enemigo común como era Atila. Jordanes nos dice que los visigodos, enardecidos, partieron al combate y que Teodorico I marchó junto a sus hijos Turismundo y Teodorico y dejó en casa a Frederico, Eurico, Retemero e Himnerito. Por tanto, sabemos que Teodorico I tuvo al menos ocho hijos, seis varones y dos mujeres, pero desconocemos si de una única esposa o si tuvo que volver a casarse por alguna circunstancia. Lástima que el historiador sí se detenga en darnos todos los nombres de los hijos varones, pero tanto él como Hidacio no señalen el nombre de las hijas de Teodorico I. Una clara evidencia del distinto papel y aprecio hacia unas figuras ligadas a la familia real y hacia otras, según su género.

La batalla, conocida como la de los Campos Cataláunicos o de los *Campus Mauriacus* (en las proximidades de Châlons), aconteció el 20 de junio del año 451 y supuso la victoria romanogoda, o más bien propició la retirada de Atila, aunque este siguió atacando posiciones imperiales. Teodorico I murió épicamente en la batalla y los visigodos eligieron como sucesor a su hijo Turismundo.

Es preciso detenernos unas líneas más en la figura de Atila, porque tiene relación directa con una mujer goda. Tras la batalla de los Campos Cataláunicos, el rey huno puso sus ojos en la península itálica y hacia allí se dirigió a sangre y fuego. Cuando llegó ante los muros de Roma, desistió de atacar la Ciudad Eterna y se retiró a sus dominios en Panonia (un amplio territorio ubicado aproximadamente entre las actuales Hungría y Eslovaquia). Allí Atila volvió a casarse en el año 453 —los hunos practicaban la poligamia— en este caso con una dama goda llamada Ildico, «una joven muy hermosa», según Jordanes. Durante el banquete Atila comió y bebió en demasía. Al retirarse en compañía de su nueva esposa, fue la última vez que sus hombres lo vieron con vida. Cuando lo encontraron al día siguiente, Atila estaba tirado en el suelo, cubierto de sangre, con Ildico llorando junto a él. A partir del cronista Jordanes, todo indica que la dama goda no tuvo nada que ver en la muerte y que el mítico Atila falleció a consecuencia de una hemorragia nasal.

Regresando a la figura de Turismundo, desgraciadamente no conocemos el nombre de su esposa ni sabemos si tuvo hijas, que, como hemos visto en páginas anteriores, hubiesen podido formar parte de nuevos matrimonios políticos. Bien es cierto que el sucesor de Teodorico I apenas estuvo en el trono dos años. Tuvo una destacada participación en la batalla frente a Atila y dirigió las exequias fúnebres de su padre, pero en el año 453 fue asesinado en extrañas circunstancias, e incluso las fuentes indican que varios de sus hermanos estuvieron detrás del regicidio.

Del nuevo *rex gothorum* —Teodorico II, hermano de Turismundo— tampoco conocemos el nombre de su esposa; no obstante, sí tenemos la referencia a una mujer ligada a la corte o al menos a la aristocracia visigoda. Antes de adentrarnos en este asunto, es necesario contextualizar el reinado de Teodorico II. Bajo su poder, el Reino visigodo de Tolosa se fortaleció y ganó en territorios, autonomía y presencia geoestratégica. Así, los visigodos en base a su *foedus* con el gobierno de Rávena, intervinieron en Hispania frente a una nueva revuelta bagauda[2] y vieron cómo en el año 454 era asesinado el *magister militum* Aecio y, al año siguiente, el emperador Valentiniano III, último representante de la dinastía teodosiana que tanto había protegido y defendido Gala Placidia. Además, dentro de la nefasta política romana, los visigodos contemplaron cómo Roma era saqueada por el rey vándalo Genserico en el año 455 y cómo ellos mismos conseguían aupar al trono imperial a Avito tras el funesto reinado de Petronio Máximo. Sin embargo, el choque más importante vino desde un lugar un tanto inesperado, debido a que dos matrimonios habían sellado un correcto entendimiento: nos referimos a los suevos. Su rey Requiario, casado como señalamos con una hermana de Teodorico II, desafió a su cuñado y terminó siendo derrotado en el año 456 en la batalla del río Órbigo. Requiario fue ejecutado a finales de dicho año y desconocemos la suerte que corrió la reina sueva y princesa goda. Con esta importante victoria los visigodos consiguieron un gran botín, debilitaron y sumieron en una grave crisis al Reino suevo y ganaron presencia en Hispania, especialmente a partir de la fundamental ciudad de Mérida y tras otras campañas desarrolladas los años siguientes.

Fuera de Hispania, Ricimero —un personaje también mencionado y que compartía sangre sueva, por su padre, y goda, por su madre— había propiciado la deposición de Avito y entronizado a Mayoriano, por lo que las relaciones con los visigodos se tensaron hasta un nuevo tratado en el año 459. Romanos y visigodos colaboraron para intentar atajar el problema de los suevos, puesto que bandas de guerreros sembraban el caos. En realidad, los visigodos miraban cada vez más por sus propios intereses al ver que el Imperio romano de Occidente estaba muy debilitado, máxime tras la caída en desgracia de Mayoriano y la llegada al trono de Libio Severo.

El Reino visigodo de Tolosa poco a poco se iba conformando como la auténtica entidad política de referencia en buena parte del territorio galo e hispano. De esta manera entendemos que Teodorico II, con el fin de acabar con las luchas intestinas por el poder entre los suevos, decidió apoyar a uno de los pretendientes, y la mejor manera fue con un matrimonio. Aquí recuperamos el hilo de esa referencia a una mujer ligada a la corte que apuntamos unas líneas más arriba. Desconocemos si la dama goda escogida por Teodorico II pudiera ser una presumible hija, otra mujer de la familia real o miembro de la aristocracia goda. Lo más lógico es pensar en la primera o en la segunda opción. Una vez más, no sabemos el nombre de una mujer de estas características que, igual que otras, jugó un papel relevante en la política de alianzas de mediados del siglo v. Junto a la esposa del suevo, Teodorico II también envió a los dominios galaicos de Remismundo armas, regalos y un misionero para que hiciese florecer el arrianismo en aquellas tierras. Para el profesor García Moreno «Remismundo desposaba a una visigoda elegida por el monarca de Tolosa que, siguiendo la costumbre germánica, hacía del suevo su "hijo en armas" (*Waffensohn*); adopción que significaba una especie de inclusión de Remismundo en la clientela militar del rey visigodo».

Tras unos cincuenta años de no conocer el nombre de ninguna reina visigoda y ni siquiera tener constancia de alguno de sus actos más allá de dar a luz a hijos e hijas que jugaron distintos papeles —aunque sí tenemos constancia de que algunas princesas se casaron con diferentes reyes bárbaros y corrieron dispar suerte—, llegamos a un periodo en el que aparece el nombre de dos nuevas reinas visigodas de las que tenemos un mínimo de información.

Estatua del rey Eurico en los jardines del Palacio Real de Madrid
(fotografía del autor).

Ragnahilda, la influyente esposa de Eurico

En el año 466 Teodorico II fue asesinado y su hermano Eurico se hizo con el poder. Con Eurico, el Reino visigodo de Tolosa, que poseía una institución monárquica asentada, afianzó su plena soberanía e independencia con respecto a Roma, máxime tras la deposición del último emperador occidental, y alcanzó su plenitud. Tal vez una buena muestra de ello sea el conocimiento de una nueva reina visigoda. Ragnahilda fue la esposa de Eurico y tuvo que ser un personaje destacado e influyente no solo por el mero hecho de que los cronistas tuviesen el detalle de dar a conocer su nombre, sino por otro tipo de cuestiones. Sobre su origen y procedencia no contamos con datos, empero, se considera que no era goda. Estaríamos ante una princesa, la cual, gracias a Sidonio Apolinar, no podemos dudar de que estaba ligada familiarmente a una alguna corte bárbara. ¿De qué otro reino procedía? Por su nombre, la vinculación con un pueblo germano resulta indudable. Expertos como el profesor H. Wolfram apuestan por su adscripción sueva, lo que seguiría el camino marcado con matrimonios anteriores entre las familias reales goda y sueva. Sin embargo, otros grandes especialistas como los profesores Jiménez Garnica, M. Rouche o García Moreno son partidarios de que su procedencia sería burgundia (¿hija de Chilperico I?). Nosotros apostamos por esta opción; no en vano sabemos que dos reyes burgundios apoyaron a Teodorico II en su campaña frente a los suevos, puesto que le debían lealtad.

Otra cuestión que se discute es cuándo se produjo este matrimonio de prestigio, porque el lugar lo tenemos claro: Tolosa. Por nuestra parte, nos parece lógica la postura que mantiene que el enlace se produjo una vez que Teodorico II fue asesinado, y así esta unión funcionase como mecanismo de reafirmación en el poder por parte de Eurico. Quizá tenga menos sentido —dadas las más que claras rivalidades entre varios de los hijos de Teodorico I—, aunque no es descabellado, pensar, como han hecho otros historiadores, que Teodorico II, en un error de estrategia, sí viera con buenos ojos ese matrimonio para afianzar el vínculo de los burgundios con respecto a los visigodos.

Ragnahilda tuvo que ser una mujer bien instruida y con ascendencia dentro de la corte tolosana. Uno de los datos que conocemos de su vida y que reafirman lo expuesto acerca de su persona es que un aristócrata galorromano llamado Evodio quiso regalarle una rica y bella copa de plata. Así, y para que el regalo tuviese más prestigio, y seguramente conociendo los gustos de la receptora, pidió al famoso Sidonio Apolinar que compusiera unos versos para que fuesen grabados en la pieza. Este hecho resulta de interés porque, más allá del regalo en sí y del acto laudatorio hacia la reina, muestra, presumiblemente, cómo un miembro de la aristocracia galorromana intenta acceder al favor del *rex gothorum* congraciándose con su esposa.

Otro detalle más de lo poco que conocemos de Ragnahilda —aunque pueda considerarse bastante en comparación con otras reinas o princesas— es muy de nuestro gusto porque está ligado con el ámbito de lo legendario. Gracias a la profesora Jiménez Garnica, en Tolosa y en Aquitania y de la mano de una tradición popular, Ragnahilda era conocida y recordada con el llamativo vocablo de *Pedauca*, es decir, «la del pie de oca». Un concepto que debemos considerar positivo y marcado de un profundo simbolismo que nos muestra la huella dejada por esta reina en el sur galo.

Mientras el Imperio romano de Occidente se descomponía cada vez más, el Reino visigodo de Tolosa se fortalecía. Esta circunstancia queda clara cuando el sucesor del emperador Libio Severo, Antemio, con el apoyo del Imperio romano de Oriente, fracasó estrepitosamente en su intento de reconquistar Cartago, la capital vándala, en el año 468. A través de distintas campañas militares, Eurico expandió los dominios godos en las Galias, avanzando por la costa Mediterránea —haciéndose con el control de urbes estratégicas como Arlés— y puso la frontera norte en la línea marcada por el río Loira. Asimismo, lanzó campañas en Hispania para que los suevos se mantuviesen en sus fronteras de la Gallaecia y del norte de la Lusitania, se hizo con el control de la Tarraconense y fortaleció la presencia goda en puntos estratégicos de la península ibérica. Para mejorar el gobierno y la administración se promulgó un corpus legislativo conocido como el *Edicto o Código de Eurico*.

Desde la corte de Tolosa Ragnahilda pudo ver cómo su marido, Eurico, hacía Historia con buenas artes políticas y militares y estaba a la altura de su suegro y de sus cuñados. Conjuntamente, el feliz matrimonio contempló la caída de Antemio, la muerte del *magister militum* de origen godo-suevo Ricimero y el desfile de los últimos emperadores romanos de Occidente: Olibrio, Glycerio y Julio Nepote hasta la deposición de Rómulo Augústulo por parte de Odoacro en el año 476. A tenor de los hechos, el matrimonio godo-burgundio mantuvo, en términos generales, una buena relación con la aristocracia galorromana a pesar de la barrera religiosa —galorromanos católicos, godos arrianos— y el Reino visigodo de Tolosa vino a sustituir al gobierno de Rávena a nivel administrativo, judicial, económico, diplomático, militar, etc.

Para cerrar este reinado, un aspecto que no hemos tratado sobre Ragnahilda y que es de suma importancia es que le dio un hijo a Eurico, el cual acabó siendo su sucesor. Nos referimos a Alarico II, sobre el que bien podríamos decir que cayó la maldición de los nombres en el espectro monárquico, al tomar el del iniciador de la misma, como a continuación veremos. Volviendo a Ragnahilda, y en verdad a la figura de la reina o *regina*, uno de sus valores fundamentales era el de dar descendencia a su marido, mayormente masculina, y ella cumplió con el papel que tradicionalmente se le pedía.

Eurico murió en el año 484 y desconocemos qué sucedió con Ragnahilda, si ella había fallecido antes o si sobrevivió a su marido. Pero más allá de esto, bajo nuestro punto de vista y sin considerar la figura de Gala Placidia por sus diferentes connotaciones y particularidades, Ragnahilda fue la reina más destacada y relevante del periodo tolosano.

El hijo de Eurico y Ragnahilda, Alarico II, de indudable sangre real, fue elegido como sucesor de su padre en la capital del reino, Tolosa. Igual que sucede con su antecesor, también conocemos el nombre de su esposa, la princesa goda Thiudigoto. Es importante que el lector tenga en cuenta el concepto de «princesa goda», puesto que procedía de la otra monarquía goda levantada sobre las cenizas del Imperio romano de Occidente: nos referimos al Reino ostrogodo de

Italia. Desde Rávena, el ostrogodo Teodorico el Grande o el Amalo dirigía un poderoso reino, el cual se había convertido en el árbitro de Occidente. En el capítulo séptimo de este trabajo profundizaremos en estas cuestiones, ya que dicho soberano godo tejió una amplia red de matrimonios entre las mujeres de sus familias y diversos representantes de las distintas monarquías germánicas. Uno de estos enlaces fue el que unió a Thiudigoto, hija de Teodorico el Grande, y Alarico II. Consecuentemente, el poder de Alarico II resultaba indiscutible al provenir de un padre y de una madre de sangre real y al casarse con una miembro del prestigioso linaje de los Amalos, estableciéndose así una alianza entre los dos reinos godos. De nuevo volvemos a encontrarnos con una amplia laguna, porque de Thiudigoto, salvo saber quiénes eran sus padres, con quién se casó y de quién fue madre, como enseguida veremos, no contamos con más información. No sabemos si compartía el gusto de su marido por el ocio y los banquetes —como apunta San Isidoro que mostraba su marido desde la niñez—, aunque esta dura crítica por parte del religioso e historiador pueda deberse al ser Alarico II el monarca que perdió el *Regnum Tolosanum*.

El reino que heredó Alarico II era diverso pero tenía buenos mimbres gracias a su padre, y del mismo eran partícipes los godos y los antiguos provinciales romanos, manteniéndose relaciones cordiales con la Iglesia católica. En Hispania continuó la política paterna de aumentar la presencia y el área de influencias con la entrada de contingentes godos y cortando de raíz dos sublevaciones protagonizadas por dos líderes rebeldes (Burdunelo en el año 496 y Pedro en el año 506). También en el año 506 se promulgó la *Lex Romana Visigothorum* o *Breviario de Alarico*, corpus legislativo inspirado en el Código Teodosiano, y para limar algunas asperezas surgidas en el reinado anterior, se reunió un concilio en la ciudad de Agde, el cual fue presidido por el influyente obispo de Arlés Cesáreo. Todos los proyectos políticos de Alarico II se fueron al traste porque desde el norte la amenaza se cernía sobre la corte de Tolosa. El líder franco Clodoveo tenía un proyecto político muy claro: acabar con los poderes independientes que había en las Galias tras la caída de Roma, unificar en su mano a todos los grupos de francos y destruir el Reino visigodo de Tolosa.

Las hostilidades se iniciaron a finales del siglo v y Teodorico el Grande intervino conminando a que las espadas fuesen envainadas. No en vano, el Amalo era el suegro de Alarico II pero a la par era cuñado de Clodoveo al estar casado con su hermana. Finalmente, y a pesar de que el rey visigodo quiso por todos los medios evitar el enfrentamiento, los francos y sus aliados invadieron el Reino visigodo de Tolosa y en el año 507 se produjo la batalla de Vouillé en la que el ejército de Clodoveo venció y este dio muerte a Alarico II. Cuando los francos parecía que iban a acabar con los visigodos como entidad independiente, la milagrosa intervención de los ostrogodos lo evitó y la contraofensiva de los generales de Teodorico el Grande hizo desistir de su empeño a los francos.

Como indicábamos, desconocemos el destino de la reina Thiudigoto pero solo hay dos opciones, porque sabemos de seguro que tras el año 507 no estaba viva: murió bien antes de la batalla de Vouillé o bien durante los ataques francos. Esta circunstancia queda clara porque de su hijo nos dice Jordanes que «se quedó muy de niño huérfano de padre y de madre».

El hijo de los reyes Alarico II y Thiudigoto era Amalarico, un niño en el que se tenían depositadas muchas esperanzas, dado que en él convergieron el linaje de los Baltos por parte de su padre y el de los Amalos por parte de su madre. Una vez que perdió a sus padres en el contexto de la guerra franco-gótica, pasó a ser tutelado por su abuelo Teodorico el Grande. En este nuevo escenario, emergió la figura de un noble visigodo llamado Gesaleico que intentó hacerse con el trono. Él se amparaba en que estaba legitimado para ello porque era hijo de una concubina —no sabemos más de esta mujer— de Alarico II y esto le permitió que una parte de la nobleza visigoda lo eligiese como rey en Narbona. Mientras tanto, otra parte de la nobleza visigoda siguió al legítimo rey Amalarico, que contaba con el apoyo de su abuelo.

Así, godos y francos dejaron de combatir por el momento y los primeros pasaron a enfrentarse entre ellos por el trono visigodo: los partidarios de Gesaleico y los ostrogodos que defendían los intereses del jovencísimo Amalarico. Tras varios enfrentamientos, Gesaleico fue derrotado y murió. De este rey visigodo, San Isidoro nos dice algo interesante: «Del mismo modo que era muy vil por su origen, fue también muy notable por su desacierto e incapacidad». Resultan de valor estas palabras porque habitualmente los cronistas e historiadores suelen resaltar el linaje de un pretendiente al trono o de un rey cuando este no es regio o aristocrático por ambas partes y acaba fracasando. Ahí estaría la causa de dicho fracaso. Una vez desaparecido del juego Gesaleico en el año 511, y dada la edad de Amalarico, Teodorico el Grande ejerció como tutor de su nieto y regente y guardián del Reino visigodo. El Amalo recompuso los dominios visigodos en el sur de las Galias y en las zonas de dominio e influencia en Hispania. De hecho, el periodo comprendido entre los años 507 y 549 es conocido como el *intermedio ostrogodo*, el *interregno ostrogodo* o de *supremacía ostrogoda*. En este contexto, Teodorico el Grande nombró a un hombre de su confianza y afamado militar, Teudis, como tutor de su nieto en Hispania.

La educación de los hijos de Clodoveo de Lawrence Alma-Tadema (1861). La obra pertenece a una colección privada (Wikimedia Commons).

La mujer como herramienta de ligazón entre pueblos

Un aspecto de la política de Teodorico el Grande con respecto a los dos reinos godos es que, como dice el profesor García Moreno, «parece evidente que Teodorico trató de realizar la unión de ambos pueblos godos en una sola estirpe (*gens*) con la constitución de una monarquía única y en beneficio de su propia familia de los Amalos».Y otro elemento que profundiza en la vinculación entre visigodos y ostrogodos nos la ofrece el cronista Procopio de Cesarea: «los godos (ostrogodos) y los visigodos, con el transcurso del tiempo, comoquiera que fueran gobernados por un solo hombre y compartieran la misma tierra, se prometieron a sus hijas los unos a los otros y así las dos razas se entremezclaron en parentesco». Los matrimonios, en especial a partir de las descendientes femeninas, eran un claro mecanismo de unión política. La mujer como herramienta imprescindible para sustentar la ligazón entre dos pueblos que, al fin y al cabo, compartían una misma raíz y una misma esencia aunque sus destinos acabaron siendo diferentes.

Una vez que Teodorico el Grande murió a mediados del año 526, la tutela sobre Amalarico, que ya era holgadamente mayor de edad, acabó y este pudo tomar las riendas de su reino. El Reino visigodo, que nunca dejó de ser una entidad independiente, dejaba de estar regido desde Rávena y se liberaba del pago de cualquier tipo de impuesto, amén de recuperar el tesoro real. De la reina visigoda esposa de Amalarico conocemos su nombre y algunos datos. Era la princesa franca Clotilde y es posible que el matrimonio fuese a propuesta de Teodorico el Grande para apaciguar los ánimos entre godos y francos en un escenario muy tenso. Seguramente esta unión no fue muy bien recibida por muchos de un pueblo y de otro. La relación entre marido y mujer resultó muy complicada y es que Amalarico estaba tan lejos de ser un buen esposo como un buen rey. El espejo de su abuelo era demasiado grande para él y la pobre Clotilde lo sufrió en sus carnes, literalmente.

Clotilde, que llegó a la corte visigoda con importantes riquezas, era hija del prestigioso rey franco Clodoveo, fallecido en el año 511, y hermana de los distintos reyes francos que habían recibido diversas partes del gran reino levantado por su padre. Aunque Jordanes nos habla de engaños y traiciones de los francos, el nuevo enfrentamiento entre visigodos y francos se daría a partir de los maltratos que Amalarico sometía a Clotilde. O si queremos ser más específicos, el *casus belli* que impulsó a los francos, aparte de los inherentes intereses políticos y territoriales, fue dicho maltrato. Gracias a Procopio, sabemos que Clotilde sufría ataques y desprecios por parte de su marido a consecuencia de su diferencia de credo, ella católica y él arriano, y que Amalarico buscaba su conversión. La princesa franca y reina visigoda le notificó esta circunstancia a su hermano, el rey Childeberto, y visigodos y francos volvieron a las armas, con una nueva victoria para estos últimos en el sur de las Galias. Tampoco hay que descartar que detrás de estos posibles maltratos también esté el ataque a los visigodos por su fe arriana, como se afirma tanto por parte del cronista Procopio como por parte de las fuentes francas en sus respectivos escritos. No obstante, tampoco sorprenden por lo que ya hemos indicado y es que Amalarico no estuvo a la altura. El rey visigodo, último representante de la dinastía baltinga y ejemplo fracasado de la unión entre Baltingos y Amalos, huyó de Narbona —sede de la corte— y se refugió en Barcelona donde fue asesinado por sus hombres en el año 531 cuando parece que quería escapar en barco con una buena parte del tesoro real. Por su parte, Clotilde partió junto a su hermano, el cual había conseguido más territorios en el sur galo y un buen botín, pero falleció en el regreso a los reinos de sus familiares y fue enterrada en París. No tenemos constancia de que Clotilde y Amalarico tuviesen hijos; y si los tuvieron, en el caso de las hijas estas no formaron parte de ningún matrimonio político, y en el caso de los hijos, estos no pudieron reclamar el trono.

Tras estos hechos y aún conservando un pequeño territorio en el sur de las Galias —la provincia de la Narbonense o Septimania—, el foco de acción de los visigodos pasó definitivamente a Hispania: se produjo una mayoritaria entrada de población goda en suelo hispano en un proceso migratorio[3] ya abierto después de la derrota de Vouillé en el año 507 y del que el profesor García Moreno dice al respecto: «Dichas gentes y familias constituirían ciertamente ese reducido núcleo portador de las tradiciones y del nombre nacional gótico. A su supervivencia como grupo concienciado y concienciador se habría debido la permanencia del *Regnum (visi) gothorum* tras la rota de Vouillé y el intento frustrado de unión subordinada con su núcleo ostrogótico-amalo».

Sabemos que el trono fue a parar al antiguo tutor de Amalarico y hombre de confianza de Teodorico el Grande, el jefe militar ostrogodo Teudis, que cada vez había ido ganando más autonomía con respecto al gobierno de Rávena. De hecho, llegó a generar recelos aunque siempre asumió las disposiciones de Rávena, buscando mantener el equilibrio de fuerzas hasta que pudo hacerse con el control de la situación. Pero ¿sabemos quién fue su esposa? La respuesta es afirmativa aunque, una vez más, las fuentes no nos hayan transmitido el nombre de esta. Además, la nueva reina goda resulta de especial interés por la información que tenemos de ella aunque sea muy limitada. En ese marco de matrimonios entre ostrogodos y visigodos, también se dieron uniones entre ostrogodos e hispanorromanos, y buen ejemplo es la unión de Teudis con una destacada dama hispanorromana. Esta mujer debió de pertenecer sin ningún género de dudas a la más alta aristocracia hispanorromana por lo que dice de ella Procopio: «Pertenecía a la casa de uno de los prósperos habitantes de aquella tierra. Ella no solo poseía muchas riquezas, sino que además era propietaria de una gran extensión de tierra en Hispania». Un matrimonio del que ambos salieron beneficiados, ya que la dama hispanorromana pasaba a ocupar un lugar muy relevante en la corte real visigoda, y Teudis ahora no solo pasaba a contar con el soporte económico y territorial de su esposa, sino que de las propiedades de su mujer «él reunió en torno a dos mil soldados y se rodeó de un cuerpo de lanceros» tal y como señala el mismo historiador. En definitiva, una auténtica posición de poder, la del nuevo *rex gothorum*.

Las fuentes no nos dicen nada más de esta reina visigoda de sangre hispanorromana pero por lo que poco que sabemos, insistimos, no estamos ante una mujer cualquiera de mediados del siglo VI. Su situación familiar, su alto nivel económico, sus tierras en propiedad y la capacidad de nutrir a su marido con un contingente militar de dos mil hombres son ejemplos palmarios de nuestra aseveración.

Bajo el reinado del *rex gothorum* Teudis, y con el más que plausible e inestimable apoyo de su mujer, se fortaleció el maltrecho poder monárquico, y se fue testigo de la conquista del Reino vándalo del norte de África por parte del Imperio romano de Oriente o Imperio bizantino, así como de la Guerra Gótica en la península itálica entre ostrogodos y bizantinos. Asimismo, los visigodos no pudieron hacerse con el estratégico control de Ceuta, castigaron a través de su general Teudiselo a los francos tras haber penetrado en la Tarraconense y llegar hasta Zaragoza y sufrieron las consecuencias de una terrible epidemia de peste en la década de los años cuarenta. Y no hay que olvidar que Teudis aprobó una ley judicial en la ciudad de Toledo, la cual se iba configurando como una urbe diferente en el *regnum*.

Desconocemos cuándo y cómo falleció la reina visigoda y rica dama hispanorromana, pero lo que sí sabemos es que Teudis fue asesinado en el año 548, pasando el trono al mencionado Teudiselo, quien también era otro de los ostrogodos que no regresaron a la península itálica para hacer vida en Hispania. De este nuevo soberano godo, el cual venía avalado por su destreza como militar, no conocemos el nombre de su esposa, pero lo que sí sabemos es que le gustaban las esposas de otros hombres. San Isidoro nos dice que «había deshonrado a las esposas de muchos nobles en pública prostitución». Ante estas actuaciones, Teudiselo tenía firmada su sentencia de muerte y así ocurrió en Sevilla mientras que se celebraba un banquete. Fue rodeado por un grupo de conjurados, muerto a cuchilladas y degollado después sin haber llegado a los dos años de reinado.

Y hasta aquí el capítulo centrado en el surgimiento, el desarrollo, la caída y el cambio de foco a Hispania del Reino visigodo de Tolosa y en el papel jugado por las reinas y princesas adscritas a este periodo histórico, cuyo protagonismo se centró en los casamientos reales. Podemos sacar distintas conclusiones, y es que desde la ancestral y casi sacra concepción de la familia a partir del matrimonio de los germanos y desde una profunda jerarquización social, los matrimonios entre las casas reales eran fundamentales para consolidar la institución regia, forjar alianzas y consolidar el poder frente a la nobleza. Asimismo, igualmente vemos cómo las hijas de los reyes eran más utilizadas para dichas uniones y ahí estaba su valor como figura perteneciente a la familia real. En el caso específico visigodo, hemos analizado cómo las reinas, desde su funcionalidad y papel de consortes, proporcionaban, según el caso, a sus respectivos maridos más apoyos (esposa de Alarico), más prestigio (Ragnahilda, esposa de Eurico), mayor presencia internacional (Gala Placidia, esposa de Ataúlfo), vínculos profundos con otros reinos (Thiudigoto, esposa de Alarico II), mayor capacidad económica y mayor seguridad (dama hispanorromana esposa de Teudis) o, claro está, la tan necesaria descendencia (esposa de Teodorico I), por poner algunos ejemplos.

Más allá del casamiento, hemos expuesto cómo había mujeres de la realeza que, gracias a sus acciones, carácter y linaje, eran capaces de sobresalir en un mundo de hombres y dejar huella entre los suyos, véanse los casos de Gala Placidia y de Ragnahilda, o de despuntar antes de formar parte de la corte y disponer de un amplio y envidiable patrimonio por encima de cualquier prohombre godo, véase el caso de la rica dama hispanorromana casada con Teudis. Evidentemente, estamos hablando de mujeres privilegiadas, puesto que formaban parte de la realeza o de la aristocracia y no de féminas pertenecientes al pueblo llano. Por último y a partir de nuestro carácter un tanto romántico, entre tanta conveniencia política e intereses propios de las altas esferas, también nos gusta pensar en la bonita historia de amor que vivió una de estas reinas: por supuesto, nos referimos a Gala Placidia y su a buen seguro amado Ataúlfo.

4

UN EPISODIO DRAMÁTICO
EN EL PALACIO DE LA *URBS REGIA*

El siguiente capítulo no abarca un periodo de tiempo muy extenso —apenas cuarenta años— pero, entre otras cuestiones, sí recoge varios de los episodios más famosos protagonizados por una reina goda, en particular uno de ellos que es digno —y de nuevo que el lector nos permita la expresión— de aparecer en cualquier producción cinematográfica de enredos familiares. Esta reina es, junto a Gala Placidia y Amalasunta (hablaremos de ella en el capítulo siete), aunque en menor medida, la única que por sí sola podría generar una breve monografía. Y no porque no haya más reinas merecedoras de ello, sino porque Goswinta ha dejado una huella más profunda en las fuentes, lo que nos permite conocerla mejor y analizar una época fascinante de nuestra Historia. No obstante, igualmente veremos otros personajes femeninos sumamente interesantes y con peso en la política y en las relaciones internacionales de mediados del siglo VI.

De esta manera nos adentraremos en el nacimiento del Reino visigodo de Toledo —germen de España— y asistiremos a dos guerras civiles, detrás de una de las cuales estuvo el enfrentamiento entre dos mujeres de la corte. Igualmente, veremos el afianzamiento del *Regnum*, trataremos algunos matrimonios que marcaron Europa, analizaremos varios enfrentamientos por la fe y la tierra y conoceremos mujeres que, sin espada en mano, lucharon férreamente por lo suyo y los suyos, independientemente de carecer de autoridad política.

Para estudiar y exponer todo lo indicado, contamos con algunas fuentes históricas ya mencionadas en este trabajo como son Procopio de Cesarea, San Isidoro de Sevilla y Gregorio de Tours. A ellos se les suma la obra del obispo y cronista Juan de Bíclaro, fundamental para profundizar en este periodo y conocer, por ejemplo, la más que interesante figura de la reina Goswinta. Con respecto a los estudios publicados a lo largo de las últimas décadas y años, mantenemos a buena parte de los profesores anteriormente indicados, aunque para este capítulo resaltamos los trabajos de García Moreno, Valverde Castro y Orlandis.

★ ★ ★

A mediados del siglo VI la situación del *Regnum Gothorum* era un tanto delicada. Tras la destrucción del *Regnum Tolosanum*, la regencia y gobierno de Teodorico el Grande, el complicado reinado de Amalarico, los intentos de reconducir la situación por parte de Teudis y el abrupto gobierno de Teudiselo, se cerró el llamado *intermedio ostrogodo*, *interregno ostrogodo* o de *supremacía ostrogoda*, con el foco del reino en Hispania y no ya en suelo galo. Tras el asesinato de Teudiselo durante un banquete, la aristocracia visigoda miró al noble Agila para que se hiciese con las riendas del reino. De nuevo, desconocemos el nombre de la esposa en este caso del *rex* Agila, aunque en verdad sabemos muy poco en términos generales de este reinado. Uno de los hechos que recogen las fuentes es que intentó someter la ciudad de Córdoba, la cual sería ajena al poder de los reyes godos y fracasó en el intento después de profanar una iglesia muy querida por los cordobeses, que reaccionaron con ira y pusieron en huida a Agila, que se refugió en Mérida, haciéndole perder parte del tesoro real. La mujer de Agila tuvo que darle al menos un hijo, pues sabemos que murió en este enfrentamiento contra los cordobeses.

Ante tal fracaso, una parte de la nobleza visigoda apoyó al noble Atanagildo para apartar del poder a Agila. Atanagildo dirigió su sublevación desde Sevilla y, ante la necesidad de un mayor número de tropas, tomó la discutible decisión de recurrir al Imperio romano de

Oriente[1] para apuntalar sus fuerzas y lanzarse contra el legítimo soberano Agila en el año 552. La guerra civil goda no concluyó hasta el
año 555, más por el hartazgo de uno de los bandos que por el triunfo
de uno sobre otro. Los nobles afectos a Agila, preocupados por la presencia de tropas imperiales en el sur hispano, se conjuraron en Mérida,
acabaron con él y reconocieron al usurpador Atanagildo como *rex*.

Goswinta, la vigorosa mujer del *rex* Atanagildo

Es en este momento cuando debemos volver a centrarnos en una nueva reina, la cual fue una de las más destacadas de toda la Historia de los
godos: como ya hemos adelantado, nos referimos a la citada Goswinta.
Sobre esta mujer «viril», como se refiere a ella la profesora Valverde
Castro por adoptar comportamientos más propios de los hombres de
este periodo, lo que indudablemente la hace destacar sobremanera, se
tiende a considerar que nació alrededor del año 530. En verdad, no
tenemos datos sobre su vida hasta que contrae matrimonio, sin embargo, resulta obvio que su familia pertenecía a la aristocracia goda. Habitualmente se sostiene que el enlace con Atanagildo pudo darse en la
segunda parte de la década de los años cuarenta del siglo vi, es decir,
lejos todavía de la subida al trono de su marido e incluso de su rebelión.
Del mismo modo, se discute si Goswinta pertenecía al regio linaje de
los Baltos por sangre o que esta pasase a estar ligada a dicha estirpe a
consecuencia de la unión con el supuesto Balto Atanagildo. Si esto
fuese así, la dinastía baltinga volvería a ocupar el trono visigodo tras el
periodo de preeminencia ostrogoda. Lo que resulta claro es que tanto
Goswinta como Atanagildo se casaron por el éxito político-militar del
segundo y por la destacada ascendencia noble de ambos, según el poeta Venancio Fortunato. Asimismo, y dadas las características del levantamiento del usurpador, es factible que el matrimonio estuviese ligado
a la provincia de la Bética.

Un dato claro que conocemos sobre la biografía de Goswinta es
que al menos tuvo dos hijas con su marido Atanagildo: Brunequilda y
Galsvinta. De estas dos princesas sabemos que corrieron la misma suer-

La partida de Galsvinta, grabado de Henri Hendrickx (1847)
(Wikimedia Commons).

te que otras que hemos señalado en este trabajo: así, formaron parte de sendos matrimonios para establecer, en este caso, buenas relaciones con los francos merovingios. Brunequilda fue casada con Sigiberto de Austrasia y después Galsvinta, con Chilperico de Neustria. El poeta Venancio Fortunato escribió sobre estos episodios nupciales que beneficiaban tanto a la monarquía visigoda —que se emparentaba con los reinos francos— como a los reinos francos,[2] al tomar dos de sus reyes esposas de la realeza goda, fortaleciendo así sus respectivas posiciones frente a otros reinos francos merovingios y a otras entidades políticas.

Venancio Fortunato habla de la triste partida desde Toledo (seguidamente veremos por qué desde esta ciudad) de las dos princesas con palabras como «Toledo te envió, oh Galia, unas torres gemelas». Del mismo modo, refleja el dolor que tuvo que sentir Goswinta al ver marchar a sus hijas. La madre se abrazaría con su hija Galsvinta cuando esta no quiere aceptar el destino que le han impuesto, teniendo que marchar a otro reino lejos de su familia. La reina entendería la razón política de estos matrimonios y la necesidad de los mismos, pero también a través de Venancio Fortunato y de la traducción de la profesora Valverde Castro, empatizamos con ella cuando el poeta pone en su boca las siguientes palabras: «¿Por qué tienes que irte a tierras lejanas, donde no seré más tu madre?». Los legados francos permitieron que Goswinta pasara más tiempo con su hija e incluso que la acompañase parte del camino.

El texto de Venancio Fortunato ha sido motivo de disputa historiográfica. Por un lado están aquellos que opinan que el poeta muestra a una Goswinta alejada tanto del carácter frío y orgulloso que tradicionalmente se le ha asignado a la reina, como de estar solo interesada en los asuntos políticos para influir en los mismos. Por otro, están aquellos que piensan lo contrario y es que dicho carácter orgulloso reafirmaría sus pretensiones de imponer su voluntad. Por nuestra parte, creemos que, como en tantas ocasiones, lo mejor sería quedarse con el término medio y ver tanto el sincero sufrimiento de una madre al despedirse de su hija, como su orgulloso carácter, pero más en el sentido positivo de esta concepción que en el negativo. De nuevo volvemos a las palabras que Venancio Fortunato pone en boca de la reina o *regina* Goswinta, siguiendo en este caso la traducción del profesor Orlandis, el cual considera que hay que tomar con cautela la información del poeta, pues puede que no presentase la verdadera personalidad de la reina y solo se expusiese el «instinto maternal»: «Hispania, tan ancha para tus moradores, eres angosta para la madre; desde que mi hija está ausente, la tierra resulta estrecha para mí; sin ti —hija mía— me sentiré aquí errante y extranjera; y en la propia patria seré a la vez ciudadana y proscrita».

A continuación, volveremos a tratar más aspectos de la biografía de Goswinta y, en el capítulo correspondiente, regresaremos para contar el desigual destino que vivieron Galsvinta y Brunequilda. Empero, es preciso que cerremos las acciones emprendidas por Atanagildo para que siempre esté completo nuestro discurso sobre el desarrollo histórico de los godos. Los antiguos aliados bizantinos, tal y como indica San Isidoro de Sevilla, se convirtieron en un problema porque los soldados del gran emperador oriental Justiniano no estaban por la labor de dejar *Spania*. Atanagildo luchó contra ellos, pero finalmente llegó a algún tipo de acuerdo con Justiniano por el cual cesaban las hostilidades y el gobierno de Constantinopla conservaría una franja de territorio en el litoral levantino convertida ahora en provincia. Por ende, un nuevo quebradero de cabeza para la monarquía visigoda.

Estos enfrentamientos contra las huestes imperiales no fueron los únicos que emprendió el antiguo usurpador, ahora *rex gothorum*. Córdoba seguía con su empeño rebelde y a esta se sumó la ciudad de Sevilla. El ejército de Atanagildo consiguió someter la urbe hispalense, pero no Córdoba, aunque esta sí sufrió serios daños. Del reinado de Atanagildo habitualmente nos ha parecido que la acción más importante, y que iba en sintonía con la búsqueda del fortalecimiento monárquico, fue la definitiva elección de la ciudad del Tajo, Toledo, como sede regia y capital del *Regnum*, en resumen, como auténtica *urbs regia*[3]. A partir de entonces los asuntos de Estado siempre pasarían por Toledo y en esta urbe se comenzó a levantar un complejo palatino en el que residirían Atanagildo y Goswinta, de quien se suele considerar que fue un gran apoyo para su marido y que, sin actuar como regente, no tendría un papel pasivo a nivel político mientras que su marido guerreaba. Una vez murió Atanagildo en el año 567 la incertidumbre volvió a ceñirse sobre el trono visigodo, y, ahora también, trono toledano.

Así, pasaron los meses y el trono siguió sin ocupante y la elección de un nuevo soberano se postergaba en demasía. Goswinta y Atanagildo no tuvieron hijos varones, por lo que no había un candidato claro. ¿Qué pasó con Goswinta tras la muerte de su marido y en este periodo sin un nuevo rey? No debió de permanecer muy ajena a los tejemanejes políticos de la aristocracia goda, es más, para la profesora Godoy pudo llegar a tomar las riendas del Estado durante estos meses, algo que no tendría parangón, exceptuando a Gala Placidia aunque ya en la esfera romana, en el listado de reinas visigodas. En el caso ostrogodo sí veremos a una destacada reina actuando como regente.

Al fin, desde Narbona llegó el elegido, el más que probable duque de dicha provincia, hablamos de Liuva. El nuevo *rex gothorum* tomó una decisión estratégica: en el año 569 asoció al trono a su hermano Leovigildo, un hombre llamado a marcar la Historia del Reino visigodo de Toledo y, por ende, la Historia de España, pero también a condicionar la biografía de Goswinta. Tradicionalmente, se ha vinculado a los hermanos Liuva y Leovigildo con un prohombre ostrogodo que llegó a Hispania en tiempos de Teodorico el Grande para administrar el territorio; nos referimos a Liuverit. El profesor García Moreno dice al respecto: «La onomástica conocida de la estirpe de Leovigildo muestra la preponderancia del elemento *Liub-*. Por tanto parece lógico que algún antepasado de Leovigildo y su hermano Liuva tuviera un nombre en el que figure ese elemento. La prosopografía del reino visigodo en la primera mitad del siglo VI ofrece un candidato ideal para ese puesto: un poderoso personaje llamado Liuverito. Este fue un noble ostrogodo que hacia 523-525 ocupó una posición de enorme responsabilidad en los territorios hispanos dominados por la monarquía goda unificada».

Por consiguiente, Liuverit podría ser el padre de Liuva y Leovigildo y de esta manera pertenecer a la nobleza ostrogoda llegada al Reino visigodo y asentada en este caso en la Narbonense o Septimania goda, e incluso podría estar remotamente ligada al linaje de los Amalos. Desconocemos el nombre de la madre de Liuva y Leovigildo y de la esposa del primero. Volviendo a la cuestión política, Liuva pasó a centrarse en los asuntos de la Narbonense mientras que Leovigildo se ocupó de los hispanos. En este contexto de división de la gestión y administración del territorio de cara a un mejor gobierno, vuelve a emerger la figura de la reina Goswinta, que, insistimos, resultaría muy dudoso que viviese todos estos acontecimientos desde un segundo plano.

Si consideramos que Goswinta sería la representante del clan godo más ligado a Hispania, el cual estaba vinculado con el linaje de los Baltos, poseía la legitimidad regia amparada en el difunto Atanagildo. Incluso algunos estudiosos opinan que el tesoro real —valor económico pero sobre todo simbólico y legitimador— podría estar custodiado por ella por ser una función propia de las reinas. Y si sostenemos que Leovigildo sería el represente del clan godo de raíz ostrogoda, posiblemente emparentado con el linaje de los Amalos y con una fuerte presencia en la Narbonense, la unión entre Goswinta y Leovigildo resultaba más que estratégica. Pues bien, así fue. Con este matrimonio Goswinta mantenía su papel de reina y Leovigildo se garantizaba la amplia red de apoyos que había seguido y sostenido al fenecido primer marido de su esposa. Es preciso señalar que al igual que Leovigildo no fue el primer esposo de Goswinta, esta no sería la primera mujer de Leovigildo. No tenemos datos de esta, más allá de meras suposiciones; lo que sí sabemos es que Goswinta se convirtió en la madrastra de dos jóvenes llamados Hermenegildo y Recaredo, los cuales también tuvieron un papel muy destacado en nuestra Historia, especialmente el segundo.

Leovigildo, segundo marido de Goswinta

El nuevo esposo de Goswinta era un hombre con un ideario y un proyecto político muy claros: levantar un gran reino que superase los problemas del pasado y mirase fortalecido al futuro. El conveniente matrimonio con la propia Goswinta es un buen ejemplo de ello y un magnífico punto de partida que benefició a ambos. A lo largo de la década de los años setenta del siglo VI, Leovigildo emprendió distintas campañas militares con el objetivo de, como escribe el cronista Juan de

Bíclaro, «volver admirablemente a sus antiguos límites a la provincia [reino] de los Godos, que había sido ya disminuida por diversas rebeliones». Mientras que Liuva fortalecía las fronteras en la Narbonense ante los siempre insidiosos francos, Leovigildo atacó la provincia bizantina haciéndose con territorios en el rico valle del Guadalquivir y con ciudades como Baza y Medina Sidonia, y, ya en el año 572, con la rebelde ciudad de Córdoba. El año 573 es de gran relevancia porque Liuva falleció y Leovigildo se quedó como soberano único. Esta circunstancia y el más que presumible apoyo de Goswinta, la cual vería que su segundo marido iba mucho más allá de lo que había hecho y conseguido su primer esposo, llevaron a Leovigildo a «ampliar su reino con la guerra y aumentar sus bienes [...] acometió felizmente brillantes empresas», tal y como dice San Isidoro de Sevilla.

En Hispania o *Spania* no solo actuaban godos, suevos y bizantinos, sino que, como hemos visto en Córdoba, existían ciudades o territorios autónomos o independientes a cualquiera de estos tres poderes. Leovigildo estaba preparado para acabar con esta situación mediante la toma de las regiones de *Sabaria* (entre Zamora y Portugal), Cantabria (alto Ebro), montes *Aregenses* (provincia de Orense) o la *Oróspeda* (entre las serranías de Cazorla y Segura). También en esta etapa de fuerte componente bélico, Leovigildo atacó los dominios suevos en el

Mujer de la aristocracia goda representada por el grupo de recreación histórica *Signum Temporis*.

noroeste peninsular y aun habiendo podido conquistar el *Regnum Sue-vorum*, prefirió dejarlo como en una especie de estado subordinado.

Ignoramos la relación durante estos años entre Goswinta y sus hijastros Hermenegildo y Recaredo, pero lo que sí conocemos es que estos siguieron muy de cerca las acciones y hazañas de su padre, las cuales no podría haber llevado a cabo sin el apoyo militar y social, las relaciones diplomáticas y el soporte ideológico-regio que le supuso el matrimonio con la viuda de Atanagildo. Como dice San Isidoro de Sevilla: «Sucumbieron ante sus armas muchas ciudades rebeldes de España». Leovigildo, sintiéndose fortalecido por sus primeras victo-rias militares y viendo el buen resultado que le dio a su hermano Liuva la estrategia de vincularlo a él al trono, también asoció a sus hijos al trono (*consortes regni*) en esta década. Con esta acción dejaba a las claras que el trono godo iba a seguir en su familia. Otro hecho que certifica el poder ganado por la institución monárquica de la mano de Leovigildo y el fuerte vínculo que tenía con sus hijos nos sitúa alrededor del año 578 —aprovechando un momento de paz— y nos lleva hasta la antigua Celtiberia donde el *rex gothorum*, siguiendo modelos imperiales, fundó una destacada y bella ciudad a la que lla-mó Recópolis (Zorita de los Canes, Guadalajara) en honor a su hijo menor Recaredo.

Si antes hemos visto cómo dos princesas godas se casaban con miembros de la realeza franca, a continuación veremos cómo dos prín-cipes godos se casan con mujeres de la corte de los reinos francos. Es muy posible que la rotunda figura de Goswinta siguiese contando con prestigio dentro de los reinos francos merovingios y eso facilitase los matrimonios de Hermenegildo y de Recaredo. En realidad, solo del primero, porque finalmente el matrimonio entre Recaredo y la prin-cesa franca Rigunta —hija de Chilperico de Neustria y de Fredegun-da— no llegó a concretarse por la muerte de su padre. El enlace que sí fue hacia delante en el año 579, y que marca un punto importante en esta obra, es el de Hermenegildo con la princesa franca Ingunda, hija del rey Sigiberto de Austrasia y de la reina Brunequilda, por consiguiente, nieta de Goswinta. Ingunda llegó a Toledo con una sobresaliente dote y un relevante séquito. Somos conscientes de que la siguiente aseveración ya la hemos realizado en otros trabajos, conferencias y en distintas actividades culturales, pero no nos importa repetirnos: y es que los sucesos que se describirán en las siguientes páginas y en los que Goswinta tuvo un papel protagonista empequeñecen la ficción televisiva *Juego de tronos*.

Nada hacía presagiar que detrás de este matrimonio y de estos vínculos familiares estaría una de las guerras civiles más dramáticas y llamativas de la Historia de los godos en la vieja piel de toro. A partir de las obras de Juan de Bíclaro y de Gregorio de Tours, tenemos dos corrientes o versiones que difieren a la hora de explicar este episodio dramático en el palacio de la *urbs regia*. En ambos casos el papel de Goswinta es diferente pero igualmente relevante, aunque la imagen que se nos ofrece no es del todo positiva.

Goswinta e Ingunda: guerra entre mujeres por la religión

Si seguimos al cronista franco Gregorio de Tours y una vez más a la profesora Valverde Castro, Ingunda fue «acogida con gran alegría por su abuela Goswinta». Tal vez podamos pensar que de alguna manera la princesa franca venía a cubrir el vacío que dejó la partida de Brunequilda y Galsvinta en Goswinta. Sin embargo, pronto la alegría se tornó en ira y soberbia. ¿El motivo? La religión. La reina goda era una ferviente arriana, ya que además se consideraba un rasgo propio e identitario de la *gens gothorum*. Por su parte, la joven Ingunda, que estaría en plena pubertad, profesaba el catolicismo con absoluta convicción. En un primer momento, la abuela intentó recurrir a la vía «diplomática» para que su nieta abrazase la fe de su nuevo pueblo con «palabras lisonjeras». Cuando Ingunda, firmemente, se negó a bautizarse en la fe arriana, Goswinta, fiel a su carácter, «encendida de una furiosa cólera, agarró a la muchacha por el pelo de la cabeza, la estrelló contra el suelo, la golpeó largo rato a patadas y, una vez bañada en sangre, ordenó desnudarla y sumergirla en un estanque (piscina bautismal)». De estas crudas palabras del obispo e historiador franco, podemos colegir que Goswinta mantenía su férreo carácter, era una persona intransigente, contaba con una nada desdeñable fortaleza física y no le temblaba el pulso a la hora de maltratar física y psicológicamente a su propia nieta en pos de sus intereses o de lo que ella consideraba justo y conveniente. Toda esta terrible escena, de ser así, tuvo que desarrollarse en el *palatium* toledano, fuera del cual pasaba largas temporadas el rey visigodo a consecuencia de las operaciones militares que emprendía tanto en el norte como en el sur hispano.

La relación entre abuela e hija era insostenible y Leovigildo tuvo que tomar una determinación muy clara para evitar males mayores. Con buen criterio, el *rex gothorum* apostó por aquello de «ojos que no ven, corazón que no siente». Ingunda y Hermenegildo tenían que salir de Toledo y la mejor opción era que su hijo mayor se fuese preparando de cara al futuro y le dio el gobierno de la Bética. Si bien este encargo pudo ser hecho antes, ahora el padre exhortaría a su primogénito a abandonar la corte real para apaciguar los ánimos. Así, la joven pareja llegó a Sevilla, donde iniciaría una nueva vida. Lo que *a priori* parecía una decisión acertada de cara a evitar más episodios dramáticos, se volvió completamente en contra de Leovigildo y Goswinta. En Sevilla la princesa Ingunda, con la ayuda del obispo San Leandro —el hermano de San Isidoro—, consiguió lo que Goswinta no había podido hacer con ella: la conversión en este caso de Hermenegildo. Una vez convertido al catolicismo, el siguiente paso de Hermenegildo fue el de rebelarse contra su padre. Todo este suceso vendría a partir del fanatismo religioso y los intereses de Goswinta.

Por otro lado, la versión que nos ofrece Juan de Bíclaro nos aleja del maltrato por parte de la reina goda a la princesa franca y, en verdad, nos acerca a una connivencia entre Goswinta y Hermenegildo y su rebelión. Este cronista también parte de la base de una trifulca familiar: «Cuando reinaba Leovigildo con una paz tranquila, una disputa familiar perturba la seguridad de los adversarios». Pero el enfoque de la misma, el motivo y su desarrollo son diferentes, aunque el resultado acaba siendo el mismo: guerra civil. «Pues en el mismo año, su hijo Hermenegildo asumiendo la tiranía por culpa de la facción de la reina Goswinta, después de rebelarse, se encerró en la ciudad de Híspalis, y hace que las demás ciudades y fortalezas se subleven con él contra su padre». En este pasaje de Juan de Bíclaro nos da a entender que la sublevación del primogénito de Leovigildo fue con el apoyo o sustento de Goswinta y sus partidarios, y que desde Sevilla dirige su insurrección sumando más ciudades y territorios. En cambio, hay historiadores que entienden de otra manera el texto y sostienen que Goswinta y su clan de leales propiciarían el enfrentamiento entre padre e hijo.

Si volvemos a la primera interpretación de las palabras del biclarense, hay una corriente historiográfica que ve un posicionamiento político entre Goswinta y Leovigildo pensando en la sucesión. El *rex gothorum* sería más proclive a su hijo Recaredo y este hecho quedaría sustentado en la fundación de Recópolis. Por su parte, la reina, años después de dicha fundación, habría visto la luz con la consecución del matrimonio entre su nieta Ingunda y Hermenegildo, ya que a través de este enlace tanto ella como principalmente un miembro de sangre de su familia estarían muy cerca del poder. Es más, si el joven matrimonio tenía un descendiente varón sería la guinda al pastel del supuesto plan trazado por Goswinta. El hijo llegó y se le puso el significativo nombre de Atanagildo, lo que sustentaría para esta corriente historiográfica la buena sintonía entre Goswinta y Hermenegildo.

Para ampliar información sobre el debate historiográfico que hay detrás de la rebelión de Hermenegildo y del papel jugado por Goswinta, remitimos al lector interesado a que acuda a la amplia bibliografía contenida al final de este trabajo. No obstante y llegados a este punto, por nuestra parte vamos a exponer una reflexión en base a nuestra propia percepción y lo aprendido y asumido de muchos de los grandes referentes mundiales en la materia aquí mencionados. A sabiendas del antigoticismo del historiador Gregorio de Tours y su permanente interés en atacar a los godos y su reino —y de que la imagen que ofrece de Goswinta como fiera arriana encaja en dichos postulados—, habitualmente nos hemos movido en la postura que sostiene que la rebelión de Hermenegildo se produce por el enfrentamiento entre abuela y nieta como punto de partida. A esto habría que sumarle la conversión del hijo de Leovigildo, la influencia de su esposa y del obispo San Leandro y la función que jugaron determinados intereses políticos tanto dentro del *Regnum Gothorum* como fuera del mismo para debilitar un reino que en el año 579 no era el mismo que diez años atrás.

El poder de Leovigildo cada vez era más fuerte y rotundo y eso no gustaba a sus adversarios, tanto dentro como fuera de las fronteras godas. En definitiva, una convergencia de intereses políticos a partir de una disputa doméstica originada por duras diferencias en cuanto a la confesión religiosa. Con todo, asumiendo que la interpretación a partir de Juan de Bíclaro de la connivencia entre Hermenegildo y Goswinta resulta interesante y como también han indicado otros autores, si Goswinta hubiese actuado contra Leovigildo —independientemente de los sectores que siguiesen a la reina—, el monarca habría tomado represalias contra ella, máxime estando en el año 579 en una posición de fuerza tras sus disposiciones y victorias militares. Esto no ocurrió. Asimismo, Goswinta mantuvo su férrea adhesión al arrianismo (no olvidemos que Hermenegildo se convirtió al catolicismo) e incluso, como trataremos en breve, participó en una conjura sobre la que apenas existe debate y donde el elemento político y religioso estuvo muy presente.

Lo que sí está claro es que Hermenegildo se sublevó contra Leovigildo y que Recaredo se posicionó claramente del lado de su padre. Y, del mismo modo, tampoco hay dudas de que a pesar de ser uno católico y otro arriano y de que los cronistas que recogen este suceso son católicos, no se niega que Hermenegildo actuó de manera tiránica, es decir ilegítima, contra su padre.

En cuanto al desarrollo de la rebelión, recomendamos al lector a que acuda a otros trabajos nuestros en los que profundizamos en el desarrollo político-militar del conflicto fratricida. Aquí simplemente vamos a hacer una breve presentación de la misma para no desviarnos del sentido de esta obra, pero sí para cubrir todo el desarrollo histórico de los godos. Es preciso incidir en que no estamos ante una guerra civil entre arrianos liderados por Leovigildo frente a católicos encabezados por Hermenegildo, independientemente de algunos usos —inscripciones piadosas en monedas— y actitudes del rebelde y de algunas visiones historiográficas y providencialistas. Insistimos en que tanto Juan de Bíclaro como San Isidoro de Sevilla y el franco Gregorio de

Tours —indudablemente católicos los tres— no les tiembla el pulso al sancionar las acciones del sublevado. Además, en cada uno de los bandos hubo personas de ambas confesiones. Del mismo modo, tampoco estamos ante una guerra civil «étnica», puesto que tanto godos como hispanorromanos actuaron en ambos bandos. Es una guerra civil, ante todo por cuestiones políticas, con un interesado trasfondo religioso hábilmente manejado y que demuestra las particularidades religiosas del *Regnum Gothorum* en esos años y cómo estas serían resueltas pocos años después por uno de sus protagonistas en compañía de su esposa y reina y en contra de un regio familiar.

Desde un primer momento Hermenegildo dejó claras sus intenciones en la Bética: se proclamó rey y acuñó moneda, con la significación simbólica y propagandística que tenía este hecho. Bien por sintonía con su causa o bien a través de negociaciones, el sublevado consiguió que lo apoyasen sectores de la aristocracia goda e hispanorromana, ciudades tan importantes y estratégicas como Sevilla, Mérida y Córdoba, el Reino suevo y el Imperio romano de Oriente. Hermenegildo no consiguió que la familia franca de Ingunda interviniese en el conflicto armado gracias a las gestiones de Leovigildo en las que seguro que tuvo mucho que ver Goswinta dada su ascendencia. Y es que nos resulta muy difícil no imaginar a Leovigildo sintiéndose profundamente dolido y traicionado por su hijo, y preocupado por los apoyos que estaba recabando, y no encontrar apoyo y sostén en su experimentada esposa. De esta manera y para salir victorioso, Leovigildo fue dando, sin prisa pero sin pausa, los pasos precisos.

En el año 580 convocó en Toledo un concilio de obispos arrianos con el fin de atraer a más fieles a la herejía mediante disposiciones que reformaban el arrianismo y facilitaban la conversión. Un año después atacó Vasconia, venció a los vascones y fundó la urbe de *Victoriacum*. En el año 582 se hizo con Mérida y en el año 583 asaltó Sevilla, ciudad en la cual Hermenegildo sí pudo contar con los suevos, que fueron derrotados, pero no con los soldados imperiales, que finalmente no se presentaron a la cita ni llegaron a participar en la guerra al recibir un suculento pago por parte de su padre. Tras un duro asedio, Sevilla cayó un año después. Hermenegildo consiguió huir a Córdoba, donde acabó rindiéndose a su padre y llevado a Valencia para ser encerrado. Esta «guerra familiar», que según Juan de Bíclaro era más perjudicial para el reino que una invasión extranjera, llegó a su fin.

¿Qué ocurrió con Ingunda y el pequeño Atanagildo? Los soldados bizantinos que no lucharon contra Leovigildo pero sí siguieron de cerca los acontecimientos se hicieron con la madre y el hijo sin que sepamos si fue porque ambos huyeron buscando auxilio ante la derrota de Hermenegildo o fueron apresados de alguna manera. En todo caso, eran una pieza muy valiosa para el gobierno de Constantinopla de cara a futuras negociaciones con godos y francos. Sin embargo, en el viaje hasta la capital imperial Ingunda moriría por enfermedad y el rastro de Atanagildo se pierde en Constantinopla sin que se tenga constancia de que fuese devuelto a alguna de las cortes de los francos merovingios desde donde el interés hacia el pequeño era mayor que desde la corte goda. Por su parte, Hermenegildo murió ejecutado en Tarragona en extrañas circunstancias.

Pues bien, con esto cerraríamos el señalado episodio dramático en el palacio de la *urbs regia*, uno de los acontecimientos de la Historia de los godos en el que el componente femenino juega un papel determinante, protagónico y nada accesorio. Desde el palacio real en Toledo se dirimió el futuro de los godos en *Spania* con una *regina* Goswinta que quiso y pudo dejar su huella. Pero si alguien piensa que la reina goda protagonista de este capítulo iba a desaparecer de los anales de la Historia y que iba a dejar los entresijos políticos del *Regnum Gothorum* a un lado, es que todavía no ha captado la auténtica esencia de Goswinta. Antes de sumergirnos en dicha fascinante cuestión y siguiendo la estructura marcada de ofrecer la vida de las reinas y destacadas mujeres godas junto con el desarrollo histórico de los godos, es necesario cerrar el determinante y fundamental reinado de Leovigildo e iniciar el de su sucesor. Porque sí, Goswinta, la cual hacia el año 585 contaría con unos cincuenta y cinco años de edad y sufriría de cataratas en uno de sus ojos a partir de lo dicho por las fuentes, también sobrevivió a su segundo marido.

Triunfo de San Hermenegildo de Francisco Herrera el Mozo (1654).
La obra se encuentra en el Museo del Prado de Madrid
(Wikimedia Commons).

El proyecto de Leovigildo: centralismo y propaganda

El gran proyecto de Leovigildo para el Reino visigodo de Toledo alcanzó distintos ámbitos como el administrativo, el legislativo, el económico, el religioso, el militar, etc. Así, la política de fortalecimiento real, en base a una política más unitaria y centralizadora, no se circunscribió al matrimonio con Goswinta, en asegurar la sucesión en sus hijos, en fundar ciudades o en los muchos éxitos militares. En el plano legislativo, el *rex gothorum* recogió el trabajo hecho por Eurico y Alarico II para promulgar un nuevo corpus conocido como el *Codex Revisus*, muy probablemente de carácter y sentido territorial —de aplicación en todo el reino y entre todos los súbditos— y que abolió una ley que ya había quedado desfasada como era la que prohibía los matrimonios mixtos entre godos e hispanorromanos y a la que posteriormente volveremos. La propaganda y el simbolismo tuvieron una especial relevancia reflejada en la llamada *imitatio imperii*: «…fue el primero que se presentó a los suyos en solio, cubierto de la vestidura real; pues, antes de él, hábito y asiento eran comunes para el pueblo y para los reyes». Es decir, distanciándose y remarcando su independencia, siguió los modelos imperiales propios del gobierno de Constantinopla. Y es que los dos grandes referentes de Leovigildo fueron el emperador oriental Justiniano y el rey ostrogodo Teodorico el Grande. Además, hizo de Toledo una auténtica *urbs regia* y acuñó moneda con su nombre y efigie, acción esta última que anteriormente no había llevado a cabo ningún monarca godo. Conjuntamente, modificó y mejoró la administración del territorio e hizo crecer la hacienda real no solo con los botines de guerra, sino también confiscando los bienes de posibles rivales, opositores o personajes discrepantes.

En lo referido al asunto religioso, el concilio del año 580 dejó muy claro el interés por crear una Iglesia nacional y salvar las diferencias entre arrianos y católicos con un arrianismo modificado y que pudiese resultar más cercano a los postulados del Concilio de Nicea y al trinitarismo católico. Junto a esta iniciativa, las fuentes recogen que Leovigildo tomó disposiciones contra la Iglesia católica y se efectuaron persecuciones, confiscaciones, presiones de distinto tipo y destierros de influyentes obispos en pos de obtener unas pocas conversiones. Hay estudiosos que consideran que detrás de estas acciones pudo estar la mismísima reina Goswinta. Por nuestra parte, consideramos que este planteamiento hay que tomarlo con cautela, aunque no resultaría nada extraño que al menos estuviese al lado de su marido en esta política religiosa. Aun así, en la recta final de su reinado, el soberano germano reparó su relación con la Iglesia católica y sus jerarcas hispanos. Y por último, en el año 585 Leovigildo y sus ejércitos conquistaron el *Regnum Suevorum* convirtiéndose este hecho en uno de los grandes hitos de su reinado. A la par que se acometía esta conquista, su hijo Recaredo derrotó al rey de Borgoña, el franco Gontran —tío de la princesa Ingunda—, quien llevaba tiempo ambicionando la provincia de la Narbonense y aprovechó para apoyar a los suevos y atacar a los godos. La victoria de Recaredo fue rutilante e incluso se atrevió a cruzar las fronteras francas.

Después de un fascinante reinado, en el año 586 Leovigildo murió de manera natural en Toledo. El trono pasó con aparente tranquilidad y normalidad a su hijo Recaredo, pero ¿qué ocurrió con la madrastra y reina Goswinta? Ya hemos señalado que sobrevivió a su segundo marido y que siguió sin adoptar un papel pasivo; por eso, por la trascendencia de su figura y por la versión y la percepción que tuvieron de ella los cronistas, siguió apareciendo en las fuentes, a diferencia de otras muchas reinas godas en particular y germanas en general.

Uno de los primeros datos de los que contamos del reinado de Recaredo es el asesinato de Sisberto, la persona encargada de ejecutar a Hermenegildo. Este hecho ha generado más de una duda sobre quién fue el responsable de la muerte del sublevado: ¿padre o hermano? El asesinato se produjo justo cuando Leovigildo combatía a los suevos y justo antes de que Recaredo partiese a frenar la invasión franca. Quizá Recaredo —en ese contexto en el cual su hermano y los francos estaban conectados por lazos familiares y de cara a proteger su sucesión— pudo tomar esta drástica decisión y después quisiera acabar con el rastro de la misma acabando con Sisberto.

El periodo comprendido entre los años 586 y 589 resulta de suma importancia para nuestra Historia y el elemento femenino godo no faltó a la cita a distintos niveles. En estos años Recaredo dirimió el destino del Reino visigodo de Toledo, y por ende de España, y vio cómo su madrastra y su futura esposa también dejaban su impronta aunque de manera muy diferente. Desconocemos cómo era la relación entre Goswinta y Recaredo pero todo hace indicar que no era excesivamente cálida ni familiar. No obstante, estaban destinados a entenderse al menos en estos primeros momentos. El historiador franco Gregorio de Tours indica que también otra de las primeras disposiciones del hijo de Leovigildo fue la de tomar como madre a Goswinta. De esta manera se rompía la «distancia de sangre» entre madrastra e hijastro. Recaredo ya contaría con una buena red de apoyos y seguidores heredados, tanto de su padre como por sus propios éxitos al lado de su progenitor, pero ahora presumiblemente se aseguraba que la facción más fiel a Goswinta también le siguiese. Pero no solo esto. Este «tomar como madre» también acercaba a Recaredo a los reinos francos merovingios a través de la influencia de Goswinta. Esta por su parte no quedaba fuera del palacio real o desplazada a un segundo plano, sino que seguía manteniendo su preeminencia en la corte.

El rey visigodo tenía entre sus rivales a Gontran de Borgoña y a Brunequilda de Austrasia, que había perdido a su hija Ingunda y no podía recuperar a su nieto Atanagildo. Para congraciarse con ellos y mejorar las relaciones entre los reinos germanos, Recaredo optó por la vía diplomática. Con Gontran de Borgoña no funcionó, puesto que se negó a recibir a los embajadores godos. Es más, Gontran no podía aceptar un acuerdo porque su viejo objetivo de hacerse con la Narbonense o Septimania seguía muy vivo y sabemos que en estos momentos un ejército franco liderado por el duque Desiderio invadió la zona, aunque fue derrotado por las huestes godas. Con el Reino de Austrasia la cosa salió mucho mejor. La regente Brunequilda aceptó las palabras de Recaredo en las que se eximía de toda culpa de la muerte de Ingunda. Asimismo, el hijo de Leovigildo realizó un pago compensatorio —wergeld en la tradición germánica— e hizo dos pequeñas cesiones territoriales. Pero hay más, y es que de nuevo la política matrimonial entre godos y francos apareció en escena. De cara a que los lazos fuesen más fuertes entre Austrasia y el gobierno de Toledo, se proyectó el enlace entre Recaredo y Clodosinda, hija de Brunequilda y nieta de Goswinta, quien obviamente vería con muy buenos ojos esta unión. Esta vez Recaredo tampoco pudo desposarse con una princesa franca, ya que Gontran —tío de Clodosinda— lo impidió.

Recaredo: «Católico con la ayuda de Dios»

Paralelamente a todas estas acciones de política exterior, Recaredo desde el mismo año 587 cambió una parte fundamental de la política interior de sus padres: la religión. Así, dice Juan de Bíclaro: «se hace católico con la ayuda de Dios» y desarrolla una política muy favorecedora hacia la Iglesia católica restituyendo bienes incautados por su padre y fundando iglesias y monasterios. Es muy posible que Goswinta no contase con esta jugada político-religiosa de Recaredo y, una vez llevada a cabo con absoluto convencimiento por este, esperase y fomentase una reacción en su contra. Realmente, esto no debe sorprendernos dado el currículum de la reina y sus muchas maquiavélicas actuaciones. Además, el matrimonio entre Recaredo y su nieta Clodosinda se fue al traste, con lo que el vínculo entre el hijo de Leovigildo y Goswinta volvía a ser débil. Nos resulta difícil pensar que Brunequilda viera con buenos ojos este matrimonio, independientemente de la intervención de Gontran, teniendo en cuenta el final de Goswinta en el año 588.

Tras su personal conversión, Recaredo tuvo que hacer frente a tres rebeliones o conjuras sin que sepamos si las tres están interconectadas y movidas por los hilos de Goswinta. En Mérida el obispo arriano Sunna, el noble Segga y sus seguidores conspiraron contra Recaredo a través del intento de asesinato del obispo católico Masona y del duque Claudio, un aristócrata hispanorromano siempre fiel a Leovigildo y Recaredo. La conspiración fue descubierta. Segga perdió sus dos manos y fue enviado a la Gallaecia; Sunna, que no quiso convertirse al catolicismo, fue desterrado al norte de África. La tercera rebelión (a continuación volveremos a la segunda) vino una vez más desde la Narbonense cuando el obispo arriano Athaloc en el año 589, junto a los condes Granista y Wildigerno, se sublevó, contando además con el apoyo del siempre insidioso Gontran de Borgoña, a pesar del catolicismo de este, lo que demuestra nuevamente que detrás de las rebeliones de corte religioso siempre hay un rotundo componente político. Recaredo envió a su mejor hombre para acabar con este problema, el duque de la Lusitania Claudio, el cual obtuvo una de las victorias más resonantes de la Historia de los godos, llegando a decir San Isidoro de Sevilla que «nunca se dio en España una victoria mayor de los godos, ni semejante».

Retomando la segunda rebelión, esta se sitúa en el año 588 y es aquí cuando emerge otra vez la poderosa y afamada figura de Goswinta. En este caso estamos ante una auténtica conjura palatina, dado que se pergeñó en la misma capital, Toledo. Los cabecillas fueron la propia Goswinta y el obispo arriano de la *urbs regia* Uldila. El cronista Juan de Bíclaro no nos informa de los pormenores de esta conspiración, pero es de suponer que el derrocamiento o la eliminación de Recaredo entrarían en sus planes. Lo que sí sabemos es que fueron descubiertos y acusados de rechazar la comunión católica. Uldila fue desterrado como sucedió con el obispo Sunna. La suerte que corrió Goswinta fue peor que la del noble Segga en la conjura emeritense. La esposa de Atanagildo y de Leovigildo no salió viva. No sabemos si se suicidó, si se «facilitó» su suicidio o si directamente fue ejecutada dada la magnitud de su crimen. Si asumimos que Recaredo estuvo implicado en la muerte de su hermano, la tercera opción no es descartable porque no le temblaría el pulso.

Con la muerte de Goswinta concluimos este capítulo y cerramos la vida de una reina visigoda fascinante y digna de una buena producción cinematográfica. Bien podríamos decir que sin Goswinta este libro perdería buena parte de su sentido. Del mismo modo, con la desaparición de Goswinta casi se cierra un periodo definitorio para la Historia de España, al que le faltaba un último paso dado por Recaredo y en el que le acompañó de la mano su, al fin, esposa.

5

OTRAS REINAS EN EL REINO VISIGODO DE TOLEDO

Al contrario de lo sucedido en el capítulo anterior, en este que ahora abrimos sí abarcaremos una amplia horquilla cronológica que nos llevará desde el año 589 hasta la década de los años veinte del siglo VIII, es decir, iremos un poco más allá de la simbólica fecha del 711 que tradicionalmente marca la caída y destrucción del Reino visigodo de Toledo.

A priori y teniendo en cuenta que el periodo a tratar son unos ciento treinta años, pudiera parecer que dispondríamos de una gran cantidad de información acerca de las reinas visigodas de dicho periodo. Una vez más y sintiéndolo mucho, la respuesta es negativa. Para esta larga etapa no contamos con ninguna Gala Placidia o Goswinta. Sí conocemos el nombre de varias reinas y alguna princesa, las cuales serán oportunamente tratadas a la par que seguimos con el desarrollo histórico del *Regnum Gothorum*. Es más, alguna de estas reinas nos aportará un episodio sin parangón en esta obra, y otras nos ofrecerán aspectos sumamente interesantes que nos permitirán profundizar en la figura regia femenina visigoda. Veremos cómo se repiten algunos de los roles y patrones establecidos, pero otros serán novedosos o contarán con enfoques particulares. Baddo, Hildoara, Cixilo o Egilo, entre otras, no nos dejarán indiferentes.

En el año 589 el Reino visigodo de Toledo era más que un mero reino sobre antaño gloriosas ruinas romanas: estamos ante una poderosa entidad política en Occidente con una institución monárquica plenamente asentada y operativa y una corte fuertemente establecida en la *urbs regia* de Toledo. Conjuntamente, dentro de este reino la Iglesia católica y la nobleza se fueron convirtiendo cada vez más en los pilares que sustentaban la política, en un juego de poderes complejo movido por intereses propios a la par que bien estructurado donde, como veremos, estas reinas jugaron su papel.

En lo concerniente a las fuentes históricas que nos ayudan a adentrarnos en este fascinante periodo en general y a conocer a las distintas reinas godas, mantenemos todas las ya señaladas, pero añadimos la información ofrecida por las actas de los concilios de Toledo, los códigos legislativos, la *Crónica mozárabe* o *del 754*, las crónicas asturianas y algunas fuentes musulmanas. Acerca de la bibliografía contemporánea, seguimos la línea trazada en los capítulos anteriores, y cuando sea preciso añadiremos algún gran especialista que previamente no haya sido referenciado y que en esta ocasión resulte novedoso.

★   ★   ★

Baddo o Badón es el particular nombre de la *regina* que marca los años del gobierno del *rex gothorum* Recaredo y, por consiguiente, del tramo final del siglo VI. Ya hemos visto que los matrimonios concertados para Recaredo con dos princesas francas, Rigunta y Clodosinda, estuvieron muy cerca, pero nunca llegaron a efectuarse. Tal vez por esa razón, el fiel hijo de Leovigildo decidió no hacer un tercer intento ni esperar más. En este contexto político, matrimonial y religioso es donde surge Baddo. Una figura femenina goda fascinante a la par que ampliamente desconocida. Otra de esas reinas de las que contamos con escasos datos, pero que no tuvo que ser una mujer más de la corte real; y decimos esto principalmente por un hecho que seguidamente veremos.

El misterio Baddo: ¿esposa noble o plebeya?

Hay que tener presente que Leovigildo y Recaredo —«padres de la patria» como nos hemos referido a ellos en otros trabajos— seguramente sean los reyes visigodos más importantes y en el caso de Recaredo estemos ante el rey mejor tratado y más ensalzado por las crónicas medievales y las historias elaboradas a lo largo de los siglos modernos. Pues bien, las mujeres que marcaron sus vidas no pasaron sin pena ni gloria, ni fueron meros «floreros». Mujeres cargadas de Historia por méritos propios. En el caso de Goswinta ya lo hemos visto y ahora pasamos a hacerlo con Baddo. ¿Quién era ella? Sobre sus orígenes y familia hay un debate muy definido entre dos posturas que vienen delimitadas por una información que ofrece San Isidoro de Sevilla sobre el hijo y sucesor de Recaredo, Liuva II, que más tarde será tratado, y es que la progenitora de este era «madre innoble, pero ciertamente notable por la cualidad de sus virtudes». Para un sector historiográfico esta aseveración del gran sabio de la *Hispania Gothorum* automáticamente haría que Baddo no pudiese ser la madre biológica de Liuva II. Por consiguiente, Baddo sería una mujer noble perteneciente a alguno de los grandes clanes nobiliarios del reino. De hecho, el profesor García Moreno teoriza sobre una muy sobresaliente familia ligada a la Bética, que llegaría a vincularse con la ciudad de Córdoba y con un linaje que daría hombres que llegaron un siglo después al trono godo. A partir de aquí, con este matrimonio Recaredo seguiría los pasos de su padre buscando un matrimonio de conveniencia política y de sustento interno del poder. Además, sabemos que el matrimonio se celebró en el año 589 y Liuva II nacería en el año 583-584, por lo que podría ser hijo de otra mujer, por ejemplo de una concubina de las que rodearían al príncipe al retrasarse tanto sus nupcias. Si admitimos toda esta hipótesis, Baddo y Recaredo no tendrían ningún hijo, al menos que sepamos, varón, y por eso se recurrió al que procedía de madre innoble.

En cambio, hay otra corriente historiográfica, comandada principalmente por el profesor Orlandis, que plantea otra hipótesis que no podemos negar que resulta claramente atractiva. En palabras del propio profesor, «Baddo pudo ser una mujer de condición plebeya con la que Recaredo estaba unido desde tiempo atrás por una relación de *Friedelehe* —enlace germánico no canónico— o de concubinato estable. El reiterado fracaso de los proyectos nupciales con princesas francas decidiría a Recaredo a contraer matrimonio católico con Baddo [...]. Baddo sería, además, la madre del hijo de Recaredo, nacido en 583». De esta manera, encajaría tanto el desarrollo histórico como la afirmación de San Isidoro acerca de la madre del hijo de Recaredo. Siguiendo esta hipótesis, no podríamos decir cuándo comenzó la especial relación entre Baddo y Recaredo. Pero sería de suponer que al menos desde el año 580-582, cuando Hermenegildo ya se había rebelado y Recaredo quedaba como el único y leal hijo asociado al trono por parte de su padre Leovigildo, un contexto en el cual, dadas las características de esta relación, se podía seguir negociando un matrimonio regio entre Recaredo y alguna princesa franca.

También dentro de esta hipótesis, cuando San Isidoro dice que la madre de Liuva II era innoble, no hay que considerarlo como un desprecio, sino como un elemento descriptivo. Ello encajaría en el marco establecido por el profesor Orlandis de que Baddo no pertenecería a la aristocracia hispanogoda —sería el único matrimonio constatado entre un *rex gothorum* y una mujer no ligada a una corte o a la aristocracia— y de que eso afectase a la deposición en el trono de su hijo como luego veremos. La hipótesis anterior también encontraría su razón de ser en estos postulados al considerar que el hijo de Recaredo procedía de una concubina y, por ende, carente de sangre noble materna.

La cuestión es que en el año 589 Baddo y Recaredo estaban unidos matrimonialmente y ambos iban a participar en un acto clave, determinante, fundamental de nuestra Historia, y con algunos rasgos y matices fundacionales para España: el III Concilio de Toledo. Este sínodo, reunido en mayo de dicho año presumiblemente en la basílica de Santa María de Toledo, identificada hoy con la actual Catedral Primada[1], supuso la definitiva conversión de todo el pueblo godo del arrianismo al catolicismo y la consecución de la ansiada unidad religiosa, exceptuando a la comunidad judía.

No es lugar de detallar las características y la significación histórica del III Concilio de Toledo —remitimos a la bibliografía para ello—; no obstante, es necesario dar algunas pequeñas pinceladas. Aparte de la señalada cuestión de la unidad religiosa y de la lógica victoria del catolicismo sobre el arrianismo, en este sínodo se dictó que la Iglesia arriana quedaba subsumida en la estructura eclesiástica católica, se estableció una profunda unión entre trono y altar —generándose un poderoso vínculo entre Monarquía e Iglesia— y se trataron cuestiones específicas del ámbito eclesiástico. Todos estos asuntos resultan de un claro interés, pero por las características de este libro tenemos que quedarnos con uno que no forma parte de este listado. Un hecho que no volvió a repetirse en ninguno de los demás concilios de Toledo: la firma de una reina en unas actas conciliares.

Y es que Baddo asistió junto a su marido a la parte del concilio que le correspondía a Recaredo y no solo esto, sino que su presencia y su firma son claramente señaladas: «*Ego Baddo gloriosa regina hanc fidem, quam credidi et suscepi, mea manu de toto corde subscribsi*». Tal y como queda recogido en las actas, la «gloriosa reina» Baddo suscribe la profesión de fe como su marido el rey Recaredo, y de corazón cree y admite el credo niceno y el trinitarismo católico. Y es que los Concilios de Nicea del año 325 y de Calcedonia del año 451 marcaron la pauta a seguir. Insistimos en que esta cuota de protagonismo regio femenino no la volveremos a encontrar en ningún otro sínodo toledano y esto refleja, por un lado, la trascendencia de esta asamblea y, por otro, el valor simbólico de la reina Baddo. Esta es la única huella documental que nos ha dejado esta «gloriosa regina», el resto obedece a hipótesis y suposiciones. Por eso y por el propio valor de lo que hay detrás de esta única huella documental, es más que necesario tenerla muy presente. Como dice el profesor Isla Fernández: «La presencia de la *gloriosa regina* es un caso único en la tradición conciliar del reino. Nunca más una reina confirmará las actas de un concilio. Esta excepcionalidad subraya el modelo de Calcedonia y el papel que se le asignaba a Baddo en este momento político».

En cuanto al resto del reinado de Recaredo, cuando parecía que la calma llegaba tras el III Concilio de Toledo, esta se rompió a consecuencia de un complot urdido por un duque provincial llamado Argimundo, el cual pretendía derrocar al legítimo monarca y acabar con su vida. Juan de Bíclaro nos informa al respecto diciendo que todo el plan fue descubierto. Los leales a Argimundo fueron torturados y ejecutados, y el líder de la conjura fue también sometido a martirio, recibió la decalvación o *decalvatio*, se le amputó la mano derecha y se le exhibió montado en un asno de manera vergonzante por las calles de Toledo.[2]

Como sus antecesores, Recaredo tuvo que hacer frente al foco bizantino de la provincia de *Spania*. El Imperio romano de Oriente había intentado reforzar su presencia en el sur hispano desde Cartagena (*Carthago Spartaria*) de la mano del patricio y *magister militae* Comenciolo. El germano reforzó la frontera y presionó religiosa y diplomáticamente los dominios bizantinos. En el mismo sentido, Recaredo igualmente realizó alguna maniobra militar contra los vascones a modo de entrenamiento. En materia de política interior y de administración, el *rex gothorum* atemperó las severas disposiciones implementadas por su padre y mejoró en términos generales la relación con la nobleza, pensando en el presente pero también en el futuro con su hijo. Asimismo, y como dice San Isidoro de Sevilla, «muchas veces exoneró al pueblo de los tributos», entregó riquezas, y de nuevo volviendo a las palabras del santo, «las provincias, que su padre conquistó con la guerra, él las conservó con la paz, las administró con equidad y las rigió con moderación». Es de suponer que Baddo acompañó y estuvo al lado de Recaredo durante todas estas acciones y procesos. Si su matrimonio canónico procedía de una relación de concubinato anterior basada en la tradición germánica, la conexión entre mujer y marido podría estar ya sustentada en una relación de amor recíproco.

Desconocemos cuándo la *gloriosa Regina* Baddo dejó este mundo, pero teniendo en cuenta que su marido Recaredo lo hizo en el año 601 de muerte natural en Toledo, nos aventuramos a decir que la primera protagonista de este capítulo lo haría en la misma gran ciudad y en una fecha no muy lejana.

Si regresamos a las palabras de San Isidoro de Sevilla cuando dice en su *Historia Gothorum* que Liuva II es hijo de madre innoble y si aceptamos que Baddo es la madre del sucesor de Recaredo, asumiríamos que las palabras «pero ciertamente notable por cualidad de sus virtudes» nos muestran a una mujer virtuosa. Dentro de los esquemas de la época, estas virtudes seguramente serían religiosas, intelectuales y físicas y le habrían servido para actuar como buena esposa y madre cristiana, amén de para ganarse la excepcionalidad de asistir a la lectu-

La conversión de Recaredo de Antonio Muñoz Degrain (1888).
El cuadro forma parte de la colección del Senado de España, Madrid
(Wikimedia Commons).

ra del tomo regio por parte de Recaredo durante el III Concilio de
Toledo y de suscribir la documentación conciliar.

El rebelde Witerico destrona a Liuva II

El probable hijo de Baddo y Recaredo apenas pudo disfrutar de todo
lo bueno que sembraron en el gobierno del reino su abuelo y su padre.
En un primer momento pudiera parecer que el patrón seguido en la
elección y sucesión en el trono godo tenía sentido dado el desarrollo
y crecimiento de la monarquía visigoda; por eso Liuva II accedió al
mismo sin oposición aparente. El joven (apenas tendría dieciocho
años) solo pudo gobernar durante dos años a causa de una terrible
rebelión nobiliaria encabezada por Witerico. Este noble ligado a la
Lusitania ya tenía experiencia en conjuras y traiciones cuando en
tiempos de Recaredo se articuló un complot contra este en Mérida.
En esa ocasión Witerico dio marcha atrás y delató a sus compañeros

conspiradores. Ahora, seguramente con más fuerza, más apoyos y con una figura regia más débil —el poco más que un adolescente Liuva II no era Leovigildo ni Recaredo—, jugó bien sus bazas.

Algunos grandes especialistas «culpan» a la madre de Liuva II de esta rebelión y de su triunfo, y sus postulados sirven tanto si Baddo es la madre como si no, en el sentido de que al no ser una progenitora de procedencia noble, los rebeldes tenían una razón para derrocar al rey legítimo. Y no solo esto, la ausencia de un clan nobiliario que arropase la vía materna también habría jugado en contra de Liuva II. Aparte de estas cuestiones y siguiendo a la principal fuente que nos aporta la información, la juventud del *rex gothorum* y las ansias de poder de Witerico también tendrían mucho que ver en el derrocamiento, aunque jamás lo habría conseguido sin un fuerte apoyo nobiliario. El usurpador no se conformó con hacerse con el trono, sino que cortó la mano derecha al legítimo soberano. Esta mano era la que se asociaba a la espada y de esta manera se perdía la facultad de reclamar la legitimidad en el trono. Seguidamente, Witerico ejecutó a Liuva II evitando que en el futuro pudiese articularse algún tipo de resistencia alrededor del manco destronado.

Otra de las razones que se suelen esgrimir sobre el destronamiento de Liuva II por parte de Witerico, y que nos parece interesante y acertada, es que un sector de la aristocracia hispanogoda podría estar cansada de ver a un cuarto miembro de la misma familia en el trono toledano y temía que una dinastía se perpetuase en el poder. Lo cierto es que con Liuva I, Leovigildo, Recaredo y Liuva II son más de treinta años en el trono de esta familia, la cual con mucha seguridad estaba ligada por vía paterna a la nobleza ostrogoda y al linaje de los Amalos. No volvió a darse una circunstancia igual en la Historia del Reino visigodo de Toledo, no así como hemos visto en el *Regnum Tolosanum*.

De la misma manera que no conocemos el nombre de la esposa de Liuva II, si es que llegó a tenerla, tampoco sabemos el nombre de la mujer de Witerico. Este, cuando usurpó el trono, ya debía de estar en una edad madura, puesto que, no olvide el lector, al principio del reinado de Recaredo ya andaba metido en conjuras y traiciones. En el caso de Liuva II, independientemente de la juventud con la que acce-

dió al trono, apenas con dieciocho años, tenía una edad más que suficiente para estar casado o para que hubiese algún matrimonio concertado con alguna princesa extranjera de la que las fuentes no han
hablado. Bien es cierto que —tras las tensas relaciones entre el Reino
visigodo de Toledo bajo los gobiernos de Leovigildo y Recaredo y los
distintos reinos francos merovingios— esta opción habría quedado en
segundo plano y se buscaría el enlace con alguna mujer ligada a la alta
aristocracia.

Hay que tener presente que a finales del siglo VI y principios del
siglo VII los matrimonios con miembros de la realeza o aristocracia
sueva y ostrogoda, respectivamente, eran imposibles al haber sido el
Reino suevo conquistado por los visigodos y el Reino ostrogodo de
Italia destruido por los bizantinos. Ergo, las únicas cortes germánicas
cercanas al gobierno de Toledo eran las de los reinos francos. Volviendo
a Witerico, lo que sí conocemos es el nombre de un miembro de su
descendencia —si es que tuvo más de un hijo—, una dama llamada
Ermenberga, de la cual contamos con un dato que de nuevo nos traslada a los matrimonios diplomáticos entre godos y francos. Aparte de
no saber quién era su progenitora, de la princesa Ermenberga tampoco
conocemos nada de su vida anterior a la proposición que llegó desde
tierras francas hasta la corte goda de Toledo. La hija de Witerico veía
cómo su vida quedaba condicionada por las acciones de su padre, máxime ahora que ocupaba el trono. Una vida y una historia que eran el
pan nuestro de cada día de tantas princesas godas en particular, como
ya hemos visto a lo largo de este trabajo, y de tantas princesas germanas
a lo largo de la Antigüedad tardía y primera fase de la Alta Edad Media
en general. Si bien, y con alguna matización, era algo habitual antes de
este periodo y del mismo modo muchos siglos después.

El episodio matrimonial de Ermenberga tiene algunos visos de
excepcionalidad a diferencia de, por ejemplo, los enlaces de Brunequi-
la y Galsvinta, y es que la petición no la realizó su padre Witerico, sino
que llegó desde más allá de los Pirineos en el año 607. Una fuente
franca conocida como la *Crónica del Pseudo-Fredegario* nos informa de
que el rey franco merovingio de Borgoña Teoderico II[3] o Thierry II
envió legados a Witerico con el fin de concertar el matrimonio entre

él mismo y la princesa Ermenberga, la cual sería reina de los francos de Borgoña (insistimos siempre en el concepto de «reina consorte»). Este matrimonio beneficiaba a ambas partes. Teoderico II encontraba un poderoso aliado frente a sus reinos hermanos francos con los que la relación era más que tensa, amén de conseguir una buena dote. Por su parte, Witerico fortalecía su posición interna tras haber obtenido el trono de manera ilegal y por la fuerza, y a la par proporcionaba seguridad en la frontera norte del reino, posición que siempre estaba temerosa de los ataques francos.

Ermenberga, repudiada a instancias de Brunequilda

Así, Ermenberga partió desde Toledo con su séquito y, sobre todo, con una gran dote compuesta por dinero y joyas. Teoderico II quedó encantado y las nupcias se celebraron. Una nueva y, en principio, buena vida comenzaba para Ermenberga y todo iba siguiendo sus cauces hasta que se torció. Según la señalada crónica, por artes de la influyente reina Brunequilda —abuela de Teoderico II—, Ermenberga fue repudiada por su marido. Quizá Brunequilda no la veía con buenos ojos por cómo había llegado Witerico al trono tras matar a Liuva II, hijo de un Recaredo con el que estableció más o menos buenas relaciones, o más probablemente obedeciera a un intento desestabilizador o de protección de sus propios intereses. No olvidemos que Brunequilda tuvo una gran maestra en los trasuntos políticos, su madre Goswinta. La vergüenza y el oprobio no se quedaron aquí. Teoderico II envió de regreso a Ermenberga al *palatium* de Toledo pero sin la valiosísima dote que ella llevó consigo a tierras francas; una auténtica afrenta que Witerico no estaba dispuesto a dejar pasar. Si el lector recuerda, en el capítulo dedicado a las reinas de Tolosa, una hija de Teodorico I también fue enviada junto a su padre aunque, a diferencia de Ermenberga, terriblemente desfigurada. En aquella ocasión Teodorico I no tomó ninguna acción vengativa contra los vándalos. Witerico sí actuó, o al menos lo intentó, contra el merovingio Teoderico II. En realidad, la *faida* era invetible. Este concepto ligado a la tradición germana se definiría como una venganza exigida a partir de un hecho considerado total y absolutamente deshonroso. El padre de Ermenberga escribió a los reinos francos que eran enemigos o estaban enemistados con su ahora rival y al rey longobardo Agilulfo para unir sus fuerzas contra Teoderico II. Sin embargo, los esfuerzos de Witerico por coordinar un gran ataque fracasaron. La *faida* no se consumó y nada más volvimos a saber de Ermenberga. En resumen, una vez más los intereses de Brunequilda prevalecieron en la complicada política franca.

El reinado de Witerico concluyó abruptamente en el año 610; las fricciones con parte de la nobleza como el conde Búlgar y con sectores de la Iglesia católica como el obispo de Toledo Aurasio apuntaban a que todo acabaría estallando. Antes de caer, intentó recuperar territorio a los dominios hispanos del Imperio romano de Oriente con un éxito limitado. La venganza llegó a la vida de Witerico cuando, durante la celebración de un banquete, fue asesinado y su cuerpo arrastrado por las calles de Toledo. Como dice San Isidoro de Sevilla, quien en su *Historia* no ofrece una buena visión de Witerico más allá de ensalzar su capacidad como guerrero, «hizo en vida muchas acciones ilícitas, y en la muerte, porque había matado con la espada, murió con la espada».

La elección del trono godo recayó en Gundemaro. No disponemos de muchos datos acerca de su persona pero es muy probable que fuese un personaje destacado de la aristocracia y que hubiese desempeñado el cargo de *dux* provincial. Para la línea principal de este trabajo, casi más relevante nos resulta una información con la que sí contamos y es el currículum de su esposa a la par que reina visigoda: Hildoara. Y es que podemos considerar que Gundemaro fue un hombre afortunado al quedar unido a una mujer de múltiples virtudes dentro de los patrones establecidos y socialmente aceptados de esta época: buena esposa, fiel compañera, abnegada creyente, ricamente culta, bella dama y de corazón bondadoso. La razón de que hagamos este juicio de valor tan rotundo y que puede resultar un tanto «chocante» se debe a que contamos con una fuente que vendría a corroborarlo. El mencionado conde Búlgar dejó atrás los tiempos oscuros que vivió con Witerico y bajo el reinado de Gundemaro pasó a ser duque de la Narbonense o Septimania. Este *dux* escribió una carta[4] a su amigo el *rex gothorum* Gundemaro cuando murió Hildoara, lo que tuvo que ocurrir entre los años 610 y 612, que son los que abarcó su corto reinado. En dicha epístola ensalza las distintas y múltiples virtudes de la reina.

Hay determinados historiadores que han visto en estas palabras una recreación de lo que debería ser en la época una buena mujer de su elevada posición, moviéndose de esta manera casi en el campo del arquetipo de la dama cristiana y de la buena reina consorte. Por nuestro lado, diferimos al menos en una parte. Independientemente de que las palabras del duque Búlgar puedan seguir un modelo determinado —que estén cargadas de lógicas alabanzas por quién es la fallecida y por a quién se dirige la misiva, y que a través del ensalzamiento de la reina y esposa, se busque la «glorificación» de Gundemaro como buen rey y buen esposo—, nos negamos a creer que todo lo expuesto por el noble godo sea de cara a la galería. ¿Por qué Hildoara no pudo ser una mujer que, en verdad y en mayor o en menor medida, tuviese esas virtudes tanto intelectuales como físicas, espirituales, culturales y sociales? Quizá por esa razón la pena es mayor al no contar con más datos sobre esta *regina* y poder así corroborar las señaladas virtudes y ver qué las sustentaba. El profesor Orlandis dice sobre el contenido del escrito: «Búlgar […] hacía un cálido elogio de la difunta: de su gracia, de su sabiduría, de su meliflua conversación y sobre todo de su piedad, que la hacía ser remedio de los culpables, protectora de los pobres y católica devota. El conde, que sin duda había conocido personalmente a Hildoara, evocaba también las cualidades humanas que la adornaban: su hermosura y elegancia, su bondadoso carácter, su graciosa presencia». No sabemos nada más que lo recogido en la carta, aunque lo más sensato es que Hildoara perteneciese a una de las familias nobiliarias más relevantes del *Regnum*.

Dejando a un lado la figura de Hildoara y de cara a no interrumpir el desarrollo histórico de los godos, hay que cerrar el reinado de Gundemaro del que contamos con datos muy limitados. Resulta obvio que, desde su misma subida al trono, la relación con los otros dos grandes poderes —nobleza e Iglesia— fue cordial en pos de la estabilidad del reino. A nivel de política militar, en el sur presionó la línea fronteriza bizantina y en el norte avanzó sobre los rebeldes vascones.

Asimismo, y en el marco de las relaciones con el estamento eclesiásti-co, se determinó que la sede metropolitana de la Carthaginense sería Toledo por su pasado. De esta manera Toledo y su obispo —ahora metropolitano— quedaban por encima de Cartagena —en manos bi-zantinas— y de su obispo, promulgándose un decreto de primacía eclesiástica por el que la *urbs regia* también pasaba a ser la cabeza ecle-siástica de la Carthaginense. Una interesante medida, cargada de una gran fuerza simbólica, tomada por el *rex gothorum* y por el gran San Isidoro de Sevilla junto a otros obispos de Hispania que muestra la vinculación entre monarquía e Iglesia y la deslegitimación que se hacía de la presencia de las tropas imperiales en *Spania*.

En lo que concerniente al exterior, en el escenario vuelve a apa-recer uno de los que ya podemos considerar grandes personajes feme-ninos de este libro y, obviamente, nos referimos a la reina Brunequilda. El rey franco merovingio Teoderico II y su abuela, la reina franca de sangre goda Brunequilda, pretendía atacar Austrasia con el apoyo del pueblo estepario de los ávaros. Este reino franco estaba gobernado por Teudeberto II (hermano de Teoderico II y nieto de Brunequilda), aliado de Gundemaro, el cual lo apoyó enviando una suma de dinero a través del duque de la Narbonense Búlgar. Cuando los legados godos fueron detenidos por hombres de Teoderico II, la reacción goda fue la de invadir el Reino de Borgoña y hacerse de nuevo con los dos encla-ves que Recaredo entregó a Brunequilda. Nos parece fascinante que, tanto en una parte muy importante de los asuntos políticos francos globales como de manera específica en casi todos los asuntos franco-godos, de una manera o de otra, aparezca en escena la hija de Goswin-ta y Atanagildo.

A tenor de la bella carta que el *dux* Búlgar dirigió a Gundemaro, y como ya hemos adelantado en líneas atrás, tenemos que situar la muerte de Hildoara entre los primeros meses del año 610 y principios del año 612, ya que a finales del invierno de este último año Gunde-maro murió por causas naturales en Toledo. Por tanto, no pasó excesi-vo tiempo entre la muerte de Hildoara y la de su marido, pudiendo así estar juntos de nuevo en el otro lado según el prisma de nuestras pro-pias creencias.[5]

Con la desaparición de Hildoara nos adentramos en uno de los peores momentos de la Historia de los godos en general y de nuestra Historia en particular en lo concerniente a las figuras regias femeninas. Desde el año 612 hasta mediados del siglo VII no contamos con un solo dato, ni siquiera tangencial, secundario o de mera mención onomástica, sobre ninguna reina ni princesa goda. El sorprendente —e inexplicable— vacío documental abarca los reinados de Sisebuto (612-621), Recaredo II (621), Suintila (621-631), Sisenando (631-636), Chintila (636-639) y Tulga (639-642). Posteriormente veremos lo que sucede con los reinados de Chindasvinto (642-653) y de Recesvinto (649-672). En verdad, resulta desolador para el argumento y el objetivo de este trabajo. Se desconocen las razones y no puede buscarse justificación en que estas tres o cuatro décadas no son fundamentales para el *Regnum Gothorum*, el cual cada vez se identifica más con Hispania y con el *Regnum Hispaniae*. En este periodo se da la unificación peninsular, se reunieron nuevos y relevantes concilios de Toledo y se generó un gran desarrollo cultural de la mano de San Isidoro de Sevilla y su escuela, por citar tan solo algunos grandes episodios.

Tampoco podría argumentarse que algunos de estos reyes no se casaron o accedieron al trono viudos y mantuvieron esa condición, ya que hay varios casos en los que el trono pasó de padres a hijos sin que sepamos qué mujer dio el determinado vástago al respectivo esposo y monarca. Sí es cierto que, a diferencia de otras etapas, hay una mayor carencia de fuentes tras la finalización por parte de San Isidoro de Sevilla de su *Historia de los godos* con el reinado de Suintila. Bien es cierto que el religioso nunca fue muy dado en su obra a detenerse, aportar y mencionar nombres y detalles sobre reinas y princesas, siendo este uno de sus grandes debes. Solo nos queda resignarnos, continuar de manera resumida y analítica con el desarrollo histórico de estos años del siglo VII, esbozar algunos detalles en los que tenga presencia el ámbito femenino ligado a la realeza y la aristocracia, y esperar hasta que nos encontremos con una nueva reina de quien ya podemos adelantar su nombre: Reciberga.

Sisebuto: un rey culto, inteligente y gran militar

La ascensión al trono del sucesor de Gundemaro, Sisebuto, tuvo que realizarse de manera natural, tranquila y con un gran apoyo por parte de la nobleza, formando parte él mismo de un potente clan. De este *rex gothorum* —uno de los más cultos,[6] inteligentes, devotos y mejores militares de la afamada lista— sabemos que, por su fervor católico y porque al menos tuvo dos hijos varones, estuvo casado, pero desconocemos el nombre de la *regina*. Dentro del ámbito militar, en el año 614 dirigió una gran campaña contra los bizantinos y, gracias a una acción que combinó fuerzas terrestres y navales, se hizo con el control de la estratégica ciudad de Málaga. Al año siguiente lanzó un nuevo ataque contra los cada vez más exiguos dominios del Imperio romano de Oriente. Empero, detuvo de lleno las operaciones cuando seguramente podría haber tomado Cartagena y expulsado definitivamente a los imperiales. Inesperadamente, optó por la diplomacia con el gobierno de Constantinopla que vivía tiempos difíciles a causa de la guerra entre el emperador bizantino Heraclio y los persas sasánidas. La fe de Sisebuto tendría mucho que ver en este cese de las hostilidades y la preferencia por la negociación.

Si dejamos el sur peninsular y miramos al norte, Sisebuto envió a su general Rekhila o Riquila para aplastar una rebelión de los astures, y otra liderada por el general Suintila para acabar con la insurrección de la tribu norteña de los *rucones* o *runcones*. Estos éxitos militares favorecieron un buen entendimiento con la nobleza hispanogoda aunque es factible que a algunos sectores no les gustase el fortalecimiento de su poder y la asociación al trono de su hijo. Este recibió el simbólico nombre de Recaredo, circunstancia que no sería nada casual y que para nuestro admirado profesor García Moreno podría advertir una «una relación de parentesco» con Recaredo I a través de la esposa de Sisebuto y por tanto madre de Recaredo II. Con respecto a la Iglesia, igualmente hubo buena sintonía como, por ejemplo, se refleja en la inauguración en el año 618 en Toledo de la gran basílica de Santa Leocadia. Esta circunstancia no fue óbice para que también hubiese fricciones por su intervencionismo, por las críticas a algún obispo y por sus medidas antijudías más cercanas a la fuerza que a la fe. Por último, ya hemos dicho que ignoramos el nombre de la reina consorte de Sisebuto, pero sí conocemos a una reina muy presente en este libro y que vuelve a escena; nos referimos indudablemente a la ya afamada reina Brunequilda. En los reinos francos merovingios volvió a emerger una figura regia unificadora como fue el soberano Clotario II. En su proyecto unificador, la ya anciana Brunequilda suponía un estorbo y un problema, por lo que tomó la decisión de ejecutarla de manera cruel (en el capítulo correspondiente volveremos a este asunto). Sisebuto, que mantenía buenas relaciones con Clotario II, celebró la terrible caída de la hija de Goswinta y Atanagildo cerrándose así, en el año 613, una vida de película, como fue la vivida por esta reina franca y princesa goda.

La muerte vino a encontrarse con el rey Sisebuto a principios del año 621 en la *urbs regia*. Sobre su fallecimiento sobrevuela tanto la causa natural como la accidental por una sobredosis de medicación e incluso por un misterioso envenenamiento. Su sucesor Recaredo II subió al trono siendo un niño y apenas pudo disfrutar del poder, dado que fue sorprendido por la muerte, según San Isidoro de Sevilla. De Teudila, el otro hijo de Sisebuto y esa posible aristócrata ligada a la familia de Leovigildo y Recaredo, sabemos que sintió profundamente la llamada de la fe e ingresó en un monasterio ante la inmensa alegría de su padre. El profesor Orlandis recoge estas palabras que Sisebuto dirigió a Teudila en una carta: «Consérvate siempre bien, mi querido Teudila, y ama con ánimo engrandecido el nombre de quien te ama».

El sucesor de Recaredo II es un viejo conocido, puesto que ya ha sido mencionado como general, y posiblemente duque provincial, Suintila. Su elección resulta lógica, dados los méritos contraídos bajo el reinado de Sisebuto. Sus virtudes eran muchas, llegando a decir San Isidoro, entre otras alabanzas, que «mereció ser llamado no solo príncipe de los pueblos, sino también el padre de los pobres». El prelado también nos informa que Suintila tuvo un hijo llamado Recimero o Ricimiro, el cual fue asociado al trono y siendo niño ya se atisbaban en él las virtudes de su padre. ¿Quién fue la madre de Recimero? Desgraciadamente, no lo sabemos. Como hemos expuesto en otras ocasiones de similares características, la reina y esposa que estuviese junto a Suintila y por ende fuese la madre de Recimero, sería una mujer ligada a la aristocracia goda, puesto que de lo contrario, si fuese innoble, seguramente este hecho habría quedado recogido en alguna fuente; y de la misma manera habría sucedido si hubiese pertenecido a otra casa real.

Suintila, el autor de la unidad peninsular

El gran momento del reinado de Suintila llegó en el año 625 y es uno de los episodios fundamentales de la Historia de España. En dicha fecha se produjo la toma de la capital bizantina en la provincia de *Spania*, Cartagena, y con ello se consiguió la anhelada unidad peninsular.[7] Otro elemento más que nos reafirma en el pensamiento de que el Reino visigodo de Toledo es el germen de España. San Isidoro de Sevilla lo deja muy claro: «Alcanzó por su feliz éxito la gloria de un triunfo superior a la de los demás reyes, ya que fue el primero que obtuvo el poder monárquico sobre toda la España peninsular, hecho que no se dio en ningún príncipe anterior». Previamente a este hecho, Suintila sometió a los vascones, que habían vuelto a lanzar una de sus habituales razias, asumiendo estos su autoridad, pagando tributos, entregando rehenes y construyendo la urbe de *Ologicus* (Olite).

El reinado de Suintila, sin que sepamos la razón, comenzó a torcerse a finales de la década de los años veinte del siglo VII. La tendencia general apunta hacia su política centralizadora y la asociación de su joven hijo al trono. Una fórmula que se repite en el juego de poderes entre la monarquía, los clanes nobiliarios y la Iglesia católica. En los últimos meses del año 630 el noble Sisenando se levantó en la Narbonense. El rebelde además contó con el apoyo del rey franco Dagoberto, que aportó un poderoso ejército a cambio de un elevado pago. Suintila reaccionó y salió de Toledo para enfrentarse en Zaragoza al rebelde Sisenando y sus aliados francos. La sorpresa fue mayúscula para el legítimo rey cuando varios de los nobles que lo seguían y algún miembro de su propia familia lo dejaron de lado en Zaragoza. Suintila no tuvo más remedio que rendirse y ver cómo Sisenando se hacía con el trono.

En marzo del año 631 Sisenando ya era *rex gothorum*. No disponemos de ningún dato sobre su madre, ni acerca de su esposa, ni siquiera
si tuvo hijas. Lo que sí sabemos es que rápidamente tuvo que hacer
frente a dos rebeliones, una de ellas encabezada por un noble llamado
Iudila, que llegó a acuñar moneda en la Bética y en la Lusitania. Una
vez derrotado Iudila, Sisenando aplastó a Geila, hermano de Suintila
que lo había traicionado en favor de Sisenando, y ahora conspiraba
contra el nuevo rey.

El hecho más importante del reinado de Sisenando aconteció en
los últimos meses del año 633. Hablamos del IV Concilio de Toledo,
considerado el más importante junto al III, desarrollado en la basílica
de Santa Leocadia. Uno de los aspectos más interesantes de este sínodo
son las disposiciones que se dictaron contra Suintila, pero también
contra su mujer y sus hijos —ergo, a finales de dicho año todos ellos
estaban vivos—. La pena es que en dichas disposiciones recogidas en
las actas del concilio no se señala el nombre de la antigua reina.[8] Lo
cierto es que las palabras contra el antes alabado Suintila son muy
fuertes, y tanto él como su esposa son acusados por «los males que
cometieron», dictándose que tanto ellos como sus hijos nunca recupe-
ren los grandes honores perdidos a causa de «iniquidad». Paralelamente,
perdieron muchos de los bienes que habían obtenido y sufrieron destierro. Suintila y su esposa no fueron la única pareja que aparece en las
actas del IV Concilio de Toledo; el hermano de Suintila, Geila, y su
mujer, de la que tampoco conocemos el nombre, también fueron castigados por su «maldad» y por haber obtenido bienes por «iniquidad».
De esta manera, fueron apartados de la sociedad, perdieron parte de sus
bienes y del mismo modo fueron deshonrados.

Dada la relevancia de este sínodo, no podemos pasar por alto otros
aspectos recogidos en el mismo: la legitimación de Sisenando en el
trono, la defensa de los intereses de la Iglesia y de la nobleza, la huella
de San Isidoro, la institucionalización de la monarquía visigoda y su
carácter electivo, la sacralidad de la figura regia, el acatamiento de las
leyes, el juramento de fidelidad y diversas cuestiones eclesiásticas.

De Suintila al menos hemos visto esa referencia a su mujer a la
hora de ser castigado, pero en el caso de Sisenando —cuya familia

pertenecería a la aristocracia plenamente asentada en la Septimania o Narbonense— no contamos con una mínima mención a su esposa ni a sus hijos. Tras el derrocamiento de Suintila y la celebración del IV Concilio de Toledo, la tranquilidad llegó al reino y en el invierno del año 636 murieron San Isidoro de Sevilla y el *rex gothorum* Sisenando.

Seguimos con la tónica de no saber el nombre de las dos posibles siguientes reinas, ya que desconocemos quiénes fueron las esposas de Chintila, elegido como sucesor de Sisenando, y de su hijo Tulga, que ocupó el trono después que su padre. En verdad, son dos reinados de los que disponemos de muy pocos datos. Chintila habría contraído matrimonio con alguna dama destacada perteneciente a la alta nobleza hispanogoda y de dicha unión nacería Tulga. Este matrimonio tuvo que ser previo a la llegada al trono de Chintila porque solo estuvo tres años en el mismo y aunque sabemos que Tulga era joven cuando fue elegido como sucesor, no era un niño. Asimismo, el matrimonio de Chintila con esa posible dama noble goda le ayudaría para tener una base mayor de apoyo, que se sumaba al que aportaría su propio clan o familia, y poder así resultar elegido a la muerte de Sisenando, siguiendo los postulados emanados del IV Concilio de Toledo. La mujer aristocrática aparece una vez más como herramienta de poder para cerrar acuerdos y conseguir apoyos y como mecanismo indispensable —en ausencia de una princesa de una corte real extranjera— para que los reyes contasen con un hijo varón que pudiera postularse como sucesor. Chintila tuvo que ser un rey más cercano, en sus maneras, modo y actuación, a la línea pactista trazada por Sisenando que a la imperializante de Sisebuto. Se trató de un reinado con conjuras, pero sin rebeliones armadas de las que se tenga constancia y sin enemigos exteriores. Incluyó la celebración de dos concilios toledanos, que en sus actas recogen el funcionamiento de la monarquía, la sucesión y la seguridad del rey, de su familia —con detalles específicos sobre la mujer del rey y posible futura viuda— y de sus leales —ampliamente beneficiados—.

De la misma forma, las actas contienen la preponderancia de la nobleza, el ataque a los judíos y otros temas específicos de la Iglesia con la que Chintila mantuvo una buena relación de beneficio mutuo. Chintila murió en el año 639 y Tulga fue elegido como sucesor, el

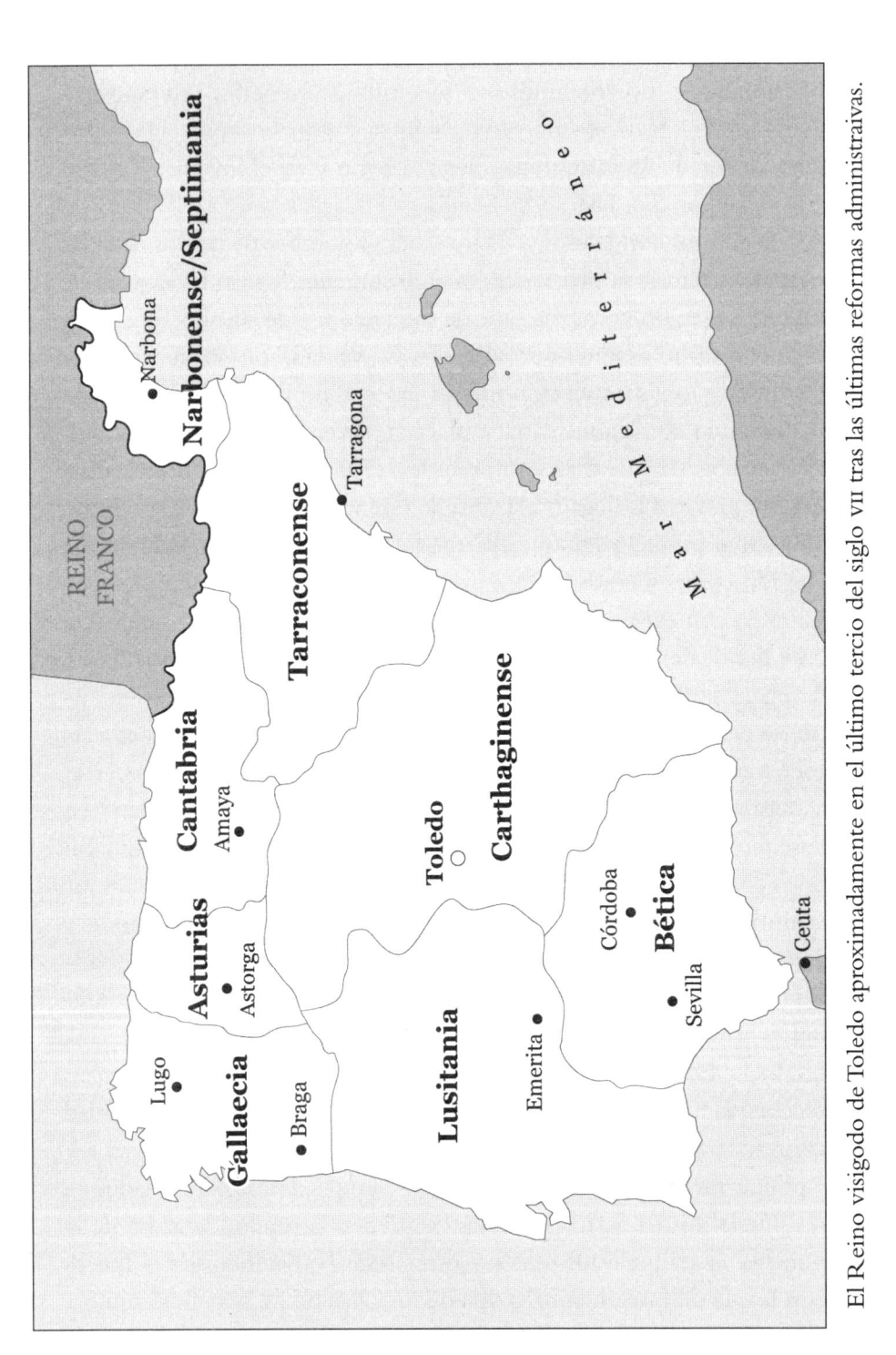

El Reino visigodo de Toledo aproximadamente en el último tercio del siglo VII tras las últimas reformas administraivas.

cual, seguramente por su juventud y blando carácter, no pudo mantener el equilibrio conseguido por su padre y fue destronado tras una rebelión encabezada por Chindasvinto. Este muy veterano noble, que incluso podría ser familia más o menos directa del joven rey, se hizo con el trono godo a los setenta y nueve años de edad ni más ni menos. El nuevo *rex gothorum*, cuya rebelión, elección y proclamación tendría lugar en la localidad de Pampliega (Burgos), no ejecutó ni castigó severamente a Tulga, de ahí que puede que tuviesen algún vínculo de linaje. El joven fue tonsurado, por ende inhabilitado para reinar, y pasó a formar parte de alguna comunidad monástica.

Todos estos hechos nos permiten reflexionar sobre la fuerza y el condicionamiento del poder que fue ejerciendo la nobleza a lo largo del siglo VII y cómo los respectivos clanes y linajes buscaban enriquecerse, defender sus bienes en los procesos de sucesión en el trono y utilizar los matrimonios como mecanismos de intereses y alianzas. Por su parte la institución eclesiástica equilibraba el juego de poderes desde su privilegiada posición y se vinculaba a través del mensaje cristiano con la institución monárquica.

Reciberga, ¿esposa de Chindasvinto o de Recesvinto?

En páginas precedentes lanzamos el nombre de Reciberga, que sería la siguiente reina a la que nos referiremos tras el largo tránsito sin contar con el nombre de ninguna monarca —de Suintila hemos visto que tuvo mujer pero no se menciona su nombre— desde Hildoara, amada esposa de Gundemaro. El problema con Reciberga reside en que se sigue discutiendo si era esposa de Chindasvinto o de su hijo y sucesor, Recesvinto. Quizá la postura con más peso, y a la que nosotros nos adherimos, es que Reciberga fue la esposa de Recesvinto. Siguiendo un epitafio atribuido al obispo metropolitano y poeta San Eugenio (II) de Toledo, el profesor Isla Fernández indica que Reciberga contrajo matrimonio con Chindasvinto y que estuvieron juntos siete años como marido y mujer. Partiendo de esta base, los dos serían enterrados en un monasterio fundado por el propio Chindasvinto en San Román de Hornija (Valladolid), donde todavía se mantiene viva esta tradición de la sepultura de ambos. Empero, siguiendo también esta misma fuente, se interpreta que Reciberga estaba casada con Recesvinto y fue con él con quien compartió los siete años de matrimonio.

Un dato absolutamente fehaciente que sabemos de la *regina* Reciberga es que a la hora de las nupcias era una joven de quince años de edad; circunstancia que presentaría una diferencia abismal de edad si hubiera estado casada con el septuagenario Chindasvinto. Y, aunque también Recesvinto sería mayor que ella, la diferencia no resultaría tan exagerada. Reciberga murió antes de cumplir los veintitrés años y es una auténtica lástima que el epitafio, a diferencia de la carta del duque Búlgar sobre Hildoara, no nos aporte ningún dato sobre el físico, las cualidades o la personalidad de la reina, y simplemente se centre en reflejar la pena por la muerte y la angustia que vivió su marido ante tan dolorosa pérdida: «Si se pudiera ofrecer gemas y oro para evitar la muerte, ninguna desgracia podría acabar con la vida de los reyes [...]. Ahora ya, mi querida Reciberga, adiós; que sea de tu agrado el féretro que yo, el rey Recesvinto, he dispuesto para ti...». Para cerrar la figura de Reciberga y repasar los reinados de Chindasvinto y de Recesvinto, señalar al respecto que el profesor García Moreno indica que Reciberga formaría parte de una prestigiosa familia de la aristocracia goda y que, por una cuestión onomástica, por un lado la madre de Recesvinto y esposa de Chindasvinto pertenecería al mismo linaje que Reciberga y, por otro, ambas mujeres estarían ligadas a un destacado noble llamado Ricimero que tenía posesiones en la comarca de El Bierzo.

Sobre el reinado de Chindasvinto, este sería uno de los prohombres que más y mejor conocería los embrollos políticos del *Regnum Gothorum*, y su experiencia y currículum lo harían ampliamente apto para regir los designios del reino. Dicho conocimiento de la política y del reino sería lo que lo llevase a adoptar una postura de mano dura para el control de la poderosa nobleza y la gestión de la administración. A través de la *Crónica del Pseudo-Fredegario*, sabemos que una de sus primeras disposiciones fue la de ejecutar a doscientos *primates* godos y quinientos *mediocres*, acabando así con cualquier atisbo de disensión, además de otros muchos notables, tanto laicos como religiosos, que fueron desterrados o se tuvieron que exiliar. De esta cruenta acción resulta de especial interés que el *rex gothorum* decidió que las esposas y las hijas de los purgados serían entregadas —amén de sus bienes— a los nobles que lo secundaban, fortaleciendo y ampliando de esta manera su base de apoyo y sus redes clientelares. Chindasvinto guerreó contra los vascones y bajo su reinado se celebró el VII Concilio de Toledo en el año 646. Asimismo, mostró interés por la cultura y la fe, como se desprende del encargo al obispo de Zaragoza Tajón para que fuese a Roma con el fin de hacerse con obras del papa Gregorio Magno. En definitiva, el soberano godo mantuvo una política autoritaria e intervencionista, incluso en cuestiones de la Iglesia, acrecentó su patrimonio personal y tuvo la fuerza para asociar a su hijo Recesvinto al trono a partir del año 649.

En el año 653 moría Chindasvinto, a quien San Eugenio (II) de Toledo le dedicó otro epitafio en el que se incluyen sentencias tan llamativas como «Yo soy Chindasvinto, inclinado siempre al pecado. Yo soy Chindasvinto, autor de iniquidades. Impío, indecente, infame, indecoroso, inicuo, desdeñoso de todo lo bueno, deseoso de todo lo detestable».

Tras los cuatro años de asociación, las riendas quedaban únicamente en las manos de Recesvinto, quien una vez perdió a su esposa Reciberga, no volvió a casarse —o al menos las fuentes no lo recogen— en su largo reinado de casi veinte años. El hijo de Chindasvinto sería ya una persona madura en el año 653, con una amplia formación a sus espaldas. Las mismas bases y las mismas redes que apoyaron a su padre también lo apoyarían a él, máxime cuando rebajó ostensiblemente la dureza de la política de su padre. Sin embargo, un noble llamado Froya o Froja, que posiblemente ostentaría el cargo de duque provincial en el norte (¿Tarranconense?), se sublevó yendo más allá de una mera confabulación de palacio. El rebelde, apoyado por los contrarios a Chindasvinto y Recesvinto, junto a una tropa de vascones, asoló el valle del río Ebro pero fracasó en su intento de asaltar Zaragoza. Recesvinto aprovechó la ocasión para acabar con los rebeldes.

Tras este inicio abrupto, el resto de este largo reinado se desarrolló con tranquilidad, falto de conjuras, complots y rebeliones, o al menos no tenemos constancia de ellos, sin contar con las tradicionales campañas militares contra alguna tribu del norte, que ya casi formaban parte de la política cotidiana del reino. Lógicamente, un reinado de estas características dio para la celebración de varios concilios en Toledo. En el mismo año de 653 se celebró en la basílica palatina o pretoriense de los Santos Apóstoles Pedro y Pablo el VIII Concilio de Toledo, que ha pasado a la Historia por ser el primero en el que firmaron sus actas, aparte del rey y de los obispos, los *viri illustres* o varones ilustres y los abades de los principales monasterios. También podemos destacar que se especificaba que la elección del monarca correría a cargo de los nobles y de los obispos encargados de ello en la *urbs regia* o en el lugar que falleciese el rey de turno. Asimismo, en este sínodo Recesvinto reforzó su poder pero rebajó ostensiblemente la política autoritaria e intervencionista de su padre. Igualmente se celebró el IX Concilio de Toledo en el año 655 de carácter provincial y no nacional y el X Concilio de Toledo en el año 656.

Pero si por algo es conocido el reinado de Recesvinto, es por la promulgación de uno de los corpus legislativos más importante de la Historia del Derecho español; nos referimos al *Liber Iudiciorum*.[9] Este corpus recogía las obras legislativas de sus antecesores y las ampliaba, conformando una legislación para todos los súbditos del reino —los judíos quedaban al margen—, estableciendo así la unidad jurídica del Reino visigodo de Toledo.

Nos gustaría resaltar y en parte adelantar la figura de una dama llamada Benedicta de quien tenemos informaciones que la ubican a mediados del siglo VII, es decir, bien bajo el reinado de Chindasvinto, bien en el contexto en el que Recesvinto había sido asociado ya al trono, o bien en los primeros momentos de reinado de Recesvinto. Esta dama pertenecía a una de las grandes familias aristocráticas y estaba destinada a un matrimonio que fortaleciese posiciones y redes clientelares. Pues bien, y como veremos en el capítulo correspondiente, la situación cambió radicalmente cuando Benedicta se opuso rotundamente a la celebración de su matrimonio.

Si hay dos reyes que puedan asemejarse a Leovigildo y Recaredo —para nosotros, los dos grandes hacedores del *Regnum Gothorum/*

Regnum Hispaniae—, esos son Chindasvinto y Recesvinto, los cuales coinciden en muchos puntos con los dos anteriores como, por ejemplo, el hecho de ser padre e hijo y ser el primero más autoritario que el segundo. Una de las grandes diferencias es que contamos con bastantes datos de las reinas que acompañaron a Leovigildo —Goswinta— y Recaredo —Baddo— o incluso de princesas ligadas a su contexto político como Ingunda, o las pretendientes francas que no llegaron a casarse con Recaredo, sin olvidar la figura regia de Brunequilda. En el caso de Chindasvinto y Recesvinto todo se reduce al epitafio en el que se habla de la *regina* Reciberga.

Wamba y la rebelión del duque Paulo

Recesvinto murió de manera natural en su villa de Gérticos (probablemente en la provincia de Valladolid) y fue sucedido por Wamba, de quien tampoco sabemos nada de su esposa y eso que contamos con una valiosa fuente para el conocimiento de su reinado como es la *Historia del Rey Wamba* compuesta por San Julián de Toledo, arzobispo de la ciudad del Tajo. De la misma manera que no conocemos nada de la *regina* y esposa de Wamba, tampoco lo sabemos de su familia. Todo hace indicar que el nuevo monarca no sería un miembro del clan familiar de Chindasvinto-Recesvinto, que sí formaba parte del Aula Regia y del Oficio Palatino[10] y que sería uno de los duques provinciales del reino en el momento de su elección. Por ende, estaríamos ante uno de los prohombres del reino, ergo, su esposa formaría parte de la alta aristocracia.

En términos generales, el *rex gothorum* Wamba ha sido uno de los monarcas mejor valorados por la historiografía. Resulta de especial interés su primera negativa a aceptar el trono cuando los magnates del reino lo eligieron, y solo estar dispuesto a asumirlo cuando fuese ungido en Toledo: «No consintió […] ser ungido mediante la imposición de manos del obispo antes de llegar a la ciudad real y sentarse en el solio de la antigua patria, en la cual tendría a bien aceptar el signo de la sacra unción y, acatar humildemente la postura de los que se pronunciaron a favor de su elección». Puro simbolismo y auténtico acto de legitimación.

Hay un aspecto del reinado que conocemos en profundidad: la rebelión del duque Paulo. Resumidamente, Wamba preparó la casi ya tradicional campaña de castigo contra los vascones en el año 673 y mientras se dirigía a luchar frente a los irredentos norteños, una nueva rebelión estalló en la Narbonense. Poco a poco los rebeldes se fueron haciendo con el control de buena parte de la provincia. El rey godo reaccionó enviado al *dux* Paulo para que acabase con los sublevados, pero la sorpresa fue que este pasó a dirigir la rebelión, consiguió más apoyos como el duque de la Tarraconense e incluso llegó a ser ungido para proclamarse rey. Ante el peligro que suponía esta sedición, Wamba arengó y animó a sus hombres. En primer lugar, sofocaron a los vascones y seguidamente cruzaron la Tarraconense tomando las ciudades que se habían sumado a la sublevación. Sus tropas atravesaron victoriosas los Pirineos y llegaron ante los muros de Narbona que, tras un duro enfrentamiento, cayó, así como otras ciudades, hasta que solo quedó Nimes. En esta urbe se dirimió el conflicto fratricida, con la victoria para Wamba y la caída en desgracia de Paulo tras una sangrienta lucha en la que también participó un contingente franco en favor del rebelde. En un punto determinado del conflicto sabemos que el legítimo soberano godo castigó a aquellos soldados que desvalijaban y violaban, cortándoles el prepucio. Después del juicio no se aplicó la pena capital a los rebeldes. Los traidores perdieron sus bienes y sufrieron la *decalvatio*. Una vez pacificada la Septimania o Narbonense, Wamba partió hacia Toledo donde exhibió, para su vergüenza, al derrotado Paulo.

Aparte de esta rebelión, del reinado de Wamba también sabemos que promulgó una nueva ley militar de cara a evitar sublevaciones como la que le tocó vivir. Esta ley afectaba tanto a laicos como a religiosos y las penas por su incumplimiento eran muy severas. Conjuntamente, acrecentó y embelleció la capital del *regnum*, dirigió una campaña contra los astures, intervino en asuntos eclesiásticos —sin ser del gusto de la Iglesia— y convocó un concilio de carácter provincial. Como en otras ocasiones de la Historia de los godos, puede que la política de fortalecimiento real llevase a Wamba a perder el trono. En octubre del año 680 el germano comenzó a encontrarse mal sin que sepamos si fue por causas naturales o por alguna extraña ingesta. La cuestión es que recibió la penitencia pública por parte del metropolitano San Julián y fue tonsurado, pensando que la Parca llamaba a su puerta, ante los palatinos del reino. Sorprendentemente, Wamba no murió y cuando quiso recuperar el trono, fue imposible. Así, Ervigio ya había quedado como legítimo sucesor gracias a la unción real y a la firma de un documento, y Wamba no tuvo más remedio que retirarse a un monasterio en Pampliega (Burgos) donde vivió varios años —probablemente ya viudo y sin descendiente varón— y donde todavía hoy en día se le sigue teniendo presente. No es descartable que toda esta escena obedeciese a una conspiración orquestada por los prohombres del reino, tanto laicos como religiosos, dirigidos por el propio Ervigio, y en la que no sabemos el papel que pudo jugar San Julián.

Hemos tenido que llegar al año 680 para volver a conocer claramente el nombre de una nueva reina goda: Liuvigoto. Sin embargo, ello tampoco quiere decir que contemos nuevamente con mucha información sobre su figura. Siguiendo de nuevo al profesor García Moreno y en base a postulados onomásticos, Liuvigoto estaría emparentada ni más ni menos que con el célebre linaje de Leovigildo y Recaredo. De ser así, su prestigiosa figura la convertía en una esposa ideal para cualquier prohombre del Reino visigodo de Toledo, máxime si este tenía aspiraciones de llegar a ocupar el trono. Este aristócrata fue el mencionado —y todo hace indicar que maquiavélico— Ervigio, quien, si hacemos caso a una crónica asturiana, sería familia de sangre del mismísimo Chindasvinto. Consecuentemente, contaba con unos sólidos apoyos nobiliarios y clientelares gracias a pertenecer al linaje de Chindasvinto-Recesvinto, que recuperaba el trono tras el *impasse* de Wamba, y al sostén proporcionado ahora por la *regina* Liuvigoto y su célebre linaje asentado en la Narbonense. Al final del reinado de Ervigio volveremos a la figura de Liuvigoto.

Centrándonos en el *rex gothorum* y sus vínculos familiares, de nuevo en base a esa crónica asturiana, desde tierras griegas llegó a la corte un extraño personaje llamado Artabasto o Ardobasto, el cual fue tenido en muy alta consideración por el rey Chindasvinto. Tanto es así, que le casó con una sobrina suya —de nuevo las mujeres de la familia real o de la aristocracia siendo instrumento político o de interés de poder—. De este matrimonio nacería Ervigio. Este dato ha suscitado un interesante debate historiográfico sobre la veracidad de este hecho, y es que debería reflexionarse sobre la razón que habría llevado al cronista a inventarse este fino entramado familiar.

De esta manera vemos cómo la lucha por el trono toledano a medida que avanzó el siglo VII se fue configurando en una disputa entre dos o tres grandes clanes como quedará confirmado en los estertores del *Regnum Gothorum*. Además, en esta disputa queda claro cómo la mujer, en el contexto matrimonial de las altas esferas, siempre es un mecanismo de afianzamiento, legitimación y/o sostén del proceso político. Eso sí, desde el intento de matrimonio entre la princesa Ermenberga y uno de los reyes francos, el elemento femenino en los matrimonios de la realeza visigoda ha quedado supeditado a los clanes godos y a sus luchas por el poder sin rastro de intentos nupciales con otras casas reales. Esta cuestión no es baladí, ya que evidencia un claro desinterés en establecer vínculos y relaciones con otras monarquías germánicas, como sí sucedió de manera muy habitual en los siglos V y VI. Consecuentemente, se infiere que en estos tiempos era más valiosa una dama goda perteneciente a un prestigioso linaje o un poderoso clan que una princesa franca, longobarda o anglosajona. Bien es cierto que en la segunda mitad del siglo VII el número de reinos germánicos y de casas reales se había visto reducido por las victorias y conquistas de unos sobre otros y por las campañas del Imperio bizantino. Los tiempos de suevos, vándalos, ostrogodos o burgundios, entre otros, habían pasado.

Acerca del reinado de Ervigio, sucintamente, después de su particular y singular ascensión al trono siguió una fórmula parecida a la de Sisenando con Suintila. No olvidemos que en ambos casos tanto el soberano del momento como su respectivo antecesor estaban vivos en la primera fase del correspondiente nuevo reinado. Así, en el año 681 se celebró el XII Concilio de Toledo al que asistió lo más granado de la nobleza y de la institución eclesiástica. Este sínodo puede resumirse en que legitimó a Ervigio como *rex gothorum*, certificó la figura del toledano San Julián como la cabeza de la Iglesia hispana —auténtico apoyo del monarca en el trono— y refrendó la preeminencia de la Iglesia toledana. Igualmente, quedó patente la actitud muy favorable de Ervigio hacia el estamento eclesiástico y se aprobaron duras disposiciones contra los judíos. En la misma línea de la política pactista que podríamos considerar de Ervigio, se suavizó y se modificó la ley militar de Wamba, se realizaron concesiones en favor de la nobleza y algunos de los sublevados con el duque Paulo se beneficiaron de la amnistía, reflejada en el XIII Concilio de Toledo del año 683 (un año después se celebró otra asamblea eclesiástica). En el XIII Concilio de Toledo[11] Ervigio procuró proteger a sus familiares para cuando llegase el momento en el que le tocase cruzar a la otra orilla.

Llegados a este punto, podemos decir que, a tenor de lo que vemos en los concilios de Toledo, se desprende una clara preocupación por parte de los reyes en salvaguardar las vidas y los bienes de su familia y de sus fieles, especialmente de sus viudas e hijos. De alguna manera, la vida de la *regina* Liuvigoto podría estar en peligro sin la figura protectora de su marido y ser un problema para el sucesor de Ervigio. Asimismo y como seguidamente veremos, también era importante proteger a la hija de Liuvigoto y Ervigio, la princesa Cixilo, a pesar de que llegó a ser reina. Otras circunstancias que perturbaron a Ervigio fueron las hambrunas ligadas a las malas cosechas, que provocaron una amnistía fiscal y la fuga de esclavos.

Volviendo a la protección de la regia prole, en ello tuvieron mucho que ver los obispos, liderados por el metropolitano San Julián. Es más, en las propias actas del Concilio se menciona después de tanto tiempo el nombre de una reina —Liuvigoto— remarcando que nadie se atreviese a dañar injustamente a la «gloriosa consorte, la reina Liuvigoto», ni a sus hijos e hijas ni a las personas que contraigan matrimonio con ellos. Se especifica claramente que no se aplique ningún tipo de daño ni de castigo de honor, de tonsura, de privación de bienes, y que no puedan ser castigados físicamente ni desterrados, salvo que haya pruebas muy concluyentes de su culpabilidad en un delito. Y no solo esto, sino que Ervigio quiso dejar todo muy atado, en el caso de su ausencia, con respecto a la protección de Liuvigoto: no quería que esta pudiese ser una herramienta de poder como le sucedió a Goswinta. Así, se recogió en uno de los cánones del citado sínodo que la viudedad de la reina debía ser respetada y nadie podría contraer matrimonio con ella ni tampoco yacer en la cama por la inmoralidad y lo sacrílego de tales acciones. En otro capítulo volveremos a tratar esta interesante cuestión porque es muy importante: la importancia y el simbolismo de la «reina viuda». Lo que sí quedó claro es que Liuvigoto, tanto si quería como si no —y no se desprende que estuviese muy por la labor—, no iba a casarse con el sucesor de Ervigio ni con ningún aspirante al trono.

A tenor de la llegada al trono y analizando brevemente el reinado de Ervigio, podemos inferir que la vida de Liuvigoto tuvo que ser intensa, especialmente en el *palatium* toledano desde el año 680 hasta el año 687. De este matrimonio nacieron varios hijos, pero ambos sabían que —dada la manera en la que se dio el acceso al trono y los juegos de poderes de la nobleza, y por más que Ervigio se hubiese mantenido como monarca siete años y muriese de manera natural— resultaba muy complicado que un hijo varón parido por Liuvigoto pudiese llegar a sentarse en el trono toledano. Por esta razón, la baza de la princesa Cixilo resultaba de suma importancia. Y así fue jugada.

Madre e hija, consortes en el Reino visigodo de Toledo

El binomio Liuvigoto-Cixilo es muy interesante porque estamos ante la primera vez en la Historia que madre e hija fueron reinas en el Reino visigodo de Toledo. Con anterioridad hemos visto casos en los que madre e hija igualmente fueron reinas —véanse los casos de Goswinta y sus hijas Brunequilda y Galsvinta— u otros en los que princesas visigodas —cuyo nombre y el de sus madres no conocemos— fueron casadas con reyes suevos o príncipes vándalos en el contexto del Reino visigodo de Tolosa. Sin embargo, entonces se trataba de monarquías germánicas diferentes. En esta ocasión madre e hija fueron reinas consortes en el palacio real de Toledo. Cuando estudiemos las distintas reinas ostrogodas, veremos que se dio un caso similar a este.

Cixilo fue casada con Egica, el hombre designado por su padre para sucederlo en el trono. Lógicamente, no sabemos si este matrimo-

nio fue del gusto de Cixilo. Egica era un hombre de prestigio y ostentaba los cargos de duque y conde, pero más llamativo que esto es que
formaba parte de un clan nobiliario rival, pues era familia de sangre ni
más ni menos que del antecesor de su padre en el trono, Wamba, quien,
presumiblemente, sobrevivió a Ervigio. Un elemento muy interesante
a la par que poderosamente llamativo es que a Ervigio no le valió únicamente con el vínculo que se establecía entre Cixilo y Egica en la
unión marital, ni tampoco con lo aprobado en el XIII Concilio de
Toledo en lo referido a la protección de su familia cuando él muriese.
Para garantizar la seguridad de su hija y los suyos, Egica tuvo que realizar un juramento. Todo este escenario corrobora que el matrimonio
entre Cixilo y Egica estuvo rodeado de unas acciones muy peculiares,
que iban más allá de apaciguar los ánimos entre dos facciones nobiliarias. En el 688, es decir, un año después de la muerte de su padre,
Cixilo pudo ver cómo su marido no estaba dispuesto a mantener el
statu quo juramentado con su suegro.

De esta manera, se celebró el movido XV Concilio de Toledo con
un claro interés por parte de Egica: actuar contra su propia esposa y la
familia de esta. La rivalidad seguía al rojo vivo y las viejas heridas no se
habían cerrado. De hecho, se considera que Egica mantenía contacto
con su tío Wamba en su monasterio de Pampliega (Burgos). En el
tomo regio de las actas del señalado sínodo se recoge cómo Egica se
dirige a los asistentes remarcando lo comprometido de su situación al
estar atado a dos juramentos, los cuales resultaban incompatibles bajo
su punto de vista. Por un lado, el que se vio obligado a tomar por parte de Ervigio cuando se casó con Cixilo y, por otro, el juramento tradicional que el *rex gothorum* de turno realiza al principio de su respectivo reinado y en el que se comprometía a ser un buen gobernante y
actuar con justicia de cara a los pueblos del reino. Egica insiste en que
el primer juramento era un tanto injusto y que no podía proteger a los
hijos de su suegro a la par que hacer justicia a los pueblos. Por esta
razón, solicitó las bendiciones de los obispos, exponiendo las maldades
cometidas por Ervigio ante ellos y los varones ilustres del Oficio Palatino, y, confiando en el juicio justo de Dios, quedase exonerado del
primer juramento para actuar con legítima justicia.

En este marco, la situación de Cixilo, pero también de su madre Liuvigoto y del resto de su familia, quedaba muy comprometida y pendiendo de un hilo. Lo cierto es que si se hubiese considerado oportuno —como sucedió con el rey Suintila, su mujer y su familia en el IV Concilio de Toledo—, Egica habría podido actuar contra la enriquecida familia de su mujer, a la que se refiere él mismo como «gloriosa hija» de Ervigio. Sin embargo, y a pesar de las aguerridas palabras del *rex gothorum*, se decretó que no había contradicción entre ambos juramentos, por lo que prevalecía lo establecido por Ervigio por encima de los intereses de Egica. La justificación de esta decisión es bastante clara bajo nuestro punto de vista: evitar acrecentar la rivalidad y la hostilidad —supuestamente apaciguada por el matrimonio— entre ambos clanes nobiliarios y linajes. Asimismo, se corrobora que la figura del metropolitano de Toledo y cabeza de la Iglesia hispana, San Julián, tenía mucho peso e influencia al imponerse su voluntad.

A partir de aquí podemos definir el reinado de Egica, que se alargó hasta el año 702, como un intento por salvaguardar los intereses de su familia y proteger a su descendencia, aunque fuese recurriendo a la mano dura, con el fin de afianzar la sucesión dentro de su propio linaje y más concretamente en la figura de su hijo Witiza. Pero ¿es Cixilo la madre de Witiza? Independientemente de la más que tensa relación de la *regina* y su familia con su marido, Egica, a partir de las pretensiones y de los intereses de este —y es que según alguna crónica asturiana de difícil interpretación se recoge que pudo haber algo parecido a una repudiación por instigación de Wamba—, no tenemos constancia de que el monarca hubiera contraído segundas nupcias. Del mismo modo, tampoco hay noticias de que Witiza ni ninguno de sus hermanos procediesen de alguna unión no canónica. Por consiguiente, Witiza, Oppas y otros posibles hermanos serían hijos nacidos del matrimonio entre Cixilo y Egica. Tengamos presente el prestigioso linaje al que pertenecía Cixilo, y eso su marido, a la hora de afianzar su progenie, lo sabía.

En el escenario de la citada protección de su prole y en asegurar el poder en su linaje por parte de Egica, enmarcamos, por ejemplo, el III Concilio de Zaragoza del año 691, en el que se reconfirmó la prohibición de que las reinas viudas volviesen a contraer matrimonio, pero no solo esto. Para asegurar este mandato, las viudas regias deberían tomar los hábitos y guardar clausura hasta el final de sus días, modificando la ley anterior que lo prohibía. Esto afectaba tanto a un rey legítimamente elegido que quisiera casarse con la esposa de su antecesor, como a un posible usurpador que quisiera legitimarse en el trono a través de la unión con la reina viuda. Ergo, llegamos a tres reflexiones. La primera es que las reinas fueron perdiendo libertad desde los tiempos de Goswinta: hacía ya más de un siglo que pasaron de poder contraer segundas nupcias y así revalorizar su figura, a no poder casarse por segunda vez tras enviudar y seguir vida de religiosas sin discusión hasta su muerte. La segunda deliberación es el inmenso valor de la figura de la reina consorte y es que, como magníficamente indica la profesora Valverde Castro, «aunque ellas no podían ejercer la función real, sí podían asegurar que la monarquía se mantuviese dentro de su linaje a través del matrimonio». Y la última reflexión es que el futuro de Cixilo quedaba totalmente definido según viviese o muriese su marido, sin un mínimo de libertad para poder elegir.

Pero si lo dispuesto en el sínodo zaragozano era poco para que Egica dejase todo bien atado habiendo «condenado» a Cixilo a pasar su vida en un monasterio si ella le sobrevivía a él, le llegaba el turno a sus descendientes. En los Concilios de Toledo XVI y XVII se deja muy claro que no se podía atacar ni ofender a los hijos y las hijas de los reyes y que, en contra de su voluntad, no podrían tomar los hábitos. Asimismo, en el segundo de estos concilios se especifica que nadie perjudique a la «gloriosa señora nuestra reina Cixilo» ni a sus hijos si el rey Egica muriese antes.

Del gobierno de Egica también debemos resaltar su férrea política antijudía —seguramente por miedo a un ataque o complot de estos— ejemplificada en los concilios toledanos XVI y XVII en los que igualmente se trataron distintas desviaciones religiosas y eclesiásticas. Asimismo, siguió legislando e hizo frente a durísimas epidemias de peste que llegaron hasta la *urbs regia*. En materia militar, sus ejércitos pudieron enfrentarse en la frontera norte con los francos, y una flota goda pudo vencer a unos barcos bizantinos que se aproximaron a las costas levantinas. La enérgica política de Egica y su intervencionismo también le granjearon muchos enemigos y le supuso sufrir dos serias rebeliones que afectaron a Cixilo, Witiza y al resto de su familia, amén de algunas conspiraciones y complots de menor calado. Acerca de esas rebeliones, hay que citar a Sisberto, que sucedió al metropolitano de Toledo San Julián, muerto en el año 690. Este religioso urdió un plan para acabar directamente con la vida del *rex gothorum*. La intriga fue descubierta, como se recoge en las actas del XVI Concilio de Toledo, pero lo que es más llamativo para el sentido de este trabajo es que, aparte del propio Sisberto y de otros conspiradores, en la documentación conciliar también aparece el nombre de Liuvigoto... ¿Sería la misma Liuvigoto viuda de Ervigio, madre de Cixilo, abuela de Witiza y suegra de Egica? Lo cierto es que no puede asegurarse, puesto que hay tanto argumentos a favor como en contra de que la antigua reina Liuvigoto pudiese conspirar o no contra Egica. Sisberto fue excomulgado, desterrado y perdió sus bienes en favor del rey, mientras que el resto de participantes en la trama también fueron castigados. La otra rebelión llegó a finales de la séptima centuria: un noble llamado Suniefredo, quien factiblemente ostentaría el cargo de duque provincial, ocupó Toledo, obligando a Egica, Cixilo, Witiza y al resto de la familia real a salir fuera de sus muros. Es factible que las epidemias de peste también contribuyesen a esta salida. La situación consiguió recomponerse y Egica llevó a cabo una profunda purga entre la nobleza opositora.

Con el fin de afianzar la sucesión en el vástago de Cixilo y Egica, este último asoció al trono a Witiza muy a finales del siglo VII, siguiendo modelos anteriormente descritos; así, desde el año 700 y hasta los últimos meses del año 702, fecha de la muerte de Egica, se dio un gobierno conjunto. Sabemos que Egica murió en paz en Toledo pero, una vez más, como ha venido sucediendo con tantas reinas godas, no sabemos qué fue de Cixilo. La relación entre Cixilo y su esposo tuvo que ser tumultuosa al menos durante los primeros años a raíz de la rivalidad entre facciones y linajes, aunque se supone que este enlace venía a unir más que a separar. Nos parece muy interesante la opinión del profesor Orlandis, el cual considera que en un primer momento Cixilo pudo ser apartada por Egica siguiendo las directrices de su tío

Wamba, circunstancia que quedaría reflejada al recogerse en la documentación conciliar la obligatoriedad de la reina viuda a entrar en un convento si sobreviviese al rey y el interés en un primer momento en asegurar únicamente la protección de los hijos e hijas y de sus respectivos cónyuges. Tiempo después sí se hace una referencia a la figura de la reina, pero añadiendo términos tan potentes y elocuentes como los que citamos más arriba: «gloriosa», «domina» o «regina» en referencia específica a Cixilo, una mujer y una reina que, como tantas otras, vio cómo su vida quedaba absolutamente marcada por las decisiones de los hombres de su tiempo: su padre, su marido, los prohombres asistentes a los concilios, etc. Consideramos que esta murió en algún momento posterior al año 702 y pudo ver a su joven hijo Witiza reinar en solitario.

El reinado de Witiza abarca ocho años; son estos de los más desconocidos del Reino visigodo de Toledo. Witiza se casó porque sabemos que tuvo hijos, pero nos encontramos con otro rey godo del que ignoramos el nombre de su esposa-reina. Obviamente, sí sabemos quiénes eran los padres de Witiza y conocemos a alguno de sus hermanos, su vinculación con el clan y el linaje de Chindasvinto-Recesvinto por parte de madre, y su ligazón al clan y el linaje de Wamba por parte de padre. E igualmente sabemos que tenía arraigo familiar en tierras de la Bética, más concretamente en la ciudad de Córdoba.

Del reinado de Witiza podemos señalar que volvió a aplicarse la fórmula de padre severo-hijo conciliador como sucedió con los binomios padre e hijo Leovigildo-Recaredo y Chindasvinto-Recesvinto. Las severas purgas y las duras confiscaciones de Egica contra rivales de la aristocracia laica y religiosa, su política de fortalecimiento del poder real y la publicación de una legislación beneficiosa para su familia fueron sustituidas por una política más conciliadora, seguramente por miedo a que una sublevación como la de Suniefredo, ahora sin el apoyo de su padre, pudiese derrocarlo. Los opositores a Egica pudieron respirar y muchos de ellos volvieron del destierro, recuperaron sus tierras, recibieron donaciones e incluso se restablecieron las funciones y los cargos palatinos perdidos. Tal vez esta política conciliadora hubiese servido para aliviar la crispación y los nervios en el *Regnum*, pero si las epidemias de peste habían sido inclementes en el reinado anterior,

otra gran epidemia de peste y las malas cosechas que conllevaron te-
rribles hambrunas no presagiaban nada bueno.

La crisis social y la crisis económica azotaron el Reino visigodo
de Toledo durante estos primeros años de la octava centuria. Alguna
crónica destaca el respiro que supuso para muchos el reinado en solitario de Witiza; sin embargo, sus múltiples concesiones a la nobleza
con el objetivo de ganar más apoyos debilitaron el poder real y su capacidad económica. Sabemos que en el año 704 se celebró el XVIII
Concilio de Toledo —el último— pero no se han conservado sus actas,
en las cuales, quizá, podría haber alguna referencia a la posible esposa
de Witiza. A principios del año 710, y siendo en verdad todavía joven,
murió en la capital goda por enfermedad el hijo de Cixilo y Egica.

Egilo, testigo de la caída del Reino visigodo de Toledo

Y así llegamos a la última reina visigoda conocida y, realmente, a la
última *regina* porque se casó con el último *rex gothorum*. ¿Quién es esta
mujer? Pues bien, hablamos de Egilo o Egilona, esposa del malogrado
Rodrigo. La figura de Egilo siempre ha estado envuelta por la turbu-
lencia de los tiempos en los que vivió, que, tengamos en cuenta, son
clave para la Historia de España: la caída del Reino visigodo de Toledo
y el desarrollo de la invasión musulmana. Esto también ha facilitado
que tengamos más datos sobre su biografía que en el caso de otras
reinas, aunque estos son limitados, y que ejerza una fuerte atracción
entre historiadores, divulgadores, escritores y parte del público general
interesado en nuestra Historia. De hecho, muy recientemente se han
publicado dos novelas de éxito que giran alrededor de Egilo: *La última
reina goda*, del periodista David Yagüe y publicada en la misma editorial
que nuestro trabajo, y *Egilona, reina de Hispania*, del profesor Soto Chica. Esto ya de por sí nos parece una muestra elocuente que refleja el
halo de interés que rodea a la protagonista del final de este capítulo.

El problema que tenemos con Egilo, como con tantas reinas de este
periodo, es que no sabemos nada de su vida anterior al enlace con Rodrigo. De nuevo y especialmente en este caso, queda descartado por

Este grabado de Egilo, o de *Egilona* como aparece en su original, forma parte de la obra *Mugeres célebres de España y Portugal* (1868) (Wikimedia Commons).

completo que viniese de una corte real extranjera. Consecuentemente, estaríamos otra vez ante una dama estrechamente vinculada a la alta aristocracia hispanogoda, y cuyo matrimonio, en este caso con Rodrigo, vendría a fortalecer la posición de su esposo. Algunos autores consideran con criterio que Egilo podría pertenecer al linaje de Egica y Witiza. Esto resulta de importancia porque Rodrigo sería el candidato al trono que representaba a la facción de Chindasvinto-Recesvinto-Ervigio; por consiguiente, una vez más se intentaba equilibrar, a través de un matrimonio, el juego de poder en la España visigoda.

Hemos hablado de candidato porque el proceso de elección de monarca no resultó nada sencillo. Los hijos de Witiza eran todavía muy pequeños y el hermano del antiguo rey, Oppas, encabezaba los intereses de su clan. Enfrente estaba la indicada facción de Chindasinto-Recesvinto-Ervigio, cuyo mejor exponente era Rodrigo, quien probablemente ostentaba el cargo de *dux* de la Bética. Pues bien, tras la reñida elección de Rodrigo como *rex gothorum*, es donde hay que encajar el matrimonio con Egilo.

De Egilo no diremos nada hasta el desenlace de la batalla que marcó la Historia de España en el año 711 y supuso el principio del fin del *Regnum Gothorum* o *Regnum Hispaniae* y la más que presumible muerte

de su marido. Antes de llegar a ese momento vamos a esbozar los fundamentales acontecimientos que nos conducen a ese punto histórico.

En la primavera del año 711 Rodrigo se encontraba en el norte
guerreando. Pero ¿quién era su enemigo? Habitualmente se ha considerado que estaba en medio de la clásica campaña de castigo contra los
vascones. En cambio, también emerge la figura de Agila II. Este godo
capaz de acuñar moneda en la Tarraconense y la Narbonense sería un
opositor al legítimo Rodrigo y este habría marchado al norte a sofocar
la sublevación. A partir de las fuentes, de la documentación y de los
grandes estudios publicados, se abren dos caminos: uno que nos lleva
a Agila II como hijo o pariente de Witiza, y otro que convierte a Agila II en representante de una tercera facción que no era ni la de Rodrigo ni la de los witizanos.

El verdadero problema para el marido de Egilo vino desde el sur.
Los musulmanes llevaban tiempo deseando asaltar la península ibérica, y
a mediados del año 711 vieron el momento propicio. Lo cierto es que
la coyuntura parecía la ideal, ya que el clima de guerra civil pudo favo-
recer la apertura de las puertas de Hispania a los árabes y bereberes. Un
ejército compuesto en su mayoría por tropas bereberes y dirigidas por
Tarik, lugarteniente de Muza —gobernador de la provincia omeya Ifri-
quiya (norte de África)—, sembró el terror en el sur hispano. A uña de
caballo, Rodrigo tuvo que dirigir su esfuerzo bélico a aquellas tierras
sureñas y presentar batalla al invasor. En el caluroso mes de julio del año
de Nuestro Señor de 711 aconteció la mal llamada batalla de Guadalete.[12] El esposo de Egilo caería en el choque merced a la traición de una
parte del ejército godo. Hay algunas tradiciones que consideran que
Rodrigo pudo retirarse a tierras lusitanas en compañía de algunos de los
suyos. En verdad, los sucesos que se dieron posteriormente a la gran
batalla, y en los que participará nuestra última reina goda, parecen indicar que lo más factible es que Rodrigo pereciese combatiendo.

A partir de aquí se desarrolla la invasión musulmana del Reino
visigodo de Toledo y lo que algunas crónicas y el romancero llaman «la
pérdida de España». El proceso de conquista se llevó a cabo en un señalado ambiente de guerra civil. Asimismo, se dieron pactos a la par
que una dura resistencia. Ciertamente, se produjo una «tormenta per-

fecta» al caer los cinco pilares del reino: el rey, el ejército, la capital, el tesoro y el arzobispo de Toledo que huyó a Roma. Así, nos encontramos en un nuevo escenario. Mientras que se opuso resistencia en urbes como Écija, Córdoba o Mérida, también vemos una efectiva política pactista como la establecida entre invasores y nobles, como el conde o duque Teodomiro de Orihuela (Alicante) o tantos otros, incluidos obispos o población cristiana que se retiraba a tierras norteñas. Los opositores al fenecido *rex gothorum* facilitaron el avance de las huestes de Mahoma, y por su parte los judíos vieron con buenos ojos el cambio en el poder.

En el verano del año 712 el gobernador Muza hizo acto de presencia, acompañado de un potente ejército con muchos soldados árabes. Sabemos que en estos momentos Muza, después de controlar y de extasiarse con los tesoros de la *urbs regia*, asesinó a un grupo de nobles ancianos en la capital. Es posible que las mujeres e hijas de estos fuesen asesinadas o entregadas a destacados miembros de la tropa árabe. De la misma forma, sabemos que Muza fue llamado por el califa a Damasco y en su partida desde la vieja «piel de toro» fue acompañado por un fastuoso botín, amén de por un grupo de presos entre los que se encontraban mujeres y hombres de la aristocracia hispanogoda.

Poco a poco la nueva realidad se iba imponiendo. Lo que *a priori* podía haber sido una campaña de apoyo para derrocar a Rodrigo y posteriormente cobrarse un más que suculento botín se transformó en (o era en realidad desde el principio) un auténtico proyecto de conquista. Y es aquí donde muchos hombres, pero también muchas mujeres de la élite hispanogoda, jugaron sus bazas con el nuevo poder. Bien para adaptarse a esa nueva realidad y seguir manteniendo buena parte de su estatus o bien para aguantar pensando que el *Regnum Gothorum* podría volver a recomponerse. En este marco es en el que debemos encajar a la reina Egilo. Si aceptamos que Egilo formaba parte del linaje de los witizanos que había colaborado con los invasores, ahora este clan veía poco a poco cómo no ocuparía el hueco dejado por Rodrigo pero sí, más allá de los pactos establecidos, iba a situarse muy cerca del poder e incluso influir en él de la mano de Egilo.

Boda de la reina goda con el hijo
del gobernador musulmán

Cuando en el año 714 Muza partió hacia Damasco, capital del Califa-
to Omeya, su hijo Abd al-Aziz, quien era un buen militar y contaba
con un harén en el que no faltaban nobles visigodas en Sevilla —sede
de su corte—, se quedó al cargo de la situación como valí o gobernador. Pues bien, no sabemos cómo, pero Egilo y Abd al-Aziz contraje-
ron matrimonio una vez que Muza había abandonado la península
ibérica. Con esta unión el debate historiográfico está servido. ¿Por qué
se dio? ¿Qué buscaba cada uno de los cónyuges? ¿Fue una jugada personal de Egilo o respondía a los intereses de su facción? ¿Y si Egilo no
formaba parte o no estaba vinculada al linaje y clan de los witizanos y
jugaba a favor de sus propios intereses? ¿Y si fue un gesto para atraerse
a la derrotada facción rodriguista? Hay que tener en cuenta que el
califa omeya estaba muy descontento con Muza e incluso lo castigó y
deshonró, siendo más tarde asesinado.

Ciertamente, y como defienden algunos estudiosos, este matrimonio podía suponer la legitimación de los musulmanes en tierras
hispanas y, más concretamente, la legitimación del hijo de Muza gracias al soporte que le ofrecía Egilo, la cual rompía todos los esquemas
legislativos establecidos hasta la fecha sin tomar el hábito religioso,
como se había dictado. Pero no solo esto, sino que la *Crónica Mozárabe*
del año 754 habla claramente de la «reina Egilo» y de que esta podría
haber movido a su nuevo marido a romper con Damasco y establecer
un reino independiente. Es más, Egilo acercaría a su esposo a los usos
y costumbres que tenían los reyes godos en Toledo. El profesor Orlandis, a partir de fuentes, tradiciones y leyendas musulmanas, señala que
Egilo, siguiendo la influencia bizantina de la corte godotoledana, se
obcecó en que cuando su nuevo marido recibiera una visita, las personas recibidas tenían que postrarse ante él. Pero la reina Egilo fue más
lejos e insistió a su marido para que llevase una diadema, hecha con sus
propias joyas, la cual a modo de corona era símbolo de la dignidad
regia. De esta manera, Egilo acercaba a su marido a los sucesores de
Leovigildo, Recaredo, Sisebuto, Chindasvinto, Wamba, etc.

En un primer momento Abd al-Aziz se opuso por cuestiones religiosas, pero Egilo consiguió convencerlo para que al menos la llevase en palacio, hecho que no fue bien visto por sus correligionarios. Realmente, este matrimonio beneficiaba tanto a la esposa —posición e influencia de realeza garantizada— como al marido —legitimidad, propiedades y apoyo político-militar del clan de su mujer—, y también inferimos que la *regina* Egilo se siguió manteniendo mucho más cerca de su tradición godo-cristiana que de las leyes islámicas y de la tradición patriarcal árabe. Y para sustentar esta reflexión, tomamos las palabras de la profesora Valverde Castro: «La legislación escrita tendía a respetarse solo en los casos en los que resultase conveniente hacerlo. Asimismo, […] un diferente credo religioso nunca constituyó un impedimento para concertar alianzas políticas que pudieran abrir el camino hacia el poder».

Por otro lado, si teorizamos, dado que ningún hijo o hermano de Witiza podía ocupar ya el trono, sí podría hacerlo el posible hijo que Egilo tuviese del musulmán, a quien podría estar intentando convencer para que se convirtiese al cristianismo. De esta manera el vástago estaría legitimado ante los hispanogodos y los invasores. Una vez más la mujer de la realeza goda aparece como elemento legitimador, máxime si esta es viuda. En definitiva, la reina goda no podía reinar, es decir, Egilo no podía ser reina titular, pero como reina consorte y reina viuda podía legitimar absolutamente un nuevo poder aunque este fuese extranjero. Si bien, en el marco islámico y de la tradición árabe, a diferencia de lo que hemos visto en el ámbito tardorromano y germánico, la mujer no proporcionaba la legitimación indicada. Es decir, una actuación como la de la reina Goswinta era inconcebible en el ámbito musulmán, y tampoco se contemplaba el valioso papel dado a la figura de la reina viuda.

Si la primera vida matrimonial de Egilo giró alrededor de la ciudad del Tajo, Toledo, ahora iba a hacerlo en la del Guadalquivir, Sevilla. Desde allí aparecía una reina que servía de puente entre dos mundos que quedaban legitimados en base a su regia figura. Lo cierto es que el matrimonio de Egilo no tuvo un largo recorrido y su marido no llegó a romper con Damasco. La unión apenas se alargó dos o tres años, ya que

Abd al-Aziz fue asesinado mientras oraba en la mezquita, seguramente a consecuencia del matrimonio con Egilo y de las jugadas inherentes a este enlace. No sabemos si Egilo pudo tener algún hijo con Rodrigo o con Abd al-Aziz —lo más probable es que con ninguno de los dos—, o de ser así, este habría corrido una suerte poco deseable.[13] De nuestra última reina de la España visigoda poco más podemos decir: no sabemos qué fue de ella tras el asesinato de su segundo marido. De seguro, no corrió su misma suerte y lo más normal es que muriese algunos años después, soñando con lo que pudo haber sido y no fue, tanto con Rodrigo como con Abd al-Aziz, y evocando lo que gracias a su posición, su familia y su sangre pudo dar a los dos hombres de su vida.

A la par que se desarrollaban los acontecimientos ligados a la vida de Egilo, otros escenarios de pactos de conquista y de enfrentamientos se sucedieron, especialmente en el noreste y nordeste de la península ibérica. En la Tarraconense y en la Narbonense el mencionado Agila II siguió combatiendo hasta su muerte en el año 713, y tras él, Ardón, su sucesor, igualmente caería luchando en tierras narboneneses siete años después. En el otro extremo peninsular, en el territorio astur y cántabro, surgiría poco a poco un bloque de resistencia que daría lugar a la batalla de Covadonga acaecida en el año 718, 722 o en algún momento de la década de los años treinta del siglo octavo, y que acabaría encumbrando al noble godo Pelayo, a quien nos referiremos en otro capítulo.

Entre todas estas idas y venidas, y en sintonía con los pactos de conquista, hay que indicar que el matrimonio entre Egilo y Abd al-Aziz no fue una *rara avis*, ya que se llegaron a dar otras uniones entre miembros de las élites goda y árabe. En el avance desde la península arábiga muchos prohombres árabes se habían casado con mujeres de las aristocracias que habían ido venciendo, ampliando así sus respectivos harenes. El caso hispano no fue diferente, y dentro de determinados sectores de la aristocracia hispanogoda que no optaron por luchar o huir al norte se favorecieron estos enlaces a partir de sus miembros femeninos con el fin de mantener su posición socioeconómica. Una mujer perteneciente al mismísimo linaje del rey Witiza —nieta— llamada Sara, pero conocida como Sara la Goda, es una magnífica muestra de lo que contamos. Esta se casó con Isa-ben-Mozahim, un destacado prohombre árabe vinculado a la corte de Damasco con quien tuvo dos hijos. Igualmente, conocemos el caso de un sobresaliente jefe del ejército conquistador llamado Ziyed ben An-Nábiga, quien contrajo matrimonio con una mujer perteneciente a la nobleza goda de la cual desconocemos su nombre, pero sabemos que tenía buena relación con Egilo.

Sara la Goda, una mujer de armas tomar

Volviendo a la figura de Sara, lo cierto es que su vida, al igual que la de Egilo, es digna de novela o de película. Fuentes posteriores musulmanas nos hablan de que Sara recibió una buena herencia al morir su padre —uno de los hijos de Witiza—, pero una parte le fue arrebatada por uno de sus tíos. Pues bien, ella misma, siendo muy joven, viajó en barco hasta Siria para entrevistarse en Damasco con el califa y reclamar la restitución de lo que era suyo. El califa lo hizo gustosamente. Sara la Goda, una mujer de armas tomar, una auténtica superviviente que buscó la mejor manera de adaptarse a los nuevos tiempos y siempre defendió lo suyo y a los suyos en un mundo de hombres. Su descendencia alcanzó gran fama y notoriedad en al-Ándalus, y el primer emir independiente, Abderramán I, siempre la tuvo en alta consideración.

Así concluimos este capítulo en el cual hemos realizado un largo viaje desde la reina Baddo a finales del siglo VI, coincidiendo con la consolidación y la auténtica máxima expresión del Reino visigodo de Toledo, hasta la aristócrata Sara a mediados del siglo VIII, ya con el reino destruido y con un al-Ándalus más que incipiente. Un camino en el que elementos protofeudales se hacían cada vez más patentes, en el que el hecho de disponer de unas sólidas redes clientelares era un verdadero tesoro, y en el que las luchas entre la monarquía, la nobleza y la Iglesia resultaban el pan nuestro de cada día. En resumen, un largo y fundamental periodo de nuestra Historia donde, a pesar de la neta preponderancia masculina, hemos visto que la figura femenina en la realeza y en la aristocracia jugaba un papel determinante e indispensable. Y, también, cómo hubo mujeres que se empeñaron en no ser ignoradas en los anales escritos por los hombres.

6

LA MUJER EN LA ÉPOCA VISIGODA

En el capítulo en el que nos vamos a sumergir a continuación, cambiaremos el sentido de nuestro escrito, puesto que dejaremos de lado el tratamiento de las figuras regias y la exposición del desarrollo histórico, para adentrarnos en cuestiones tanto específicas como generales que afectaban de lleno y de pleno a las mujeres godas, tanto si formaban parte de la corte real como si no. Por consiguiente, en las siguientes páginas encajarán las reinas y princesas, pero del mismo modo las nobles, las mujeres pertenecientes al pueblo llano y, en algunos casos, las religiosas e incluso las esclavas. El objetivo no es plantear una tesis doctoral, aunque la temática daría sobradamente para ello, sino trazar un marco en el que analicemos y presentemos de manera clara cuestiones propias del ámbito femenino según los paradigmas de la época en la cual nos movemos.

El modelo de mujer y su tratamiento, la sociedad del momento, los matrimonios y las circunstancias que los rodeaban —tanto si eran políticos como si no—, la situación familiar, la maternidad, la sexualidad, el ámbito doméstico, la vida cotidiana, etc., serán algunos de los asuntos a tratar. Igualmente, y dadas nuestras preferencias historiográficas y espirituales, no pasaremos por alto la cuestión de la mujer y la religión, ni el contexto marginal y heterodoxo ligado, por ejemplo, a las prácticas supersticiosas.

Con respecto a las fuentes históricas que se manejan para el estudio y la divulgación de lo anteriormente indicado, sobresalen las actas de los concilios nacionales y provinciales, distintos escritos de tipo religioso, los códigos legislativos, obras como las *Etimologías* de San Isidoro de Sevilla o el *De correctione rusticorum* de San Martín de Braga, algunas biografías, y los detalles que nos aportan las crónicas históricas. Sobre los estudios actuales y la bibliografía —siguiendo la tónica marcada por los más grandes especialistas ya mencionados y ampliamente recogidos al final de esta obra, y por los nuevos estudiosos que puedan aparecer por la especial temática expuesta y que serán mencionados— debemos resaltar, por su inmensa labor en este campo, a las profesoras Gallego Franco y Valverde Castro.

★ ★ ★

De cara a que contemos con una referencia sobre la visión que se tenía de manera genérica sobre la mujer y el género femenino en este periodo —y que a la par sirva de marco en el que ensamblar los capítulos tratados precedentemente y el capítulo que estamos ahora abriendo— recurrimos a la definición que da San Isidoro de Sevilla en su obra *Etimologías* acerca del hombre y de la mujer:

> El nombre de varón (*vir*) se explica porque en él hay mayor fuerza (*vis*) que en la mujer; de aquí deriva también el nombre de «virtud»; o tal vez porque obliga a la mujer por la fuerza. La mujer, *mulier*, deriva su denominación de *mollities*, dulzura, como si dijéramos *mollier*, suprimiendo o alterando letras resulta el nombre de *mulier*. La diferencia entre el hombre y la mujer radica en la fuerza y en la debilidad de su cuerpo. Es mayor en el varón y menor en la mujer la fuerza, para que la mujer pudiera soportarlo, y además, no fuera que, al verse rechazado por la mujer, el marido se viera empujado por su concupiscencia a buscar otra cosa o deseara el placer homosexual. No obstante, se dice mujer teniendo en cuenta su sexo femenino, y no atendiendo a la corrupción de su integridad.

Este pensamiento, plasmado en un contexto de definición de término como son el del hombre y el de la mujer, no tiene que generar una idea preconcebida y específica de los godos en general y de la época del Reino visigodo de Toledo en particular. La idea planteada por San Isidoro de Sevilla corresponde al paradigma heredado del ámbito romano y de la patrística cristiana, por lo que estaba presente en el Imperio romano y en los distintos reinos germánicos que se fueron levantando en Occidente. Por considerar que su condición era más débil, y por sostener que tenía un papel subrogado al hombre, la mujer adquiría una visión positiva cuando era una fiel esposa y una correcta madre, virtudes que podían verse enriquecidas cuando se les añadía una postura religiosa clara y una educación y una cultura sobresalientes. Sin embargo y como hemos visto, esta última cuestión era un arma de doble filo, porque también podía ser criticada, dado que abría la posibilidad de apartarla de su verdadera función. O si era alabada, porque combinada con otras virtudes, como podían ser la elocuencia o la participación de manera directa o indirecta en asuntos de la *res publica*, solo era bien vista al estar ante atributos propios del hombre que esa mujer en concreto había adquirido. A partir de aquí es más fácil entender que en la etapa histórica en la que nos estamos moviendo, y como en gran parte de la Historia, la libertad de la mujer en el amplio sentido del término estaba supeditada a la disposición del varón. A pesar de esta construcción personal, humana, sexual, social, política y religiosa, en este libro vemos cómo hubo mujeres que se hicieron notar y que dejaron huella en un tiempo de neta preponderancia masculina.

Si nos retrotraemos a las primeras referencias de la mujer germana —vista de manera general por parte de los cronistas romanos como sucede con Tácito y su obra *Germania* hacia finales del siglo i a. C.—, la imagen ofrecida es la típica y la tópica ligada a la tradición grecorromana. Tácito considera que los germanos no se han mezclado con otros pueblos, por eso la constitución física de sus miembros es genérica. Aquí estaría la mujer germana rubia, de ojos azules, fuerte y capaz de soportar el frío y el hambre. Además, ellas vestirían con pieles de animales, lana y lino, y las pertenecientes a la aristocracia portarían ricas joyas. En cuanto a sus cometidos, la casa, la comida y los hijos serían sus tres ejes fundamentales, junto con el trabajo textil. Por tanto, todos elementos primordiales para la supervivencia de la comunidad, como también lo era el rol guerrero específico del hombre. Incluso se detecta un protagonismo ajeno a la cultura grecorromana cuando Tácito dice: «Se conserva en el recuerdo que algunos ejércitos, cediendo ya y a punto de desfallecer, se rehicieron gracias a las mujeres, por la insistencia de sus ruegos y por la exhibición de sus pechos, mostrándoles el inminente cautiverio […]. Es más, piensan que hay en ellas algo santo y profético, por lo que no desprecian sus consejos ni desdeñan sus respuestas». Su proximidad al combate y gusto por la libertad eran fiel reflejo del carácter de los pueblos bárbaros y, en este caso, de la mujer bárbara. Asimismo, como dice la profesora Gallego Franco, otro valor fundamental de la mujer germana prerromana es su condición de «transmisora del linaje».

Si nos acercamos a autores (ss. v-viii) en el contexto hispanogodo como el propio San Isidoro de Sevilla, la mujer, en los escritos que beben y siguen la tradición pagana grecorromana y la cristiana latina, es un sujeto secundario y resulta muy complicado que se haga referencia a colectivos femeninos. Como viene estableciendo el ámbito historiográfico, el comportamiento de la mujer sería activo cuando las historias y las crónicas dan capacidad de decisión a estas, y pasivo, cuando las referencias a ellas obedecen a la disposición de un hombre. Como el lector puede inferir, siempre se veía mejor por parte de los historiadores y cronistas lo segundo que lo primero, ya que, por ejemplo, el acceso o el acercamiento al poder se derivaba de su manejo de la sexualidad y no por virtudes propias de gobierno, que se consideraba algo específico del varón. Existía una salvedad en el grupo de las mujeres con comportamiento activo en la visión ofrecida por las fuentes: ese comodín era el de la fe cristiana y sus virtudes.

Otro detalle de interés que nos transmiten las fuentes es que cuando el autor se detenía en escribir el nombre propio de una mujer, ello se debía a que esta había sobresalido en algo, porque el propio narrador la respetaba o por ambas cosas. En cambio, muchas veces la no mención del nombre de la protagonista podía deberse al desprecio y no tanto al desconocimiento. Por otro lado, en el caso de las mujeres de la corte, cuando es menester, jamás se pasa por alto su papel determinante en los derechos dinásticos. El último aspecto que queremos resaltar en esta cuestión es que —obviando la práctica nulidad de las referencias a mujeres que no perteneciesen a la realeza o aristocracia— la ligazón a un varón es la que marca su aparición en la fuente, por lo que los conceptos de madre, esposa, hija, sobrina o nieta definen a la mujer de las altas esferas en los escritos. Una salvedad que habría que hacer llegados a este punto es que, independientemente de lo mostrado por las fuentes —Historias y crónicas—, cada mujer, cada familia, cada matrimonio y cada relación tendría su propia idiosincrasia tanto si hablamos de la nobleza como si hablamos del pueblo llano, incluso si nos referimos a las mujeres que tomasen los hábitos. Aunque las fuentes solo muestren episodios testimoniales como los de Gala Placidia, Amalasunta, Goswinta y Egilo, entre otras, más de una mujer trascendería el papel que la sociedad le asignaba y que las fuentes no recogen, y sus méritos vitales serían propios y no por adoptar «roles masculinos».

En otro orden de cosas, si hacemos una muy pequeña aproximación a la sociedad hispanogoda de los siglos V a principios del VIII, rápidamente nos daremos cuenta de su complejidad. Por un lado, la procedencia étnica, que nos lleva a hablar de hispanorromanos, suevos y godos. Por otro lado, la diferenciación religiosa: católicos, arrianos y judíos, y, por último, la posición económica de cada individuo o de cada familia —marcada por influencias cristianas, romanas y germanas— entre la corte, la aristocracia, el pueblo libre (afectado por un proceso de «protofeudalización»), los libertos, los siervos y los esclavos. A medida que fue avanzando el siglo VI y a lo largo de la séptima centuria se fue profundizando en un proceso de unión y fusión que superó las diferencias étnicas y las religiosas, con la salvedad de la comunidad judía, pero mantuvo la distancia socioeconómica. Esta sociedad hispanogoda y su evolución fue la que movió la vida del Reino visigodo de Toledo: consecuentemente, hablamos de un ente vivo y no estático que siguió el día a día de una época fundamental de la Historia de España.

Después del desarrollo histórico tratado en los primeros capítulos; tras haber hecho una introducción acerca de la visión que se tenía de la mujer germana en el siglo I d. C.; avanzando hasta la visión que se tenía de la mujer en general y las referencias que se recogen de las mismas en crónicas e Historias escritas en Hispania entre los siglos V y VII; y después de haber trazado un muy breve esbozo de la sociedad hispanogoda, nos disponemos ahora a detenernos en una serie de puntos de especial calado en lo referido a la parte femenina del mundo godo.

MATRIMONIO Y VIDA COTIDIANA

A partir de la legislación, sabemos que la mayoría de edad para los jóvenes y las jóvenes se alcanzaba a los catorce años, edad a la que podían disponer libremente de sus bienes. En cambio, y siguiendo la tradición legislativa romana, la plena capacidad jurídica se obtenía a los veinte años. Si nos quedamos en la simbólica cifra de los catorce años, ¿qué podía hacer una hispanovisigoda? Dos opciones muy claras: vida religiosa, de la cual hablaremos en el siguiente epígrafe, o el matrimonio, el tema que ahora nos interesa. El casamiento era el paso más habitual y tradicional porque para la realeza y la nobleza tenía un componente político y simbólico fundamental, y para los estamentos más bajos de la sociedad era casi una necesidad natural. Aparte, era la manera de perpetuar el linaje para las monarquías y la aristocracia y la fórmula imprescindible para transmitir los bienes a la siguiente generación gracias a los hijos que naciesen del matrimonio. A lo largo de esta obra se ha visto y se verá cómo se concertaban distintos matrimonios y lo que sucedía cuando no se respetaban. El concierto de las nupcias corría a cargo del padre; si este había fallecido, era papel de la madre; y en caso de ausencia de esta, de los hermanos o de los tíos paternos. La novia y futura esposa asumía su rol secundario, salvo que fuese soltera sin ascendencia familiar masculina o viuda. Esta además no tenía capacidad de romper el matrimonio y, si se atrevía a ello, era visto del mismo modo que el delito de adulterio y tanto ella como el amante veían reducida su condición social a la de esclavos. Algo muy parecido sucedía si la mujer no se casaba con el hombre designado por su padre y marchaba con otro varón.

Mujer del vulgo o pueblo llano de época visigoda representada
por el grupo de recreación histórica *Signum Temporis*.

Matrimonios mixtos entre godos y romanos

Un aspecto muy interesante sobre los matrimonios en la *Hispania Go-*
thorum corresponde a los llamados matrimonios mixtos, es decir, entre
godos e hispanorromanos. Si nos retrotraemos al siglo v, en plena vi-
gencia del Imperio romano de Occidente, la legislación romana prohibía los matrimonios entre romanos y bárbaros —igualmente lo hará
la legislación visigoda en un primer momento—, pero ya vimos que
eso no fue un impedimento para las simbólicas nupcias entre Gala
Placidia y Ataúlfo. Incluso, si avanzamos al primer tercio del siglo vi,
vemos cómo Amalarico —arriano— contrajo nupcias con la princesa
franca Clotilde —católica— y cómo una rica dama hispanorromana
se casó con el rey godo Teudis. En todo este contexto cronológico los
señalados matrimonios estaban prohibidos; sin embargo, las barreras
étnicas, religiosas —a la que se daba más importancia—, idiomáticas o
culturales, que en muchos casos no eran tales, quedaban a un lado por
un neto interés político. Evidentemente, esto se circunscribiría a las
altas esferas y, en particular, dentro de los matrimonios reales o aristo-
cráticos. Entre el pueblo libre sería más complicado (se daba la pena de

muerte) aunque todo hace pensar que, independientemente de la legislación, a lo largo del siglo VI estos matrimonios mixtos se fueron dando en escenarios que no correspondían a la realeza.

Desde principios del siglo V y a lo largo del periodo del reino tolosano, cuando se producían matrimonios mixtos en el ámbito regio o aristocrático, siempre sería más habitual que la esposa fuese provincial romana y el marido godo acabase romanizándose más si cabe, como vemos que sucedió con Ataúlfo y su matrimonio con Gala Placidia. Si avanzamos cronológicamente, el proyecto político de Leovigildo acabó con la prohibición de los matrimonios mixtos salvo cuando fueran con judíos, paganos o consanguíneos (endogamia), que siempre mantuvieron su veto. Resulta de especial interés, porque la ley que recogía la prohibición se consideraba ya anticuada; por ende, se sostiene el postulado que defiende que a lo largo del siglo VI estos matrimonios mixtos fueron cada más comunes entre la sociedad hispanogoda. La *Lex Visigothorum* 3.1.1 dice: «*Ut tam Goto Romana, quam Romano Gotam matrimonio liceat sociari*», que los profesores Palol y Ripoll traducen como «Que esté permitida la unión matrimonial tanto de un godo con una romana, como de un romano con una goda». Asimismo, se reconoce que mujeres y hombres libres tienen el derecho de acogerse a esta ley, por lo que no hay desigualdad entre unas y otros. Por supuesto, los matrimonios entre libres y siervos estaban prohibidos.

El hecho de superar la prohibición de los matrimonios mixtos fue otro de los pasos fundamentales en el proyecto de unificación del Reino visigodo de Toledo. Tras la ley de Leovigildo y la conversión al catolicismo de Recaredo en el III Concilio de Toledo en el año 589 —todos eran súbditos cristianos católicos del *rex gothorum* sin distinción entre godos e hispanorromanos—, el siglo VII sería la gran centuria de los matrimonios mixtos, aunque es algo complicado de cuantificar más allá de las referencias onomásticas que nos proporcionan las fuentes y la epigrafía. Estas, lógicamente, se centran en su mayoría en personas pertenecientes a la realeza o la nobleza. Es preciso indicar que encontramos a visigodas casadas con hispanorromanos, como los potentados Teudesvinta y Eterio, o de hispanorromanas casadas con visigodos, como es el caso de Eutrocia con Hugnam.

Un último aspecto que queremos tratar propio del escenario matrimonial y que afectaría a las mujeres de este periodo como a tantas a lo largo de la Historia es el de la dote. En capítulos anteriores hemos hablado de distintas dotes en el contexto de ciertos matrimonios de las realezas germánicas. En este caso las dotes y los regalos serían casi exagerados y solo propios del ámbito monárquico. Los matrimonios entre miembros de la aristocracia tampoco se quedarían cortos, en especial si hablamos de la más alta aristocracia, es decir, miembros del Oficio Palatino-Aula Regia. La documentación de la época nos habla de una costumbre muy llamativa, la *Morgengabe*, definida por el profesor Orlandis como «la donación de la mañana, la dote germánica entregada por el marido a la esposa, que siguió en uso entre la aristocracia hispánica de estirpe goda». Finalmente, y por lo que suponían, se tuvo que legislar sobre las dotes, ya es que estas incluían altas cantidades de oro, siervos y siervas, caballos y regalos. Así, encontramos leyes al respecto de Chindasvinto y de Ervigio, fiel reflejo de cómo la dote tenía que adaptarse al patrimonio del que se dispusiera y de cómo la más alta nobleza contaba con ingentes fortunas.

Una vez que el matrimonio se había celebrado y consumado, la mujer hispanogoda veía cómo su voluntad, libertad y capacidad de decisión dejaban de estar marcadas por los dictados de su padre, y pasaban a serlo por su marido. Así, se generaba un nuevo marco familiar: una de las funciones fundamentales de un matrimonio era crear una familia, porque a la mujer no solo se le presuponía ser una buena esposa; del mismo modo debía ser una buena madre.

La maternidad: producir herederos legítimos

La profesora Gallego Franco[1] probablemente sea la persona que más ha estudiado la maternidad en la época que estamos tratando. Estaba circunscrita a la legislación vigente y, en el caso visigodo, que recoge el derecho tardorromano y la tradición germánica, arranca desde el Código de Eurico, pasando al Breviario de Alarico, al *Codex Revisus* de Leovigildo y por fin al unificador *Liber Iudiciorum* de Recesvinto, que incluye leyes de reyes anteriores y recogerá otras de alguno posterior. Lo más adecuado para una mujer que quería ser madre era el matrimonio, aunque en realidad se consideraba algo inherente a la condición de la mujer salvo que entrase en un convento. La mencionada profesora nos dice que a partir de la *Lex Visigothorum* se entendía la maternidad «como el cumplimiento de las mujeres de su deber social y moral de producir herederos legítimos de un núcleo familiar, que serán los primeros llamados a la herencia del padre y de la madre». Aquí radica la importancia y la protección de la madre y de la maternidad.

Si el matrimonio legal era visto como un estabilizador social, la maternidad era la única herramienta para asegurar que el patrimonio familiar tuviese continuidad en una nueva generación —la herencia era igualitaria entre hijos e hijas— y se perpetuase la posición de los padres. La madre debía asumir una serie de derechos y de deberes sobre sus hijos aunque la autoridad del padre estaba por encima. Si el progenitor moría, la madre se encargaba de la tutela hasta la mayoría de edad o el matrimonio, como hemos visto en algunos casos en este libro. Al quedarse la madre viuda, tenía la capacidad de gestionar las nupcias de sus hijos —a no ser que el matrimonio estuviese ya establecido por el padre antes de morir— y de reclamar la dote. La legislación señalaba que sin el padre, la madre asumía toda la responsabilidad sobre sus hijos menores y muchos asuntos resultaban irrebatibles en favor de esta. La madre fue ganando autoridad sobre sus hijos menores también dentro del matrimonio y en vida del padre y, aunque este estuviese siempre por encima, es factible que hubiese muchos puntos en común. Puede que la legislación, confusa o poco explicativa en determinadas ocasiones, no recogiese esta realidad social. Legislativamente, se protegen los bienes que los hijos menores de edad heredan de su difunta madre ante un padre viudo que quisiera disponer de estos bienes libremente, especialmente si contraía segundas nupcias. En el caso de aquellas mujeres viudas sin descendencia, podrían disponer libremente de sus bienes llegado el momento de escribir el testamento.

Otro detalle ligado a la maternidad es que, siguiendo la tradición tardorromana, los vástagos heredaban y mantenían la condición jurídica y social de la madre. Los hijos de una esclava seguirán siendo esclavos, y si los hijos naciesen de una unión ilegal entre un hombre libre y una esclava, el recién nacido hereda la condición de la madre. La legislación daba mucho valor al hecho de mantener junto el núcleo familiar (padre, madre e hijos) y no romperlo. La denominada capacidad sucesoria de un niño quedaba aprobada si vivía un mínimo de diez días, pero habiendo estado bautizado.

Un aspecto muy duro que se conoce por la documentación es la renuncia de algunas madres viudas a la tutela de sus hijos y cómo se debía buscar un tutor, asunto donde los abuelos paternos y maternos también jugaban su papel. Siguiendo con los hijos, mucho más crudo era cuando un padre, y en caso de ausencia de este, una madre, tomaba la decisión de abandonar o vender a los hijos por no haber sido deseados o por incapacidad para criarlos. Si se llegaba a cometer infanticidio, se trataba como un homicidio más. Las familias con más recursos podían contar con mujeres encargadas de la crianza de sus hijos. Si hablamos de maternidad y de infanticidio, igualmente hay que mencionar un tema que nunca ha dejado ser de actualidad, como es el del aborto. El profesor Castillo Maldonado tiene un trabajo muy interesante sobre

Mujer embarazada de la nobleza del Reino visigodo de Toledo representada por el grupo de recreación histórica *Signum Temporis.*

esta cuestión[2] en el que de nuevo a partir de la *Lex Visigothorum* se deja claro que el aborto es un crimen como también lo es el infanticidio o la agresión hacia una embarazada.

Los abortos se practicaban, por ejemplo, mediante la ingesta de una serie de sustancias. En caso de descubrirse, la pena para la persona suministradora era la capital, sin diferenciación de género y condición social. La mujer que había abortado era castigada con doscientos azotes si era sierva y, en el caso de ser libre, perdía esa condición. Posteriormente se adoptó la pena de muerte o la ceguera para la mujer que abortaba, fuera libre o sierva, y también para el marido, si hubiera participado en el proceso o hubiese sido por orden suya. Consecuentemente, la interrupción voluntaria del embarazo podía producirse por la ingesta de sustancias, por intervenciones en el cuerpo o por violencia.

Los infanticidios seguían la misma línea. Los niños no podían ser abandonados ni vendidos y los neonatos contaban con protección tanto legal como espiritual por parte de las disposiciones eclesiásticas. En este corpus legislativo, se establecía que si una mujer libre embarazada era golpeada por un hombre libre y le provocaba la pérdida de un bebé formado, la pena era de ciento cincuenta monedas de oro y de cien si el feto no estaba formado. En caso de fallecimiento de la madre, la pena era la misma que para un homicidio. Si la agresora era una mujer libre, también era castigada aunque de manera menos severa. Las penas también eran inferiores en el caso de mujeres siervas que perdían a sus nonatos siempre y cuando la agresión no viniese de su señor; si provenía de su señor, se supone que no existía ningún castigo. Bien es cierto que la legislación visigoda buscó controlar la violencia hacia los siervos.

El aborto también englobaba prácticas anticonceptivas, lo que iba en contra de la imperante moralidad cristiana que marcaba el desarrollo de los corpus legislativos. Y no olvidemos que si se legisla en profundidad sobre un asunto, es porque las interrupciones del embarazo y los infanticidios no eran algo secundario y se le daba mucha importancia jurídica, moral y social. Lo que resulta indudable es que en una época donde la violencia tampoco era algo residual y la mujer podía sufrirla en distintas formas, la apuesta por la protección de la embarazada, tanto libre como sierva, no dejó de ir en aumento en pos del bien común, aunque este fuese por el valor reproductivo de la mujer y por la situación demográfica y socioeconómica marcada por epidemias y guerras.

La ruptura del matrimonio en el Reino visigodo

Por otro lado, ¿el matrimonio en época del Reino visigodo de Toledo podía romperse? ¿Cómo vivía la mujer dicha situación? La legislación seguía los preceptos del matrimonio emanados de la Iglesia católica por los cuales el matrimonio no debía romperse. Aun así, existían algunos motivos por los que el casamiento podía terminarse: si el marido entregaba a su esposa a otro hombre, si el marido tenía conductas homosexuales o si la esposa cometía adulterio. Como en buena parte de la Historia, el camino hacia la nulidad matrimonial no se hacía fácil para las mujeres hispanogodas que decidiesen buscarlo y no era igual para ellas aunque todas fuesen de condición libre. Las pertenecientes a la aristocracia podían mantener su dote y sus bienes, en cambio, las que pertenecían al pueblo llano podían ver peligrar su subsistencia al ser su marido su soporte económico y estar en desventaja con respecto a él en cuanto a lo que sucedería con sus posibles hijos.

En verdad, ese camino hacia el divorcio era restrictivo y complejo salvo que se produjesen de una manera clara las opciones anteriormente expuestas. Asimismo, tanto si el esposo como si la esposa abandonaba a su pareja, las leyes intervenían duramente. En conclusión, sobre la nulidad matrimonial o divorcio se ve claramente cómo la libertad sexual de la mujer era una quimera y cómo la violencia doméstica hacía acto de presencia. De la cuestión de la sexualidad y de la violencia hablaremos a continuación, pero antes queremos volver al asunto de la viudedad, porque, en buena medida y de manera natural, suponía la ruptura del matrimonio.

En distintos puntos de este trabajo puede verse cómo actuaron las reinas godas que se quedaron viudas y cómo también se establecía una legislación sobre ellas, por ejemplo en la última fase del Reino visigodo de Toledo por el valor legitimador que atesoraban de cara al trono. Si volvemos a la *Lex Visigothorum*, si una mujer viuda se planteaba un segundo matrimonio, se lanzaba a un auténtico reto en su vida a pesar de actuar libremente. Por ejemplo, si era madre, perdía automáticamente la tutela sobre sus hijos y el usufructo de los bienes de su difunto marido —la propiedad era de sus hijos—. El padre viudo también sufría una situación similar en caso de segundas nupcias, aunque con repercusiones menos severas que la madre viuda que se casara por segunda vez. Al igual que sucedía con las vírgenes, una viuda jamás podía ser obligada a volver a casarse. Por otro lado, las viudas que iban a casarse por segunda vez podían hacerlo con un hombre que fuese tanto inferior, igual o mayor de edad a la suya y podía ser soltero o viudo. La viuda no podía contraer segundas nupcias hasta que no pasase el preceptivo periodo de duelo que se marcaba en un año, salvo que hubiese un mandato real. Obviamente, esto solo afectaba a matrimonios políticos ligados a las altas esferas. Otro hecho significativo ligado a las viudas son los duros castigos de aquellos hombres que cometían una violación o un rapto sobre ellas. En este sentido, se prohibía el matrimonio entre las mujeres violadas, raptadas o ambas cosas y su violador o raptor.

El sexo en los tiempos de los godos

Si nos centramos en el anunciado tema de la sexualidad[3], desde el punto de vista de la patrística cristiana hispanogoda, el pecado bíblico de Eva estaba presente en la mujer, y la sexualidad debía reducirse al matrimonio y con meros fines reproductivos. Más castidad por parte de ambas partes del matrimonio, y menos vicio sexual e incitación al mismo. En el acto sexual la mujer debía ser sumisa a su marido y no tener nunca un papel activo. Otra vez, la mujer sometida al hombre. Como bien señala el profesor García Moreno, lo expresado por autores como los hermanos San Leandro y San Isidoro corresponde más a su visión y su deseo así como a la herencia judaica y la influencia oriental. Empero, la legislación visigoda tampoco transmite un escenario muy diferente al de la mujer y su sexualidad que no sea aquel contrario a su libertad.

Ya hemos indicado la prohibición del adulterio, pero si profundizamos un poco más, vemos cómo el adulterio femenino es, con creces, más duramente castigado que el cometido por el hombre, que, en algunos casos, ni siquiera era punible. Una mujer adúltera y el hombre con el que estuviese manteniendo relaciones podían llegar a ser asesinados por el esposo. Lo mismo sucedía con un hombre viudo con respecto a una mujer viuda: el primero lo tenía mucho más fácil a la hora de mantener relaciones sexuales sin que supusiera una pérdida de alguno de sus derechos. Una mujer libre también debía pensarse mucho si quería enamorarse o mantener relaciones sexuales con un esclavo, aunque fuese de su propiedad, o un liberto. El resultado sería morir en la hoguera. Si una mujer libre practicaba sexo con un esclavo de otro señor, la pena era de cien latigazos, lo mismo que le ocurría a un hombre libre, aunque este podía mantener relaciones libremente con esclavas de su propiedad. En el caso de los matrimonios y de las relaciones sexuales entre esclavos, todo quedaba en manos de su señor.

En toda esta ecuación de la sexualidad, nos falta una pieza antiquísima como es la de la prostitución. Una mujer, aunque tuviera el estatuto de libre, no podía ejercerla bajo ningún concepto. Sin embargo, esto no quiere decir que no existiese y que distintas mujeres se vieran obligadas a ejercerla por mandato de su padre, marido o de su dueño. Tanto la prostituta como el proxeneta recibían el mismo castigo: trescientos latigazos. Dejando a un lado la acción legislativa, la prostitución siguió existiendo como siempre lo ha hecho. Como muy bien señala el citado profesor, desde la visión netamente masculina de la época y de sumisión de la mujer, asuntos como la masturbación, la homosexualidad y la zoofilia sí preocupan a la moral cristiana hispana y a la legislación del *Regnum Gothorum* tanto en cuanto se actuaba contra ellas en referencia al hombre. Para la mujer ni siquiera se conciben aunque, obviamente, se diesen.

Por último y de cara a añadir un dato curioso en el ámbito de la sexualidad femenina, pero del mismo modo masculina, desde la patrística se insistía en que la postura correcta para realizar el acto carnal era lo que hoy denominaríamos como el «misionero», la cual se adaptaba a los preceptos de sumisión de la mujer. Un buen resumen de todo lo expuesto nos lleva otra vez al profesor García Moreno y sus palabras: «…a la mujer visigoda no le estaba permitido disponer libremente de su cuerpo y de su normal *libido* y actividad sexual, al encontrarse sometida en este terreno a una represión totalmente diferenciada de la de los machos en esa misma sociedad, y ello con total independencia cuál fuera el particular estatus legal o socioeconómico de unas y otros».

En lo concerniente a la violencia contra las mujeres —fuera de un contexto bélico—, ya hemos visto que podía darse tanto dentro como fuera del matrimonio y no se circunscribía a un único espectro como puede ser el doméstico. El patrón de la autoridad marital que el varón ejerce sobre la mujer corresponde a la tradición heredada en Occidente y al marco contemporáneo que se vivía en los distintos reinos germánicos. Si volvemos nuevamente a los trabajos de la profesora Gallego Franco y siguiendo la línea trazada en las últimas páginas, la mujer casada siempre estaba en inferioridad con respecto a su marido y debía asumir su autoridad. Todo ello quedaba reflejado en la legislación que emana del Reino visigodo de Toledo, en los cánones de los concilios tanto toledanos como los celebrados a nivel provincial y en los escritos de la patrística cristiana, como ya se ha indicado. Ya hemos visto que el marido estaba amparado legalmente para poder actuar contra su esposa de manera violenta en caso de infidelidad. El hombre, como portador de la fuerza y de la fortaleza, estaría capacitado para actuar de manera violenta contra la mujer en pos de corregir un comportamiento indebido dentro de la concepción de la época. Este paradigma obedecería al considerado orden natural de las cosas y facilitaría la estabilidad social. Inevitablemente, los abusos en el contexto de la autoridad marital no serían anecdóticos, y mientras que la legislación civil y religiosa sí estaba muy pendiente de las infracciones de la mujer, fuera casada o no, pasa por alto que el concepto de autoridad marital de un casado sobre su esposa puede desembocar en acciones que vayan desde una riña dialéctica a auténticos episodios de violencia doméstica.

Para la mencionada profesora, muchas de estas actitudes de violencia que podía recibir y sufrir la mujer por parte de su marido no tendrían su refrendo en las fuentes escritas porque estarían asumidas socialmente, salvo los casos más extremos, e incluso se podría llegar a hablar de una «cultura del silencio». Algunos casos extremos de maltrato y de violencia los hemos visto por ejemplo cuando una de las hijas del rey visigodo de Tolosa Teodorico I fue desfigurada por el príncipe vándalo Hunerico o en el asesinato de la princesa goda Galsvinta en territorio franco, por traer a colación dos meros ejemplos. Por otro lado, hay que tener en consideración que el maltrato y la violencia física resultaban más evidentes y podían dejar algún rastro a nivel documental, mientras que el maltrato y la violencia psicológica lo tendrían muy fácil a la hora de pasar desapercibidos.

Antes de cerrar este apartado con otras cuestiones, sí nos gustaría exponer que en determinados círculos historiográficos se considera que en el periodo del Reino visigodo de Toledo la mujer, en términos generales, contó con una mayor protección en comparación a etapas históricas anteriores o a escenarios culturales y religiosos diferentes. Empero, esta mayor protección no obedecía a que se estuviese considerando a la mujer como una igual con respecto al hombre, sino que responde a que esta era vista como un «bien» que para muchas cuestiones de la vida resultaba necesario o imprescindible y formaba parte del honor familiar. Finalmente, otra de las consideraciones que en el plano historiográfico se tratan es hasta qué punto la sociedad, hispanogoda en este caso, en general y las mujeres en particular eran conscientes de todo ello y si, especialmente en el caso femenino, todo lo descrito estaba asumido como un proceso natural de las cosas, de la vida, ante lo cual no es que existiese una resignación, sino que, al no discutirse, no se luchaba ni se rebatía contra ello más allá de los pasos que se daban en pos de considerar más la situación vital de la mujer por su valor intrínseco y natural.

A pesar de todo este escenario, nos han llegado nombres, a través de las fuentes escritas, de mujeres pertenecientes a las élites que gozaron de una gran posición y, en muchos casos, de una gran consideración. La profesora Gallego Franco ha recogido estos nombres de los que seleccionamos, para el siglo v, a Cesaria, de familia noble, una mujer culta que evangelizó a bárbaros; para el siglo vi, a la noble de Mérida Eusebia; y para el siglo vii, a Pomponia, hermana de San Braulio de Zaragoza —dirigió cartas a un buen número de damas nobles—, que pertenecía a la nobleza y llegó a ser abadesa de un monasterio; o a la matrona Theodora, aristócrata de El Bierzo, que consiguió que su hijo fuese educado por San Valerio.

Vida social: vestimentas y fiestas

La vida cotidiana de la mujer durante el Reino visigodo de Toledo transcurría por otros escenarios aparte de los descritos. Un elemento interesante es la vestimenta, porque es algo inherente a la cotidianidad y porque marca el estatus social en este caso de la poseedora de unas determinadas prendas. Como dice el profesor Arce, «el vestido ha sido siempre signo de identidad y de distinción social» y no estaba permitido romper o manchar la vestimenta ajena. Para que el lector se haga una idea clara de cómo vestiría una mujer de esta época, recomendamos que acuda a algunos de los eventos sobre recreación histórica en los que participan grupos experimentados en la materia como *El Clan del Cuervo* o *Signum Temporis* en localidades como Guadamur (Toledo), Arisgotas (Toledo) o Baños de Cerrato (Palencia), entre otras. Al igual que es más que recomendable que visiten el majestuoso Museo Arqueológico Nacional[4] en Madrid y observen las infografías e ilustraciones que acompañan las vitrinas en las que se encuentran piezas encontradas en necrópolis visigodas.

Y es que los ajuares funerarios femeninos nos proporcionan información a partir de las joyas encontradas: anillos (podían llegar a tener sus nombres grabados), pulseras, hebillas, collares, pendientes y las famosas fíbulas. Obviamente, cuanto mayor número de estas piezas se hallan en una tumba y de mayor calidad sean, mayor será la posición social de su poseedora. Tanto en la vestimenta como en la orfebrería se conjugan elementos del mundo tardorromano como elementos propios de la tradición germana a los que se suman los aires nuevos que llegaban desde Constantinopla y Oriente. Un detalle que debemos tener presente es que la información obtenida por los arqueólogos en las necrópolis visigodas nos habla de la condición social de las mujeres y de los hombres que allí se encuentran, pero resulta mucho más dificultoso establecer la etnia de la persona, en el sentido de que fuese goda, hispanorromana o hispanogoda. Dadas las asimilaciones entre ambos pueblos y los procesos de unificación, la verdadera distinción radica en saber su condición social. Jamás vestiría igual una mujer de la aristocracia hispanogoda que una de sus esclavas. En días señalados y en ocasiones determinadas, las mujeres libres del Reino visigodo de Toledo especialmente las ligadas a la corte y a la aristocracia vestirían de manera diferente o suntuosa según si era una festividad religiosa, un evento político o una celebración militar —recibimiento victorioso del *rex gothorum* y su ejército en la *urbs regia,* por ejemplo—. Mujeres como Goswinta, Baddo, Hildoara o Cixilo pero también otras previas como Gala Placidia o Ragnahilda o de reinos hermanos como Amalasunta en la Italia ostrogoda vestirían con las mejores y más distinguidas prendas y su joyería sería la más fina del reino.

Las celebraciones y fiestas venían marcadas principalmente por el calendario litúrgico, y muchas de las celebraciones y fiestas procedentes de la tradición romana pagana, mezcladas en algunos casos con la indígena prerromana, poco a poco se iban erradicando por parte del estamento eclesiástico. Un momento distendido, pero de carácter litúrgico, en el que las mujeres —y nos referimos siempre a las libres porque las siervas y esclavas harían lo que dispusiera su dueña o dueño— serían las celebraciones ligadas a los santos y lo que bien podrían parecer primitivas romerías. Las disposiciones conciliares, a sabiendas de la gran diversión que se generaba y de la abundancia de bailes y cánticos poco ortodoxos en muchas ocasiones, insistieron para que no se llevasen a cabo y todo se centrase en los oficios. La insistencia en este asunto evidencia que los bailes, cánticos, gracias y comidas populares animadas seguían presentes en la sociedad, independientemente del tipo de celebración. Y es que era y es muy difícil separar fiestas y celebración religiosa. En definitiva, mujeres y hombres disfrutarían, cada uno en la medida de sus posibilidades y según su posición social, con las festividades religiosas, las procesiones, las llegadas de los obispos, los triunfos militares, las conmemoraciones reales, etc. La exhibición de enemigos derrotados por las calles de la capital del *regnum* sería un momento de júbilo extremo, tanto para hombres como para mujeres. Asimismo, los varones, como activos participantes y público, y las féminas, como público exclusivamente, gozarían con distintos juegos en especial en aquellos que hubiese participación animal sin que esto signifique que nos retrotraigamos a la gran época de los circos y anfiteatros romanos. Del mismo modo se considera que algunas representaciones teatrales podrían llevarse a cabo alejadas de los grandes escenarios de tradición clásica, de las que disfrutarían algunas mujeres que bien podríamos decir privilegiadas.

La cultura: viva pero restringida

Un último aspecto que queremos tratar en este epígrafe es el ligado a la cultura, la formación y la mujer durante el Reino visigodo de Toledo. Valga decir que la cultura y la formación de la emperatriz romana y reina visigoda Gala Placidia serían magníficas al igual que las de la regente y reina ostrogoda Amalasunta, como luego veremos. Si nos quedamos específicamente en el contexto godotoledano y antes de continuar, siempre que se presta la ocasión nos gusta insistir en que, dejando a un lado cierta «leyenda negra» que siempre rodea a este periodo, la cultura en términos generales estuvo muy viva aunque fuese de manera restringida. No existe ningún tipo de vacío cultural en los siglos VI, VII y VIII. En el contexto específicamente femenino, el número de mujeres que supiesen leer, escribir y tuviesen conocimientos diversos se circunscribiría a las damas vinculadas a la corte, a las que perteneciesen a la nobleza, a las religiosas de los conventos y monasterios y a algunas mujeres libres que por distintos motivos hubiesen recibido enseñanza.

Si en el caso masculino hablamos de un espectro limitado en este campo, en el caso femenino esta circunstancia se agudiza por mor de los patrones de la sociedad de Occidente en aquel tiempo. El analfabetismo era algo común. Los preceptores eran miembros del ámbito eclesiástico, al cual estaba mayormente ligada la cultura y el conocimiento como elemento habitual en la Edad Media. En muchas ocasiones estos preceptores recibían el encargo por parte de los nobles para que instruyesen a sus hijos e hijas. Dando un paso más, los jóvenes y las jóvenes de la aristocracia eran enviados a la corte de Toledo para formarse en pos del respectivo futuro que los aguardaba a cada uno de ellos según los preceptos propios para su género. No en vano, estas jóvenes serían instrumento de matrimonios políticos y debían seguir un patrón de comportamiento y, en el caso de las doncellas, una joven culta daba prestigio a la familia de su padre pero también a su esposo. En resumen, se apreciaba una buena esposa, una buena madre pero, del mismo modo, una buena conversadora y una buena educadora de los hijos —muchos de los valores más importantes de la época eran transmitidos por las madres a sus hijos— en el seno de la comunidad cristiana.

Un detalle que nos gustaría mencionar es que en una obra titulada *Institutionum Disciplinae*, ligada a San Isidoro de Sevilla o a su escuela y centrada en la formación de un joven noble para «la dignidad del poder», se menciona al principio del texto que al pequeño noble «deben formarlo sus nodrizas en primer lugar». Esta sentencia no debe ser tomada como que esas mujeres, cumpliendo su función de nodrizas, también ejercían funciones formativas. Estas mujeres criaban a los niños atendiendo funciones y acciones que no desarrollaban sus propias madres porque podían permitirse que otras lo hiciesen por ellas, y acompañaban a los niños desde sus momentos iniciales hasta sus primeros años de vida cuando pasaban a manos de sus «maestros».

En conclusión, debemos alejarnos de cualquier idea «presentista» o de concepto de igualdad entre ambos sexos. La sociedad visigoda de la España de los siglos VI, VII y VIII, como la de otros territorios y como en muchos periodos de nuestra Historia, era patriarcal y estaba definida por redes clientelares y lazos de dependencia. Asimismo, el matrimonio no es que fuese un objetivo para la mujer, sino que formaba parte intrínseca de su realidad como individuo, porque es el que permitía el verdadero y correcto acceso a la maternidad y, por ende, al desarrollo familiar. La mujer debía cumplir su papel en el matrimonio porque este era el núcleo de la familia y facilitaba la estabilidad social. La disolución del mismo no era fácil pero se daba en particular si partía desde el varón, máxime si se estaba vinculado a la realeza, recurriendo al repudio como en varios casos que hemos visto. Curiosamente, el estado de viudedad proporcionaba algunas mejoras en la libertad de la mujer.

En cuanto a su cuerpo, la mujer no podía disponer libremente de su sexualidad y el aborto estaba penado. La violencia se daba tanto dentro como fuera del ámbito doméstico. La prostitución, aun siendo perseguida, se ejercía en distintas condiciones, más selecta o en lupanares. Lo mismo sucede con el adulterio o los hijos ilegítimos: aun

Representación genérica de una reina goda en su plenitud, la cual puede servirnos para evocar figuras como las de Amalasunta, Goswinta, Baddo e Hildoara, entre otras. La magnífica obra es de Max Hierro.

1. Broches de la cabeza/alfileres para un tocado (par):
Tesoro de Domagnano (San Marino) - Museo Británico de Londres. Materiales: oro y granate. Técnica: *cloisonné*.

2. Pendientes (par):
A partir de piezas del Museo Arqueológico Nacional (Madrid). Material: oro

3. Fíbulas aquiliformes (par):
Museo Arqueológico Nacional (Madrid). Yacimiento de Alovera (Guadalajara)
Materiales: oro, bronce y vidrio. Técnica: *cloisonné*.

Mismas piezas que aparecen en la portada de este libro. A pesar de que se ha discutido su identificación —como sucede con otras fíbulas de la misma tipología— con el águila, por nuestra parte no ofrece dudas. No debemos olvidar la fuerte vinculación del pueblo godo con las aves rapaces y con el noble arte de la cetrería. Asimismo y a modo de sustentar nuestra justificación aquiliforme, tomamos las palabras de San Isidoro de Sevilla de su obra *Etimologías*: «Cuentan también que mira de frente los rayos del sol sin cerrar los ojos, y que por eso coge a sus polluelos con sus garras y los sostiene ante los rayos del sol, considerando dignos de su raza los que mantienen la vista inmóvil; en cambio, a los que ve que parpadean, los abandona como deshonra de su especie».

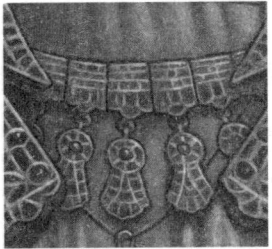

4. Collar:
Tesoro de Domagnano (San Marino) - Museo Británico de Londres.

Materiales: oro, granate, vidrio y perlas. Técnica: *cloisonné*.

Se sigue la reconstrucción propuesta por el estudioso D. Kidd: «Il tesoro di Domagnano» *I Goti. Milano, Palazzo Reale, 28 gennaio-8 maggio 1994*. Milán: Electa Lombardía, pp. 194-202.

5. Cruz:
Tesoro de Torredonjimeno (Jaén) – Museo Arqueológico Nacional (Madrid).

Materiales: Oro, vidrio y gemas. Técnica: Talla en cabujón.

«Esta pieza responde al tipo de las cruces de estructura laminar [...] que podrían haber sido utilizadas como colgantes de coronas de carácter votivo, donadas a la iglesia por monarcas o miembros de la alta aristocracia de la época, si bien algunas presentan en el reverso un acusado desgaste por rozamiento, lo que hace pensar en su utilización como colgantes pectorales» (https://ceres.mcu.es/pages/ Museo Arqueológico Nacional).

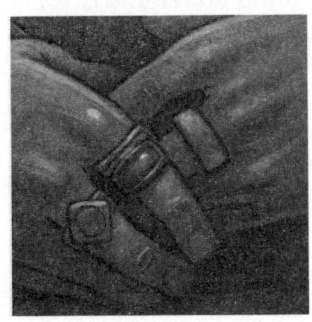

6. Anillos de la mano derecha (par):
A partir de piezas del Museo Arqueológico Nacional (Madrid). Material: oro

7. Broche o hebilla de cinturón:
Museo Arqueológico Nacional (Madrid). Yacimiento de Carpio de Tajo (Toledo). Material: cobre dorado.

siendo algo que no debía darse, se daba. En su día a día las mujeres siervas y esclavas acataban lo que sus amas o amos les dictasen. En cambio, las mujeres libres podían disfrutar de bellos vestidos, ricas joyas, fiestas y celebraciones varias, según si su posición social se lo permitía, al igual que podían llegar a disfrutar del restringido ámbito de la cultura y la enseñanza —algunas reinas alcanzaron altas cuotas de intelectualidad—, todo ello igualmente marcado por el hecho de si eran mujeres que se movían más por entornos urbanos o por el medio rural. De este gran escenario hemos sacado a las mujeres de confesión judía que, si bien compartirían con las cristianas distintos aspectos, en otros serían diferentes por las particularidades de su credo y tradición familiar y por la normativa que se fue desarrollando en el Reino visigodo de Toledo contra la comunidad hebrea.

FE O HETERODOXIA:
ENTRE LA BIBLIA Y LA MAGIA

Si acabamos de exponer que el matrimonio era el gran proyecto de futuro de las mujeres en esta etapa histórica, otra opción era llevar una vida religiosa, a la cual también se podía llegar en el caso de convertirse en viuda, como ya hemos visto en algún contexto regio y como veremos más tarde. Y es que la *Hispania Gothorum* fue una gran época para las comunidades monásticas, tanto masculinas como femeninas, aunque contamos con más información de las primeras, como era previsible.

La toma de hábitos abarcó un amplio espectro de la capa social hispanogoda. Así, podemos encontrarnos desde mujeres pertenecientes a la alta nobleza a mujeres muy humildes que sintieron la llamada de la vida ascética o la contemplaron como una forma de desarrollo de sus vidas. Estos cenobios femeninos integrados por vírgenes consagradas solían ser fundados por iniciativa regia, por la propia Iglesia católica, por nobles o por destacadas figuras pertenecientes al ámbito eclesiástico. Es el caso del monasterio femenino levantando por San Ildefonso, cuando todavía era abad y no arzobispo de la capital, llamado Deibiense y ubicado al sur de la actual provincia de Toledo y en tierras pertenecientes a sus padres. Al igual que los masculinos, los monasterios femeninos también se regían por reglas. Sabemos que Santa Florentina, a la que en otro capítulo volveremos, recibió de su hermano, el obispo San Leandro, una regla monástica para mujeres, que contenía distintos preceptos religiosos en los que el centro era la virginidad.

El ingreso en los monasterios las mujeres lo hacían libremente, incluso contraviniendo los deseos paternos, o por obligación. En este segundo caso la obligación podía deberse a la presión de una persona en concreto o a la social, a las circunstancias de la vida como podría ser el caso de la muerte de su esposo y de otros miembros varones de su familia en alguna campaña contra suevos, francos, bizantinos o vascones, o al fallecimiento a causa de una enfermedad, o también al castigo de su marido por algún delito o crimen cometido. La legislación conciliar estuvo muy pendiente de regular lo que sucedía con los bienes y tierras propiedad de la mujer que ingresaba en un monasterio y de su uso y administración. Seguramente, para que la entrada en el cenobio no fuese una pantalla y siguiese llevando una vida totalmente seglar, pero amparada en la protección religiosa.

Finalmente, muchas mujeres destacadas acabaron enriqueciendo a distintos monasterios por la herencia familiar con la que llegaban o con los bienes propios y heredados, en el caso de las viudas. Podemos imaginar lo que supondría para algunos monasterios relevantes el ingreso de una antigua dama de la corte o de la viuda de un duque o un conde, las cuales iban acompañadas de sus esclavas que incuestionablemente asumían la castidad y el celibato. Muchas nobles viudas acabaron como abadesas de distintos monasterios femeninos. También desde las asambleas conciliares se actuó para que no se abandonasen los hábitos. Había mujeres que no aceptaban o no soportaban vivir bajo estas disposiciones pero, como dice la profesora Sanz Serrano, «el monasterio pudo suponer una cierta mejora. Sobre todo cuando las mujeres provenían de la marginalidad, como las prostitutas obligadas, o eran esclavas forzadas a soportar a sus señores. También hubo doncellas y viudas que escaparon de la presión de su círculo voluntariamente». En algunos casos, había mujeres que sin entrar en un convento o en un monasterio eran religiosas y llevaban una vida asceta, circunstancia que ha llegado a ser definida como «ascetismo doméstico».

La legislación eclesiástica cada vez fue trabajando más para evitar que los miembros de la institución eclesiástica pudiesen contraer matrimonio. Si la esposa de un obispo le daba un hijo, eso generaba un grave problema a la hora de la herencia. De hecho, varios concilios toledanos reprueban el matrimonio de clérigos. Empero, si la figura de la concubina estaba presente en el ámbito seglar —ya lo hemos visto entre los reyes—, también lo estaba en algunas ocasiones entre los eclesiásticos. Las disposiciones conciliares insisten en que ninguna mujer, salvo que fuese familiar directo, debía vivir con un clérigo, incluso aunque se hubiese dado un matrimonio previo, y que los religiosos debían mantenerse alejados de las viudas. Actitudes de este tipo podían recordar a herejías como la del priscilianismo[5] que tan duramente se persiguió en Hispania. Es más, se llega a permitir que el poder civil actúe para sacar a las mujeres que vivían de manera impropia en casa de los religiosos y que estas fuesen vendidas como esclavas, repartiendo las ganancias entre los pobres. La Iglesia hispanogoda trabajó para evitar escándalos, corruptelas y comportamientos impropios, y para ello la «mejor relación» que se podía establecer con una mujer era la de la castidad.

Las mujeres que entraban en un monasterio también veían que su vida cambiaba en cuanto a la vestimenta, alejándose de ricas sedas, abalorios, joyería y colores, y adoptando ropas más sobrias, austeras y humildes, aparte de portar un velo de color rojo o negro. En cambio, ganaban en cuanto a formación porque todas ellas debían saber leer y escribir a la perfección.

Obras de caridad y construcción de edificios para la comunidad

Dentro del ámbito religioso, un aspecto que nos gustaría resaltar es el de la caridad cristiana. Esta virtud teologal era practicada por las mujeres de la nobleza y de la realeza principalmente, siguiendo la tradición tardorromana cristiana, gracias a los medios de los que disponían. Una de las fórmulas más conocida y clásica era el reparto de limosna entre los pobres y necesitados. Otra opción más llamativa, y que dejaba huella en el tiempo, era la labor edilicia. La construcción de edificios religiosos tales como iglesias o monasterios tanto en sus propios dominios como fuera de ellos es un claro ejemplo. Ya hemos visto cómo en su regreso a la península itálica la emperatriz romana y reina visigoda Gala Placidia desarrolló un destacado programa constructivo; en el siguiente capítulo conoceremos cómo la regente y reina ostrogoda Amalasunta siguió con el legado edificador de su padre, Teodorico el Grande.

Un ejemplo de este tipo de evergetismo llevado a cabo en el contexto del *Regnum Gothorum* o *Regnum Hispaniae* nos ha llegado en forma de poema gracias a una figura ya mencionada como es San Eugenio (II) de Toledo. El obispo metropolitano y poeta compuso un poema en el que habla de un matrimonio que ha aparecido en páginas precedentes como es el de la goda Teudesvinta y el hispanorromano Eterio: «Eterio realizó esta obra en compañía de su amada esposa, que en vida se llamó Teudesvinta. Tú, suplicante, que aquí acudes, acuérdate de ellos con afecto, para que el propio padre omnipotente se acuerde de ti». La obra a la que hace referencia es el monasterio de San Félix en Tatanesio, que tradicionalmente se ha identificado con Totanés, en la comarca de los Montes de Toledo. Por otro lado, es de suponer que todas las reinas tolosanas y toledanas habrían llevado a cabo, en mayor o en menor medida, acciones de evergetismo, porque varias de ellas disponían de fortunas muy destacadas, como la rica dama hispanorromana que contrajo matrimonio con Teudis o la reina Goswinta. También la epigrafía nos aporta nombres propios de mujeres —*dominae*— de un elevado estatus socioeconómico y a las que se refieren con términos propios de su posición. Como dice la profesora Gallego Franco, «las fuentes escritas y epigráficas de Hispania tardoantigua conservan los testimonios de algunas mujeres aristocráticas que realizan actos de caridad identificables con el fenómeno que conocemos como evergetismo cristiano».

Entrando un poco más en materia, estas acciones caritativas ligadas al indicado evergetismo cristiano podían ir desde la financiación para la construcción de un monasterio o una iglesia, hasta la reforma de un edificio religioso, la entrega o donación de distintas piezas de valor o la donación de objetos litúrgicos —muchos de ellos de oro—. Asimismo, podían realizarse tanto en un entorno urbano como en zonas rurales. Y no hablamos de episodios aislados o de obras de segunda. El destacado monasterio Servitano (Ercávica, Cuenca) del que fue abad Donato en la década de los años sesenta y setenta del siglo VI con monjes norteafricanos, que atesoró una famosa biblioteca y se convirtió en un referente religioso en el Reino visigodo de Toledo, pudo hacerse realidad gracias a los recursos proporcionados por Minicea, una rica dama que patrocinó la obra. Estas acciones caritativas encerrarían el celo religioso de sus impulsoras y su compromiso espiritual, pero igualmente contenían un componente de prestigio social y político, aunque podían darse patrocinios anónimos o colectivos. Por último, dichas acciones se realizaban junto a sus maridos o bien a título personal, suponiendo así una de las pocas áreas en las que podían actuar con libertad. Por supuesto, la Iglesia católica, que vio cómo se favorecía el culto a los santos y a los mártires, les agradecía su labor caritativa a estas mujeres de elevada posición social —influyentes y respetadas— y que en muchos casos estaban relacionadas con el poder, debido al cargo o nombramiento de su marido.

Antes de sumergirnos dentro de este apartado en un tema que generalmente suele suscitar mucho interés como son la persecución social y las cuestiones heterodoxas relacionadas con la superstición o las prácticas mágicas, vamos a detenernos en una figura femenina de sumo interés. Es más, dado que, como hemos visto, las fuentes son muy limitadas a la hora de tratar a las reinas y princesas al igual que otros asuntos ligados a las mujeres, es casi de obligado cumplimiento que hablemos de Benedicta, una mujer en la que las fuentes se detuvieron porque antepuso la fe al matrimonio. Los profesores Valverde Castro y Orlandis han realizado trabajos muy interesantes sobre este personaje —la primera se refiere a Benedicta como mujer «viril» del mismo modo que hace con Goswinta dado los preceptos de la época—, que nos van a servir de apoyo. Ya hemos visto, y lo seguiremos haciendo, cómo las fuentes en muchas ocasiones criticaban a las reinas que mostraban actitudes y realizaban acciones que se consideraban propias de los hombres o, si no las criticaban, las alababan porque eran propias de estos y ellas como mujeres eran capaces de desenvolverse a ese nivel.

Benedicta: hábito en vez de matrimonio

Benedicta tuvo el privilegio de que las fuentes ensalzasen su figura. La fuente que nos habla de Benedicta es la *Vida de San Fructuoso de Braga* —obra de carácter anónimo compuesta alrededor del año 680—, uno de los personajes religiosos más importantes del Reino visigodo de Toledo y clave en la Historia de la Iglesia hispanogoda. Cronológicamente hay que situarse a mediados del siglo VII y geográficamente en el valle del Guadalquivir. La familia de Benedicta formaba parte de la vieja aristocracia senatorial de la Bética, de larga ascendencia y de rica fortuna a lo largo de toda la Tardoantigüedad y primera etapa de la Alta Edad Media. Por ende, hablamos de una joven dama de un elevado estatus social. Su posición, naturalmente, hacía que estuviese destinada a un matrimonio de conveniencia sociopolítica y así fue. La joven dama quedó prometida ni más ni menos que a un gardingo[6] godo. Este enlace estaría en el marco de los comentados matrimonios mixtos entre miembros de la aristocracia hispanorromana —Benedicta— y de la aristocracia goda —el gardingo de quien desconocemos su nombre—. En principio, podría considerarse que todo iba por el camino acordado cuando un nuevo sendero se abrió en el tránsito vital de la joven dama. La vocación religiosa arraigó con fuerza en su ser y tuvo que hacerlo de tal manera que rompió los planes familiares y huyó rauda y veloz. La huida tenía un lugar claro, la costa gaditana, y un objetivo rotundo, llegar ante San Fructuoso, que se encontraba en la zona fundando un monasterio y atrayendo a una gran multitud de hombres y de mujeres que querían tomar los hábitos. Por el respeto que profesaba Benedicta hacia el futuro santo, decidió comunicarse con él a través de mensajes, lo que denota que sabía leer y escribir a la perfección. Así, la joven y virgen dama le pidió consejo y que le marcase los pasos a dar para acercarse a Dios, y esta encontró respuesta a sus desvelos. San Fructuoso pidió que se levantase una cabaña donde podría alojarse y los niños hacían de carteros trasladando los mensajes de este para que Benedicta viese cubierta sus necesidades espirituales. Asimismo, los niños llevaban la comida necesaria para que la joven dama estuviese adecuadamente alimentada. Benedicta se hizo muy popular y eso animó a que otras mujeres siguiesen sus pasos hasta llegar al espectacular número de ochenta vírgenes a las que se sumaron mujeres casadas junto a sus hijas, puesto que sus maridos e hijos también tomaban los hábitos. Toda esta situación provocó que San Fructuoso levantase un cenobio femenino, posiblemente con el apoyo económico de la joven noble. Benedicta quedó al frente del nuevo monasterio.

Parecía que tras un tiempo transcurrido desde su huida y una vez al frente del cenobio, la vida de la joven dama sería idílica según sus pretensiones vitales y espirituales. Sin embargo, su prometido no se había rendido a pesar de que tardó en actuar. Su posición como gardingo le permitía el acceso al rey —probablemente Recesvinto— y recurrió a su justicia para recuperar a su amada, aunque fuese contraviniendo los deseos de esta. El soberano acudió al conde Angelate para que impartiese la justicia real y este marchó, en compañía del gardingo, hasta el lugar donde se encontraba el monasterio de la demandada. La escena tuvo que ser de lo más tensa porque Benedicta no quería recibir al juez y conde ni a su prometido y gardingo. Finalmente, uno de los monjes que se encargaban de administrar asuntos del monasterio femenino fue el que consiguió que se cumpliese el mandato del juez y Benedicta se presentó ante ellos. Eso sí, el férreo carácter de la joven dama virgen y sus claras convicciones hicieron que estuviese rezando sin prestarles atención. Según la fuente que nos detalla esta escena, tras los ataques verbales del gardingo, Benedicta acabó reaccionando y con pocas palabras dejó rendido a su prometido. No solo esto, sino que tuvo que resultar tan clara, rotunda, digna, elocuente y convincente —nótese su formación— que el juez le dijo al gardingo: «Déjala servir al Señor y búscate otra mujer».

Ahora sí y sin ninguna de atadura, compromiso o vínculo legal, Benedicta pudo dedicarse en cuerpo y alma a la vida ascética y consagrar su vida plenamente a Dios. Tal vez pueda resultar sorprendente, porque después de estos hechos, la vida de Benedicta fue muy breve y al poco tiempo murió. La *Vida de San Fructuoso de Braga* dice que al ser la primera virgen del monasterio, también debía ser la primera en partir junto a Dios y compartir la gloria del reino de los cielos. Hay estudiosos que dudan de la historicidad de estos hechos y consideran que en verdad estamos ante un escrito moralizante. Por nuestra parte y más allá de algunos aderezos del autor de la obra, nos posicionamos a favor de la historicidad de Benedicta y de su aventura vital en la que antepuso su deseo a sus padres, a su futuro marido y a la legalidad del reino. Y además, salió victoriosa.

Si volvemos de nuevo a los estudios de la profesora Gallego Franco, se establecen tres tipos de parámetros en los que la mujer podía ser marginada socialmente. El primero de ellos estaría asociado a la mala situación económica, el segundo, de corte sexual, rompiendo el rol asignado, y el tercero estaría relacionado con el parámetro religioso. De los dos primeros hemos venido hablando en distintos contextos; dentro de este epígrafe el que más nos interesa es el tercer tipo de marginación social que podía sufrir la mujer en la Hispania tardoantigua y en el Reino visigodo de Toledo.

Ortodoxia religiosa frente a las artes mágicas

En las *Etimologías* dice San Isidoro: «Y así esta vanidad de las artes mágicas, emanada de los ángeles perversos, estuvo vigente durante muchos siglos en todo el orbe de la tierra». Una vez que el cristianismo niceno-catolicismo se convirtió en religión oficial del Imperio romano, se fueron dando pasos para que poco a poco las artes mágicas en sus distintas variantes fuesen desapareciendo e imperase la ortodoxia. En el caso de Hispania, primero con la conversión al catolicismo de los suevos y luego con la de los godos en el III Concilio de Toledo, se dio un salto más. A lo largo del siglo VII los concilios toledanos insistieron muchos en estas desviaciones y prácticas supersticiosas, muy arraigadas en algunos casos. Como ya hemos indicado en otros trabajos, a la hora de acercarnos a este campo de la heterodoxia, las informaciones con las que contamos provienen de aquellos quienes las persiguieron. Así, las prácticas mágicas (nigromancia, adivinación, astrología, etc.) eran vistas como el mal y de inspiración demoníaca y pagana, por lo tanto suponían un peligro tanto individual como colectivo. Fueron partícipes de las mismas desde los estratos más humildes de la sociedad hispanogoda hasta las más altas esferas, tanto en zonas rurales como en zonas urbanas, sin que esto suponga negar que el catolicismo estaba plenamente implantado, máxime desde su oficialidad, aunque todavía necesitase una profunda labor pastoral. Una vez más sacamos fuera de la ecuación a la comunidad judía.

¿Cómo encajamos el papel de la mujer? Pues bien, al igual que sucede con los hombres, las mujeres tenían actividades ligadas a las prácticas mágicas compartidas con el género masculino, pero otras, las que más, circunscritas a su género. En fuentes como los escritos de San Isidoro, las actas de los concilios o la obra *De correctione rusticorum*[7] de San Martín de Braga, se recoge una información más que interesante. De esta manera, San Isidoro aplica el término *sibila* a toda mujer que se dedica a la adivinación y en su listado de magos habla muy mayoritariamente de los masculinos pero menciona a las *pitonisas*. Igualmente, habla de amuletos y sortilegios con el fin de que el buen cristiano los repudie y los condene. Los profesores Díaz Martínez y Torres Prieto señalan que en la obra *De correctione rusticorum* se habla de brujas de tintes vampíricos, con especial gusto por la sangre de los niños. En las fuentes se invocaba a las ninfas, y el culto a la diosa Diana persistía en los bosques. Para algunas mujeres del territorio del antiguo *Regnum Suevorum* la figura de las diosas romanas Minerva y Venus seguía gozando de influencia. En el caso de la primera parece ser que era mencionada o incluso invocada cuando realizaban una labor tan femenina para la época como era la de tejer e hilar la lana. En el caso de Venus, todavía seguía presente en el gusto de determinadas mujeres en el contexto de las bodas y el amor.

En las actas conciliares se especifica que los grandes señores debían vigilar las creencias de sus dependientes, por lo tanto, muchas siervas verían, entre todos los aspectos de su vida, cómo su amo controlaba si ellas ejercían o si seguían alguna desviación religiosa. Al igual que las mujeres participaban en festividades y oficios litúrgicos en los que se llevaban a cabo bailes y cánticos desaprobados, también eran partícipes de determinados cánticos y gestos prohibidos en contextos funerarios. Por otro lado, la legislación civil también recoge aspectos referidos a las desviaciones religiosas y prácticas mágicas. Se deja claro que tan culpable era la persona que consultaba, por ejemplo, a una adivina, como la propia adivina: ambos eran duramente castigados llegado el caso. Del mismo modo, existía una ley que se centraba en pociones y algún tipo de encantamiento o maleficio, cuyo objetivo era que una mujer adúltera no pudiese ser denunciada por su marido y que siguiese enamorado de ella. Una cuestión sobre la que igualmente se legisló y penó duramente era la consulta a adivinos para saber cuándo iba a morir un rey determinado. De hecho, se conoce el caso de un obispo de la Bética que consultó a una adivina llamada Simplicia sobre esta cuestión en el primer cuarto del siglo VII.

El poder civil y el poder eclesiástico actuaron con dureza (azotes, multas, excomuniones, pérdida de estatus de persona libre, destierro, pérdida de bienes, penitencia o *decalvatio*) contra las prácticas mágicas en general, las pervivencias supersticiosas y los residuos paganos. El problema con el que nos encontrarnos es que en muchas ocasiones no se diferenciaba el sexo tanto en las personas que ejercían esas acciones como en sus demandantes. Seguramente desconozcamos muchos casos en los que el componente femenino jugó un factor fundamental, puesto que nos resulta complicado no asociar algo tan propio del contexto de la hechicería y de la brujería como es el género femenino y la naturaleza. De hecho, sabemos que en esta época se dieron algunas prácticas mágicas y supersticiosas vinculadas con la luna, las aguas, las piedras, las plantas, los árboles, etc.

La profesora Sanz Serrano ha trabajado en profundidad la temática de la adivinación, el paganismo y las prácticas ocultistas entre los siglos IV y VII en tierras hispanas. Según esta profesora, la desconexión con el pasado cultural y religioso no es algo que se pueda hacer de un día para otro; las herejías y el ocultismo en términos generales encerraban elementos de supervivencia religiosa, y de esto participaban tanto hombres como mujeres. La magia y las diversas prácticas adivinatorias y supersticiosas se veían como herramientas útiles e inmediatas y podían entremezclarse con el credo oficial y sobreviviendo a las herejías.

A colación de esta última cuestión, en el marco de las creencias y de la persecución que podían sufrir determinadas mujeres, hay que encuadrar las dos grandes herejías de la Hispania de la Antigüedad tardía como son el priscilianismo y el arrianismo. En la primera de ellas tendría más peso la mujer, ya que se le daba una función más activa y cercana al hombre. De hecho, una de las acusaciones contra Prisciliano y los priscilianistas fue la de tener reuniones nocturnas con mujeres. Y no como una herejía, sino más bien como un elemento residual y supersticioso —pero el cual se continuó persiguiendo, como vemos en la documentación conciliar—, está la idolatría, que también sería practicada por algunas mujeres.

Una conclusión global que queremos ofrecer acerca de estas cuestiones heterodoxas y de creencias al margen o junto al catolicismo oficial es que estamos ante un escenario en el que es difícil distinguir entre hombres y mujeres a raíz de las fuentes, y que parece un plano en el que tanto unos como otras entraban o ejercían no tanto por su género como por su propio interés. No hay que olvidar que estamos en un periodo en el que la magia y sus múltiples prácticas son temidas y perseguidas porque se consideraba que podían ofrecer un conocimiento inadecuado del futuro y generar perjuicios a personas o a algo tan valioso en la época como los animales y las cosechas.

> De las personas de los jueces, o también de los otros, que consultan a los adivinos o que recorren a augurios.
>
> Así como la piadosa verdad no tiene cabida en la concertación de la mentira, no es consecuente que una verdad oculta sea investigada mediante la mentira. Toda verdad, en efecto, proviene de Dios, y la mentira, en cambio, del diablo, porque el mismo diablo es un mentiroso desde el inicio.
>
> *Liber Iudiciorum – Lex Visigothorum*
> Libro VI, 2, 2 (rey Ervigio)

7

LA FAMILIA DE TEODORICO EL GRANDE: «OSTROGODAS DE PODER»

Puede resultar un tanto sorprendente el título de este capítulo, puesto que la figura que aparece es la de un rey y no la de una reina y porque hablamos de «ostrogodas de poder» en un tiempo en el que las mujeres no ejercían el poder político y militar. Pues bien, todo tiene su explicación y justificación, y aunque es algo que se irá viendo a medida que se desarrolle este capítulo, sí expondremos dos pinceladas. En primer lugar, el noventa por ciento de las reinas y princesas que aparecerán en las siguientes páginas tiene un vínculo directo con Teodorico el Grande o el Amalo y la gran mayoría se vieron afectadas por la espectacular red de matrimonios que el soberano godo tejió en Occidente entre finales del siglo v y principios del vi. Y en segundo lugar, conocemos el nombre de una buena cantidad de estas «ostrogodas de poder» y no solo eso, sino que contamos con la suficiente información para afirmar que condicionaron en mayor o en menor medida los reinos en los que vivieron. De hecho, una de ellas —Amalasunta— llegó a actuar como regente y reina, y es, junto a Gala Placidia y Goswinta, la tercera reina de la que se podría hacer una monografía —superando a Goswinta en cuanto a la información que tenemos sobre ella— y cuya biografía no tiene nada que envidiar a la de ninguno de los reyes ostrogodos, si exceptuamos a su padre Teodorico el Grande.

A nivel cronológico este capítulo abarcará *grosso modo* desde mediados del siglo v hasta mediados del siglo vi, cuando el Reino ostrogodo de Italia sucumbió definitivamente ante las largas embestidas del Imperio romano de Oriente o Imperio bizantino. También haremos algunas menciones previas a un periodo de tiempo anterior para enlazar con lo último dicho sobre los greutungos e indicar la figura de alguna posible reina.

Si queremos conocer la gran obra levantada por Teodorico el Grande, el Reino ostrogodo de Italia, es imprescindible que nos acerquemos y analicemos las figuras regias femeninas que estuvieron junto a él, ya que sin ellas no hubiese sido posible una gran cantidad de hechos, sucesos y acciones que lo condicionaron. De esta manera, para enfrentarnos a esta cuestión, las principales fuentes históricas son Jordanes, Procopio de Cesarea, Ennodio y Casiodoro. Los grandes especialistas que nos han venido acompañando lo seguirán haciendo, aunque alguno quedará en un segundo plano y otros tendrán una mayor relevancia, a lo que se sumarán nuevos grandes especialistas como el profesor Vitiello y la continuidad de nuestros trabajos ligados a la materia en cuestión.

★   ★   ★

El relato de los greutungos lo habíamos dejado suspendido cuando el gran rey Hermanarico fue derrotado por la horda de hunos y una buena parte de estos quedaron subyugados al poder huno. Si nos detenemos un poco más en la figura de Hermanarico, es considerado por Jordanes como «el más noble de la familia de los Amalos». Ese linaje ya ha aparecido en este trabajo y es preciso hacer un especial énfasis en él porque en lo que respecta a la sangre, al menos seis de las reinas o princesas ostrogodas formaron parte de él. Si volvemos a Jordanes, este consideraba el linaje de los Amalos como el principal entre los godos en cuanto a su nobleza, por delante del de los Baltos, vinculado a los visigodos. Y es que la genealogía de este ilustrísimo linaje conecta a las protagonistas de este capítulo con Teodorico el Grande, y este a su vez estaría lejanamente emparentado con el mítico Hermanarico, y este con reyes-héroes en los que se entremezclan Historia, leyenda y tradición, como Ostrogoda y anterior a este Amal, quien sería el personaje que dio origen a los Amalos. Todos ellos y otros tantos que hemos obviado procederían de Gapt: «El primero de estos héroes, como ellos mismos lo cuentan en sus leyendas», como dice Jordanes en su *Getica* u *Origen y gestas de los godos*. Por supuesto que toda esta genealogía busca ensalzar la figura de Teodorico el Grande, pero también afecta a sus familiares como son su madre, su hermana, sus hijas, su sobrina, etc., por eso es preciso detallarlo. Lástima que en esa genealogía el cronista no mencione a ninguna mujer hasta la propia Amalasunta, si bien, esto deja claro que la «auténtica esencia Amala» tras Teodorico el Grande quedaría depositada en su hija.

Volviendo a Hermanarico, su muerte aconteció en el año 375; sobre esta Amiano Marcelino escribe que fue a causa del suicidio con tintes casi ritualísticos al no poder frenar a los hunos. En cambio, hay otras versiones en las que el componente femenino es de sumo interés. Para Jordanes la muerte de este rey godo vendría dada por una herida de espada en el costado. ¿Quiénes serían los autores? En este contexto emerge la figura de Sunilda. En fuentes muy tardías y muy posteriores a los hechos históricos se afirma que sería la mujer del propio Hermanarico, pero Jordanes no dice nada de esto. Según el cronista, Sunilda pertenece al pueblo de los rosomonos (hérulos), los cuales estaban sometidos por Hermanarico. Esta «engañó a su marido y lo abandonó». El castigo que determinó Hermanarico consistió en que la mujer fuese atada a unos caballos salvajes para que acabase descuartizada. Los hermanos de Sunilda se vengarían hiriendo gravemente al soberano amalo. Las heridas y las incursiones de los hunos acabarían con su vida. Si seguimos en mayor o en menor medida a Jordanes, lo que resulta evidente es que Sunilda no tuvo que ser una mujer cualquiera para que Hermanarico actuase de esa manera tan drástica y los hermanos de la ejecutada tuviesen la capacidad de vengarse. La huella de Sunilda es muy interesante en sagas, cantares y poemas, tanto germánicos como nórdicos.

A partir de aquí y tras la victoria de los hunos, vemos cómo una buena parte de los greutungos quedaron sojuzgados por los hunos, como ya hemos señalado, y a una pequeña parte que huyó los encontramos luchando y venciendo junto a los tervingios en la batalla de

Adrianópolis (378) o estando bajo el mando de Ataúlfo, marido de Gala Placidia.

Si damos un salto hasta mediados del siglo v y nos situamos en el año 451, vemos cómo en la batalla de los Campos Cataláunicos se encontraban en el bando huno los ostrogodos liderados por los hermanos Valamiro, Vidimiro y Teodomiro, los tres pertenecientes al linaje de los Amalos. Estos habían mantenido su estructura a pesar del sometimiento a los hunos, liderados en este caso por Atila. Una vez que el famoso rey de los hunos se retiró a sus dominios y murió en compañía de su nueva esposa goda, los ostrogodos, así como otros pueblos, consiguieron desembarazarse del yugo huno a partir del año 454 tras la batalla del río Nedao. Los ostrogodos, dirigidos por los tres hermanos, quedaron asentados en Panonia, siendo Valamiro el que tendría consideración de *rex*, el cual volvió a vencer a los hijos de Atila.

Erelieva, concubina de Teodomiro y madre de Teodorico

Nos encontramos en la segunda mitad de la década de los años cincuenta del siglo v y Erelieva, Ereliuva o Ereleuva dio a luz a un pequeño llamado Teodorico. Erelieva era una concubina de Teodomiro. En muchas ocasiones el término concubina tiene un cariz despectivo, y no es bien entendido, particularmente en el ámbito germánico. Lo más natural es que Erelieva tuviese una relación con Teodomiro muy similar a la que tenía Baddo con Recaredo, es decir, *Friedelehe,* que, como ya expusimos, era un enlace germánico no canónico o de concubinato estable. Esta idea ha sido defendida por muchos autores con buen criterio. Aparte de esta cuestión, de Erelieva sabemos que era goda, que estuvo junto a su hijo en momentos importantes de la vida de este, que sobrevivió a Teodomiro, que se convirtió al catolicismo presumiblemente desde el arrianismo y que, según el profesor García Moreno, podría pertenecer al linaje del rey visigodo Leovigildo por cuestiones onomásticas. Por consiguiente, vemos cómo mujeres que no procedían de una realeza extranjera o que puede que no estuviesen ligadas a la alta nobleza de su propio pueblo pudieron mantener una relación con un destacado prohombre y darle descendencia legítima y reconocida, aunque luego no se consumase el matrimonio canónico. En el caso de Erelieva, la ascendencia sobre su pueblo no tuvo que ser nada desdeñable y su hijo siempre la tuvo en muy alta consideración.

Antes de seguir con Erelieva y con el resto de «ostrogodas de poder», es indispensable tratar más asuntos del desarrollo histórico de los godos del este. En el año 457 llegaron a un acuerdo con el Imperio romano de Oriente, pero pronto comenzaron las disensiones con el gobierno de Constantinopla. Ante la presión de los tres hermanos, el emperador León I volvió a la vía del acuerdo, restituyó los pagos y el pequeño Teodorico, que solo contaba con ocho años de edad, fue enviado a la capital imperial como rehén amistoso y garante de la paz. Aquí se separaron los caminos de Erelieva y de su hijo, además por un largo periodo de tiempo, debido a que Teodorico estuvo diez años en Constantinopla, tiempo que aprovechó magníficamente para formarse adecuadamente. Suponemos que al igual que le sucedió a Goswinta cuando vio partir a sus hijas hacia tierras francas, el corazón de Erelieva se encogería, aunque, a diferencia de la reina visigoda, ella sí volvió a ver a su querido hijo. Por su parte, Valamiro, Vidimiro y Teodomiro obtuvieron importantes victorias frente a otros pueblos bárbaros. En el año 468 Valamiro murió y Teodomiro pasó a liderar a su pueblo y ostentar el título de *rex gothorum*. Cosechó grandes triunfos frente a sármatas, gépidas, suevos, alamanes, etc. Al fin Erelieva y Teodomiro pudieron encontrarse con el joven Teodorico, quien regresó acompañado de grandes regalos. Teodorico no solo se reencontraría con sus padres, sino también con su hermana Amalafrida o Amalafreda, la cual es otra de las protagonistas de este capítulo. Llegados a este punto, ya vamos viendo cómo importantes figuras femeninas rodearon al que se convirtió en el rey más importante de su tiempo. Erelieva y Amalafrida tuvieron que seguir muy de cerca los pasos agigantados —consiguió una sonora victoria frente a los sármatas en la actual Serbia— que fue dando su hijo y hermano, respectivamente, para posicionarse como claro sucesor de su padre y como personaje fundamental en la política y en la milicia de su época.

El año 473 es importante para los ostrogodos, ya que Teodomiro avanzó hacia Constantinopla con el fin de presionar al emperador, pero una parte del grupo se marchó junto a Vidimiro hacia la península itálica, donde el emperador occidental Glycerio lo invitó a unirse a sus hermanos godos del Reino visigodo de Tolosa regido por Eurico. Previamente, Vidimiro murió y su hijo, también llamado Vidimiro, fue el que efectuó el paso a los dominios de Eurico. Así, Vidimiro, su mujer y su contingente poblacional de ostrogodos se unieron a los visigodos. Mientras tanto, Teodomiro y Teodorico atacaron el Ilírico (Balcanes) obligando a firmar un nuevo *foedus* al emperador oriental. En el año 474 Teodomiro murió y el hijo de Erelieva se convirtió en *rex gothorum*. Teodorico firmó un nuevo acuerdo con el emperador oriental Zenón y recibió dignidades romanas como el nombramiento de *magister militum*. Más tarde también fue nombrado cónsul y obtuvo los títulos de patricio y *flavius*. Así, Erelieva pudo ver cómo la estela de su hijo no solo crecía entre los suyos, sino que también era un hombre respetado por los romanos. La figura de su vástago se engrandeció cuando otro líder godo llamado Teodorico Estrabón murió y su contingente población se sumó a la de su hijo, produciéndose un nuevo proceso de etnogénesis. No obstante, el equilibro entre ostrogodos y el gobierno de Constantinopla era muy endeble. Unos querían su propio reino y otros alejar a un pueblo poderoso de sus dominios. La solución llegó en el año 488 cuando el emperador Zenón y el *rex gothorum* Teodorico el Grande acordaron que el germano podía invadir la península itálica para imponerse a Odoacro, el hombre que había depuesto a Rómulo Augústulo, el último emperador de Occidente.

De esta manera comenzó la larga marcha de los ostrogodos. Mujeres, hombres, niños, familias al completo[1] recorrieron el largo camino desde el norte de la antigua Yugoslavia hasta la península itálica. Erelieva y Amalafrida acompañaron a Teodorico el Grande pero no serían las únicas godas destacadas que lo hicieron. El monarca también tendría junto a él a una concubina de la que desconocemos el nombre y con la que quizá pudo tener una relación de *Friedelehe*. De esta relación nacieron dos niñas, Thiudigoto y Ostrogota, para las que, una vez

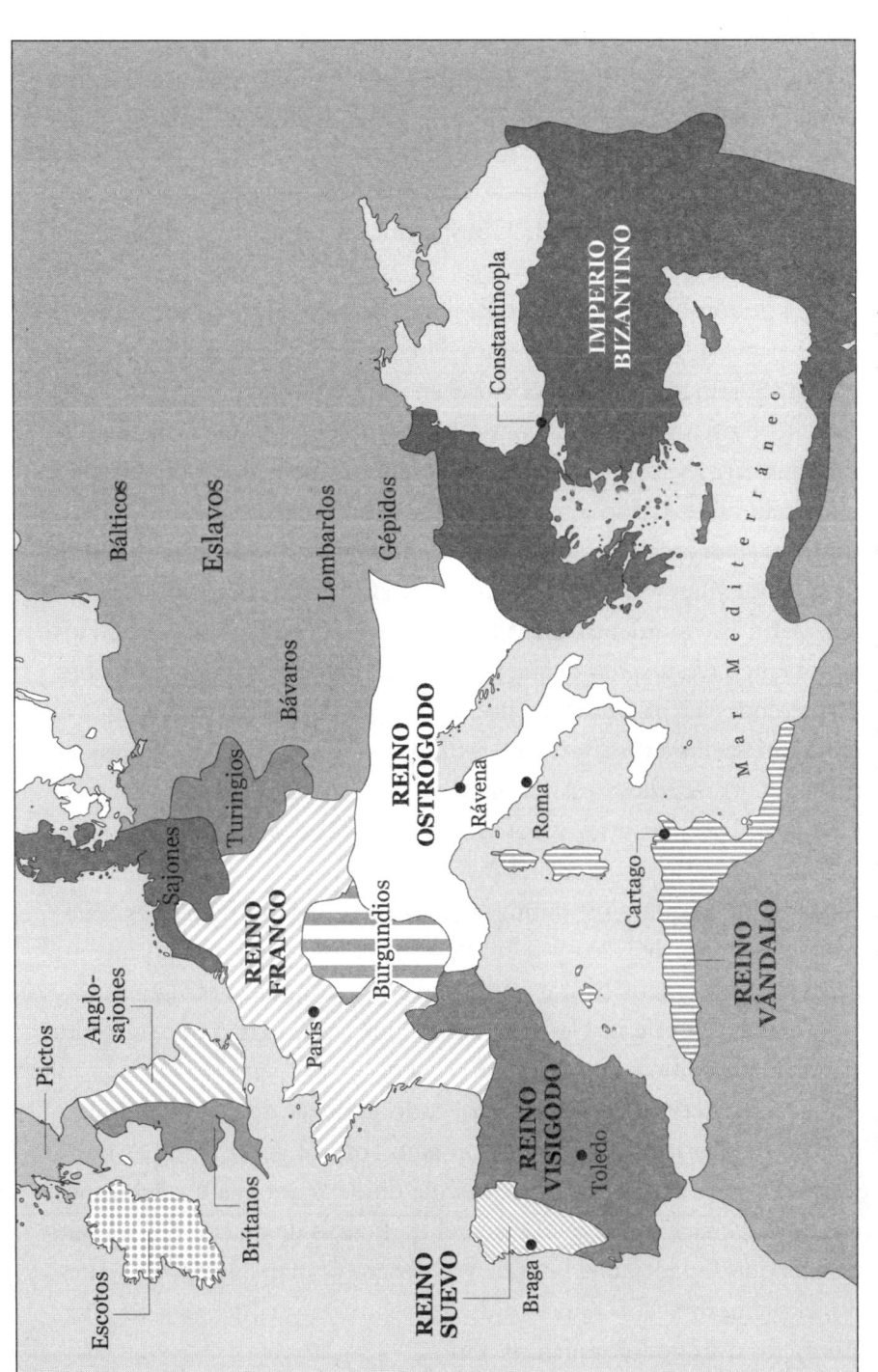

El Reino ostrogodo de Italia en su esplendor durante el primer cuarto de siglo VI.

asentados en tierras italianas, su padre tenía un plan muy claro. Sobre la segunda de estas niñas hay que añadir que también recibió el nombre de Ariadna, en honor a la emperatriz del mismo nombre y esposa del emperador oriental Zenón. Este curioso detalle siempre ha sido identificado como un gesto de cercanía por parte de Teodorico el Grande hacia el gobierno de Constantinopla en un momento de intereses mutuos.

La guerra contra Odocaro se extendió a lo largo de cuatro años, desde el año 489 al 493. Queremos destacar la batalla de Verona en otoño del 489. En los prolegómenos del choque, mientras que Teodorico el Grande se preparaba con la coraza (presumiblemente una armadura de tipo laminar) y se colocaba la espada, el obispo y poeta Ennodio nos dice que Erelieva —«virtuosa madre»— y Amalafrida —«respetable hermana»— estaban junto a su familiar habiendo llegado hasta él «a impulsos de su amor y cuya solicitud femenina oscilaba entre el miedo y la esperanza». En este momento, Ennodio pone en boca de Teodorico el Grande un épico discurso en el que se refiere a Erelieva diciendo: «Tú sabes, madre, conocida para todas las naciones por la fama de tu vástago, que el día de mi nacimiento diste a luz, fecunda, un varón». Después y siguiendo el discurso, Erelieva y Amalafrida serían reclamadas por Teodorico el Grande: «¡Traedme, pues, vosotras vestidos cuidadosamente elaborados, que son el tormento de los telares! Acójame la batalla con ropajes más elegantes de lo que acostumbro en las fiestas». De esto inferimos, independientemente de la loa y el boato de las palabras de Ennodio, que esa cercanía que comentábamos entre Erelieva y su hijo no es algo impostado, es más, el profesor García Moreno indica que exigió que su madre fuese tratada como «reina».

Tras la victoria en Verona, casi todo el norte de la actual Italia e incluso territorios al este quedaron bajo control godo. Aunque hubo algunos «tira y afloja», Odocaro resistía desde la antigua capital imperial de Rávena. En el año 493 y en el transcurso de una cena en la que parecía que Teodorico el Grande y Odoacro podían llegar a un acuerdo, el primero acabó con la vida del segundo y la de sus allegados. Ahora los ostrogodos tenían su reino.

Cuatro mujeres en el nuevo Reino ostrogodo de Italia

En este nuevo Reino ostrogodo de Italia, con capital en la bella ciudad de Rávena, se instalaron Erelieva, Amalafrida, Thiudigoto y Ostrogota. Estas cuatro mujeres de la corte real goda vivirían en casas, más bien palacios o villas acordes con su posición y su vínculo directo con el *rex gothorum*. Bien en este momento o bien un poco antes, Erelieva tomó la decisión de convertirse al catolicismo y tomar el nombre de Eusebia. Esta acción no es un hecho baladí porque suponía que la madre —con tratamiento de reina— de Teodorico el Grande dejaba atrás el arrianismo y abrazaba el trinitarismo emanado del Concilio de Nicea. No hay constancia de que su hijo se opusiera a su decisión y sabemos que durante este tiempo de construcción de su reino Teodorico el Grande mantuvo una buena relación con la jerarquía eclesiástica católica, siendo él un arriano convencido que levantaba basílicas y baptisterios arrianos en Rávena.

En cuanto a Amalafrida, esta ya estaría casada posiblemente con un destacado aristócrata godo, pero en esta ocasión es del marido de quien no sabemos el nombre ni nada más. Sin embargo, siendo quien era Amalafrida, su marido tuvo que ser un respetable prohombre godo. No consideramos que pudiese haber sido un miembro de una corte real extranjera, ya que el enlace habría tenido lugar antes de llegar a la península itálica. Amalafrida tuvo dos hijos. El mayor de ellos era varón, Teodato, y habría hecho el camino hasta el nuevo reino junto a sus padres. La menor era una niña de nombre Amalaberga, la cual vendría al mundo a finales del siglo v. Sobre ambos volveremos a referirnos más tarde. En lo concerniente a Thiudigoto y a Ostrogota, no pasarían mucho tiempo en Rávena porque, como hemos visto en el capítulo correspondiente, la primera formó parte de la red de matrimonios políticos tejida por su padre al ser casada con el rey visigodo Alarico II cuando «todavía era una doncella», según Procopio de Cesarea. Pues bien, la segunda corrió una suerte similar y contrajo matrimonio con Segismundo, hijo del rey burgundio Gundebado. Según Jordanes, estos matrimonios se realizaron «tan pronto como llegó (Teodorico) a Italia»; por consiguiente, suponemos que ya en el año 494. De nuevo, las princesas godas jugaban un papel fundamental a la hora de establecer alianzas entre reinos. Gracias a sus dos hijas ilegítimas, Teodorico el Grande consiguió que visigodos y burgundios quedasen ligados a él.

Hasta ahora hemos visto a varias «ostrogodas de poder» vinculadas directamente a Teodorico el Grande o el Amalo, pero todas ellas ligadas por la sangre, si excluimos a la concubina o mujer con la que mantuvo una relación de *Friedelehe* y, consecuentemente, madre de Thiudigoto y Ostrogota. El rey godo quería, o tal vez habría que decir necesitaba, una destacada reina para el gran proyecto político que estaba comenzando a levantar desde Rávena. Y es aquí donde emerge otra relevante mujer asociada al Reino ostrogodo de Italia pero sin ser goda: Audofleda o Audefleda, hermana del rey franco Clodoveo. Audefleda fue la elegida por Teodorico el Grande para ser su esposa, previa petición y aceptación por parte de Clodoveo. Este matrimonio sirvió para aliar a ostrogodos y francos. Aunque no tenemos mucha información sobre Audefleda, su llegada a Rávena tuvo que producirse alrededor de los años 493 o 494, y en esa fecha se casaría con el soberano godo, siendo previsible que adoptase la religión de su marido (arrianismo).

Para su esposo, Audefleda jugaba un papel importante especialmente en el plano simbólico: al ser su mujer y la reina es entendible que apareciese en los magníficos mosaicos de la basílica de San Apolinar el Nuevo en Rávena, la cual tendría carácter palatino. Las representaciones de la *regina* Audefleda y del *rex gohorum* y *rex Italiae* Teodorico el Grande se perdieron cuando Rávena cayó en manos bizantinas y la basílica pasó al culto católico. De este matrimonio, en algún año posterior al 494 y anterior al 500, vino al mundo la princesa Amalasunta o Amalasvinta, quien tendrá un papel destacado en este capítulo. Como vemos, el elemento *Amal-* está muy presente en la onomástica de las mujeres de la corte goda de Italia: Amalafrida, Amalasunta, Amalaberga; ergo, se confirma, por un lado, el prestigio del linaje de los Amalos y, por otro, el papel de la mujer como salvaguarda de la esencia de dicho linaje.

Antes de seguir con nuestras fascinantes «ostrogodas de poder», es conveniente exponer, aunque sea sintéticamente, algunos otros aspectos del reinado de Teodorico el Grande que, al fin y al cabo, fue el hombre, según los parámetros de la época, que marcó la vida de casi todas ellas.

Mientras que las señaladas «ostrogodas de poder» llegaban a Rávena, se casaban, sus matrimonios eran concertados o incluso venían al mundo, un poderoso reino se estaba levantando alrededor de ellas. Para ello Teodorico el Grande se apoyó en la organización administrativa tardorromana y en la aristocracia senatorial de la península itálica (véanse las figuras de los prohombres italorromanos Casiodoro o Liberio). En el año 500 se promulgó el corpus legislativo llamado el *Edicto de Teodorico* con el que se buscó el equilibrio entre germanos y romanos y el buen funcionamiento del reino. Al menos inicialmente, Teodorico el Grande propició un cierto entendimiento con la Iglesia católica. Asimismo, el proyecto del Amalo incluyó una sobresaliente labor edilicia no solo en Rávena, sino también en Pavía y Roma, si bien el grueso fue en la capital goda donde a día de hoy podemos seguir disfrutando de una parte de la huella constructiva goda.[2] Conjuntamente, la cultura vivió un momento de esplendor. Fuera de las fronteras del *Regnum Italiae*, el *rex gothorum* fortaleció su posición frente al gobierno imperial de la mano de los matrimonios expuestos, de sus títulos y dignidades y, claro está, gracias a sus victorias militares que lo llevaron a expandir el reino hacia el este con grandes victorias como la del conde Pitzia frente a los gépidas en la actual Serbia.

Boda de Amalafrida con el rey vándalo Trasamundo

Deteniéndonos en este punto del resumen de las acciones políticas de Teodorico el Grande, en el marco de las reinas y princesas ostrogodas, nos situamos en el año 500. Amalafrida ya habría perdido a su primer esposo y padre de sus hijos Teodato y Amalaberga. En su condición de viuda y de mujer de la corte, todavía podía desempeñar un papel importante y tener una vida azarosa. Había un importante *regnum* en el Mediterráneo con el que todavía los ostrogodos no habían estrechado lazos matrimoniales, el Reino vándalo con capital en la norteafricana ciudad de Cartago. Allí se encontraba el también viudo Trasamundo

—uno de los sucesores del gran Genserico, aquel que llevó a su reino a su máxima expresión—, el cual puso sus ojos en Amalafrida. El matrimonio fue aceptado y consentido por Teodorico el Grande pero desconocemos la opinión de su hermana o de sus sobrinos. Hay que tener presente que el Amalo enviaba a su hermana a un rey que gobernaba a un pueblo tradicionalmente enemigo de los godos y que, además, era su vecino del sur.

Amalafrida partió hacia Cartago pero no fue sola, sino que, como relata Procopio de Cesarea, la acompañó una guardia de corps conformada por «mil godos de noble estirpe» junto a cinco mil servidores que podían combatir sin ningún problema. En resumen, Amalafrida llegó a las costas africanas con un auténtico ejército, lo que sin duda tuvo que hacerle sentir más segura en esta nueva etapa de su vida. Los regalos que recibió Amalafrida por parte de su hermano no se quedaron ahí. De nuevo, el mismo historiador nos informa de que recibió una pequeña parte de la isla de Sicilia (Lilibeo), antaño dominio vándalo pero ahora bajo control godo, como obsequio por sus nuevas nupcias. Seguimos insistiendo en que este tipo de detalles avalarían nuestra posición con respecto a la buena relación entre, en este caso, Amalafrida y su hermano Teodorico como sucedía con Erelieva/Eusebia y su hijo. Vamos a dejar a Amalafrida en Cartago junto a su nuevo marido, el rey vándalo Trasamundo, porque posteriormente volveremos a referirnos a ella en un episodio de tintes épicos.

Aparte del enlace de Amalafrida, en relación a las «ostrogodas de poder» de estos primeros años del siglo VI también podemos señalar que Thiudigoto, la esposa del rey visigodo Alarico II, dio a luz a su hijo Amalarico, y que su hermana Ostrogota tuvo con su marido, el príncipe burgundio Segismundo, a sus hijos Suavegota y Sigerico.

A la par que se desarrollaba la guerra franco-gótica entre Clodoveo, Alarico II y la posterior intervención de Teodorico el Grande, la vida de otra «ostrogoda de poder» se configuró a través de otro casamiento. Amalaberga contrajo matrimonio en algún momento en el que acontecía la batalla de Vouillé del año 507 y moría el rey Alarico II, sin que sepamos el destino que corrió la reina Thiudigoto; en alguna fase de la ofensiva de los francos sobre la capital visigoda de Tolosa y las urbes cla-

ve del sur de las Galias; en alguna fecha relacionada con la contraofensiva ostrogoda que derrotó a los burgundios y frenó a los francos; o en
algún episodio del enfrentamiento del visigodo Gesaleico frente a los
hombres de Teodorico el Grande que defendían los derechos de su nieto e hijo de Thiudigoto. No olvidemos que la madre de Amalaberga ya
estaba en el *Regnum Vandalorum* del norte de África tras sus segundas
nupcias, y que para Teodorico el Grande su sobrina era una mujer de
prestigio, digno miembro del linaje de los Amalos y una pieza muy útil
en su red de matrimonios políticos y diplomáticos.

Si nos atenemos a las palabras de Casiodoro, Amalaberga tenía un
buen abanico de virtudes que nos permiten acercarnos a su persona
más allá de lo habitual en este tipo de escritos. La profesora Herrin
recoge las palabras del religioso y escritor sobre Amalaberga: «La afor-
tunada Turingia recibirá lo que ha criado Italia, una mujer con cultura
literaria, educación moral, noble no solo de linaje, sino también en
dignidad femenina […]. Con vosotros (turingios) desempeñará legítimamente el papel de gobernante, y disciplinará a vuestra nación con
un mejor modo de vida». Teniendo en cuenta lo que podemos saber e
intuir sobre Erelieva/Eusebia, Teodorico el Grande y Amalafrida, es
decir, de la abuela, del tío y de la madre de Amalaberga, y del ambien-

Mausoleo de Teodorico el Grande o el Amalo en Rávena (fotografía del autor).

te creado y generado en la corte goda de Rávena, las palabras de Casiodoro parece que cobran mucho sentido. Por otro lado, como el lector habrá podido suponer, Amalaberga fue desposada con un miembro de la corte de los turingios —pueblo conocido por sus famosos caballos—, en este caso con su rey Hermanfredo. Gracias a Amalaberga, su tío consiguió un aliado al norte —en la actual Alemania— y muy cercano a francos y alamanes. Amalaberga vivió bastantes años en la corte turingia, pero el destino le tenía preparado un nuevo reencuentro con los ostrogodos, como veremos más tarde.

Amalasunta y Eutarico, unión de visigodos y ostrogodos

Si volvemos de nuevo al desarrollo del reinado de Teodorico el Grande o el Amalo, uno de los aspectos más relevantes, y que ya hemos tratado, va asociado a las acciones que toma como gobernador del Reino visigodo de Toledo y regente de su nieto Amalarico. Hablamos de las medidas que buscaban asociar a ostrogodos y visigodos, no ya a nivel étnico —porque ambos pueblos siempre fueron y se consideraron godos—, sino de entidad monárquica. Es aquí donde la política matrimonial que indicaba Procopio de Cesarea jugaba su papel. Estos matrimonios entre ostrogodos y visigodos se desarrollaron en las décadas de los años diez y veinte del siglo VI en Hispania y el sur galo bajo dominio godo. El máximo exponente de estas uniones, que además buscaba convertirse en el enlace que uniese a ostrogodos y visigodos en una única monarquía, es el que protagonizó la princesa Amalasunta. No sabemos si Audefleda y Teodorico el Grande tuvieron algún hijo varón o más hijas, lo que está claro es que el siempre inquietante camino a la sucesión pasaba inevitablemente por Amalasunta.

En cierta medida debemos estar agradecidos por la gran cantidad de información con la que contamos sobre Amalasunta, no ya en comparativa con otras reinas y princesas ostrogodas, sino también con respecto a otras figuras regias visigodas e incluso a lo que se refiere a otras reinas y princesas del resto de monarquías germánicas de la Antigüedad tardía y de la primera fase de la Alta Edad Media. Varios historiadores, cronistas y escritores no tuvieron reparos en incluirla en sus obras, como los ya conocidos Procopio de Cesarea, Jordanes o Casiodoro. Y es que no podemos entender el desarrollo político de buena parte de Occidente, *grosso modo*, entre los años 515 y 535 sin referirnos a su figura, especialmente a partir del año 526.

En otro trabajo hemos hablado del «eje maestro del plan unitario de Teodorico». Este eje pasaba irremediablemente por Amalasunta y su matrimonio, que no podía ser con un hombre cualquiera ni tampoco con un miembro de una monarquía extranjera porque sería poner en manos ajenas a los godos de ambas penínsulas. No podemos negar que siempre nos ha resultado de especial interés la unión entre la princesa Amalasunta y el hombre elegido por su padre, hablamos del godo Eutarico. Este es un personaje muy interesante porque sus vínculos eran tanto con ostrogodos como con visigodos y poseyó títulos relacionados con el ámbito imperial y político romano. Así, el esposo de Amalasunta, de quien Jordanes dice «...descendiente de la estirpe de los Amalos, estaba viviendo en Hispania y que era un joven que destacaba por su valor e inteligencia así como por su fortaleza física». Descendiente del mítico Hermanarico, conocía sobradamente el escenario visigodo al haber llegado sus ascendientes al incipiente Reino visigodo de Tolosa hacía unos cien años. Para el profesor Wolfram, Eutarico tendría sangre de los Baltos.

Por ende, tanto Amalasunta como Eutarico atesoraban un prestigio personal y familiar prácticamente inigualable, un auténtico matrimonio de prestigio compensado por ambas partes, y en el que los dos compartían la confesión arriana. Desconocemos la fecha de las nupcias pero bien pudo producirse alrededor del año 515. La celebración tendría lugar en la capital goda de Rávena y tuvo que ser un evento extremadamente llamativo a sabiendas de la importancia del mismo para el futuro de todos los godos y del gusto del artífice de la unión por lo simbólico y por el espectáculo para sus súbditos.

De este matrimonio nacieron dos hijos: Atalarico y Matasunta, y esto es lo poco que sabemos de manera directa sobre Amalasunta hasta prácticamente el año 526. Acerca de su marido Eutarico, sí tenemos conocimiento de algunos hechos que, obviamente, también le afectarían a ella. En el año 519 fue nombrado cónsul romano y recibió la intitulación de *Flavius*, lo que conllevó una gran celebración en Roma y en Rávena con animales llegados desde África que dejaron estupefactos al público. El matrimonio residiría en Rávena y de la ciudad se hizo cargo en distintas ocasiones Eutarico cuando el *rex gothorum* Teodorico estaba fuera. De la misma forma, sabemos que Eutarico, siguiendo la estela de su suegro, trató bien a los judíos y por ello tuvo roces con los católicos italorromanos. Todo parecía ir bien en la vida de Amalasunta: su padre había levantando un reino envidiable, ella era seguramente la mujer más importante del mismo, su marido no dejaba de acumular un currículum arrollador de cara a la sucesión, había tenido dos hijos que tendrían una gran importancia en el futuro y su ciudad —Rávena— no tenía nada que envidiar a la época en que fue la sede de la corte imperial de Occidente. Sin embargo, el infortunio llegó en el año 522/523 cuando el marido de Amalasunta cruzó a la otra orilla. La muerte de Eutarico pilló por sorpresa a su esposa pero también a su suegro, que veía cómo su proyecto de futuro sufría un durísimo revés.

Los últimos años de reinado de su padre fueron complejos para Amalasunta. Aparte de planificar su futuro y ver qué iba a ocurrir con el reino una vez falleciese su progenitor, tenía que prestar atención a sus hijos, quienes todavía eran muy pequeños. Las esperanzas estaban puestas en Atalarico, y Amalasunta procuró que el jovencísimo godo pudiese estar a la altura de su padre y de su abuelo. Aparte, la coyuntura que atravesaba el Reino ostrogodo de Italia no era la mejor. El rey Teodorico el Grande se mostró más autoritario y con una política más goticista con respecto al Imperio romano de Oriente o Imperio bizantino, lo que provocó fricciones con parte de la aristocracia italorromana y con la Iglesia católica. De hecho, Casiodoro fue cesado de sus actividades en la administración y el gobierno, y el senador y filósofo Boecio —elevado a los altares siglos después— acabó encerrado y ejecutado.

A la par que se daban estos hechos en territorio godo, en el *Regnum Vandalorum* la reina vándala y princesa goda Amalafrida vivía momentos muy complicados. Su marido el rey Trasamundo murió en el año 523 y el sucesor de este fue su sobrino Hilderico. En verdad, el marido de

Amalafrida había dejado el reino en un ambiente de crisis y más debilitado de como lo había heredado. El nuevo *rex vandalorum et alanorum* cambió muchos aspectos de la política de su predecesor, y una de estas modificaciones fue el distanciamiento con los ostrogodos, lo que dejaba a Amalafrida en una situación comprometida. No obstante, un grupo de nobles vándalos desafectos a Hilderico se sublevó y vio en Amalafrida una aliada perfecta. En ella convergían distintos elementos de interés: viuda del anterior rey, una amplia experiencia en la corte, una persona preparada y capacitada, hermana del monarca más importante de Occidente, y además tenía a su cargo una poderosa guardia personal. Así, nobles vándalos opositores a Hilderico, Amalafrida y sus godos, y algunas tribus bereberes se enfrentaron al soberano vándalo, el cual acabó imponiéndose a sus enemigos. No sabemos si Amalafrida pudo solicitar ayuda a su hermano o si la difícil situación en la que estaba se lo impidió. La cuestión es que su poderosa guardia personal acabó masacrada y los huesos de Amalafrida fueron a parar a una cárcel. Amalafrida murió a finales de la década de los años veinte sin que su hermano pudiese liberarla, ya que, por un lado, Teodorico el Grande no contaba con la flota necesaria para hacer un gran desembarco y, además, Hilderico era aliado directo del gobierno de Constantinopla.

Haciendo un ejercicio de imaginación podemos ver a Amalafrida, encerrada en algún punto del norte de África, esperando la ansiada llegada de su hermano. Pero esta jamás se produjo y no solo por la cuestión logística señalada, sino porque en agosto del año 526 murió Teodorico el Grande. El rey del que Jordanes escribe: «Mientras vivió Teodorico no hubo en Occidente ningún pueblo que no estuviese subordinado a él, bien por amistad, bien por sometimiento», a lo que nosotros añadimos que ello no chocaba con la legitimidad política del Imperio romano de Oriente, la cual era asumida por las distintas monarquías germánicas.

Antes de morir, Teodorico el Grande o el Amalo había dejado construido un magnífico mausoleo[3] a las afueras de Rávena. Algunos estudiosos sostienen que en esta obra funeraria no solo estaría el sarcófago con los restos del *rex gothorum* y *rex Italiae*, sino también los de sus familiares. En este sentido, resulta complicado que Thiudigoto, muerta probablemente en el contexto de la guerra franco-gótica, y Ostrogota, fallecida presumiblemente unos años después en el Reino burgundio, reposasen allí. Bien diferente es la hipótesis para Erelieva/Eusebia y Audefleda. Desconocemos cuándo se produjo la muerte de ambas reinas pero con seguridad fue anterior a la de su hijo y la de su marido, respectivamente. Si analizamos los intereses de Teodorico el Grande y los vínculos entre uno y las otras, encaja a la perfección que sus cuerpos estuviesen en el espectacular mausoleo. Otro de los posibles candidatos para tener un sarcófago en este mausoleo era el marido de Amalasunta, Eutarico. El entierro de Teodorico el Grande tuvo que ser uno de los grandes eventos que marcaron la Historia de Rávena en siglos, y Amalasunta habría jugado un papel muy destacado en las exequias.

Nos encontramos en pleno verano del año 526 y de nuestras «ostrogodas de poder» quedan Amalasunta —la más importante—, Matasunta —hija de Amalasunta— y Amalaberga —hija de Amalafrida y prima de Amalasunta—. De este recuento hemos sacado a Amalafrida al estar fuera del juego por su encierro en el norte de África hasta el final de sus días, y es que Amalasunta tampoco pudo lanzar una campaña de rescate. Del mismo modo, hay otras reinas que no hemos mencionado pero que aparecerán en nuestro relato. Después de Matasunta y su marido, que más tarde trataremos, hubo hasta cuatro *reges gothorum* más pero no conocemos el nombre de sus respectivas esposas y, consecuentemente, reinas godas.

Amalasunta, figura política fundamental de los ostrogodos

Tras la muerte de Teodorico el Grande o el Amalo, el trono visigodo fue ocupado por Amalarico, hijo de Thiudigoto y, por tanto, nieto de Teodorico, quien tuvo que esperar a la muerte de su abuelo para hacerse con las riendas del reino. En lo concerniente al Reino ostrogodo de Italia, el trono fue a parar a otro nieto de Teodorico el Grande, Atalarico, el hijo de Amalasunta. A diferencia de su primo Amalarico, Atalarico todavía era muy joven (entre ocho y diez años), por lo que Amalasunta actuó como regente. A partir de este momento y hasta la muerte de Atalarico casi diez años después, Amalasunta se convirtió en la figura política más importante de los ostrogodos; y ello sin ser reina titular o reina gobernante, aunque sí una auténtica reina en la sombra hasta la muerte de su hijo y, ya sí, reina tras el fenecimiento de este.

No nos equivocamos cuando afirmamos que Amalasunta es uno de los grandes personajes de este libro, que muestra varios paralelismos con Gala Placidia y que no contamos con ninguna reina visigoda que haya dejado tantas huellas en las fuentes antiguas y que tuviese tanto peso en la política de su reino. Ni la mencionada Gala Placidia, ni Ragnahilda, ni Goswinta, ni Baddo, ni Egilo, bajo nuestro punto de vista, marcaron tanto la política de su reino. Evidentemente, no contamos el regreso de Gala Placidia junto a los romanos y los hechos que describimos en el capítulo correspondiente. Tenemos la firme convicción de que la biografía de Amalasunta tiene todos los mimbres para convertirse algún día en una gran producción cinematográfica.

Ya hemos visto cómo transcurrió la vida de la hija más importante de Teodorico el Grande hasta mediados del año 526. Desde esta fecha se abrió una nueva etapa para ella. Si volvemos una vez más al cronista Jordanes, vimos cómo el Amalo —después de un larguísimo

Representación de la reina Amalasunta en la *Crónica de Núremberg* (1493)
(Wikimedia Commons).

reinado y dadas las circunstancias— procuró dejar muy atada su sucesión. Así, viendo cercana su muerte reunió a los prohombres del reino
para proclamar rey a Atalarico y ordenarles que lo honrasen, que esti-
masen al Senado y pueblo de Roma y que buscasen el favor del gobierno de Constantinopla. El gran rey germano había sido el equilibrio casi perfecto entre lo godo y lo romano, y así es presentado en
muchas fuentes contemporáneas, alabando su cristianismo aunque
fuese arriano. Sin él, el equilibrio interno y la preponderancia exterior
estaban en serio peligro, máxime cuando su plan de sucesión no se
había desarrollado según se esperaba.

Ante este escenario, Amalasunta se puso manos a la obra como
regente y gobernadora del Estado godo, siempre en el marco de la
autoridad regia de su joven hijo. Tanto por educación como por herencia, la princesa goda disponía de las herramientas necesarias para
cumplir con su cometido y, desde nuestra posición y dadas las circunstancias, lo hizo de la mejor manera posible actuando como una verdadera política y administradora, y no como una advenediza. De hecho,
las fuentes no dejan de alabar las virtudes de Amalasunta; Procopio de
Cesarea dice al respecto: «Entonces Amalasunta, como tutora de su
hijo, ejercía el poder demostrando, por una parte, estar dotada de un
muy alto nivel de discreción y sentido de la justicia y desplegando, por
otra, en grado sumo un carácter propio de varón». El historiador, dentro de los paradigmas de la época, ensalza la figura de Amalasunta dejando ver que, a pesar de ser una mujer, cumplió en un puesto de
hombre como un hombre. Independientemente de esta visión sesgada
y machista —sin querer caer en ningún presentismo—, las palabras de
Procopio nos parecen de una gran importancia porque ponen en valor
a una de las grandes figuras del siglo VI: una regente, una princesa y
una reina goda injustamente olvidada en muchos aspectos, aun teniendo un protagonismo que alcanzaron muy pocas reinas y princesas de
las monarquías germánicas.

Unas de las primeras disposiciones de Amalasunta fue la de entregar el tesoro real al rey visigodo Amalarico, que había sido guardado
en Rávena, marcando así el funcionamiento independiente de cada
reino, los cuales compartirían frontera en el río Ródano. Siguiendo los

consejos de su padre, la regente goda limó asperezas con el gobierno de Constantinopla para que además reconociese la sucesión desde la admitida superioridad y legalidad imperiales frente a las monarquías germánicas de este periodo. La profesora Herrin recoge una carta escrita por Casiodoro —figura fundamental en la administración de la tutora del rey— en nombre de Atalarico y por instigación de Amalasunta en la que se deja clara esta posición de acercamiento sobre la base de los acuerdos pasados y a los títulos romanos que recibieron Teodorico y Eutarico: «Más adecuado será conceder a un adolescente el mismo nombre de hijo que disteis a mis antepasados [...]. Tened presente en vuestros pensamientos a quien ha asumido una herencia real». La regente sabía qué teclas debía tocar para sustentar el reinado de su hijo: su apoyo fundamental debía ser el emperador. En la capital imperial se encontraba Justino y, junto a este, su sobrino Justiniano, quien se convirtió en su sucesor a mediados del año 527. Justianiano destaca como otro de los grandes personajes de la Tardoantigüedad y de la primera fase de la Alta Edad Media.

Nuestra visión sobre la princesa y regente Amalasunta se basa en las más que positivas apreciaciones que hacen las fuentes del siglo VI sobre ella. Casiodoro, Jordanes o Procopio de Cesarea no escatiman loas hacia su figura en base a su buen gobierno, el cual siguió la grandeza de su padre. Se destacan los años de paz, el buen trato a los italorromanos y el correcto funcionamiento del reino. Un aspecto que es destacado por los historiadores del siglo VI es la preocupación de Amalasunta por que su hijo recibiese una educación acorde con su posición, siguiendo la tradición romana que ella conocía muy bien. Esta circunstancia provocó uno de los primeros y serios problemas a los que hubo de enfrentarse la protagonista de esta parte de nuestro trabajo.

La madre eligió para la educación de su hijo a los tres más grandes ancianos y sabios godos, que aceptaron a regañadientes. Esta circunstancia —junto con el hecho de ver a Atalarico llorando tras una riña de su progenitora— fue la gota que colmó el vaso. Un grupo de nobles godos se presentó ante Amalasunta para solicitarle que cambiase su actitud frente a la educación de su hijo, amparándose en lo que pensaría el desaparecido *rex gothorum* Teodorico el Grande. Su rey, y a la par que jefe militar, debía estar acompañado de jóvenes de su edad y adentrarse en los conocimientos castrenses. Según Procopio de Cesarea, los nuevos y jóvenes compañeros de Atalarico lo introdujeron en el mundo del alcohol y el sexo, apartándose así del recto camino y de los consejos de su madre.

El reinado de Atalarico y, por tanto, del gobierno, la regencia y la tutela de Amalasunta, están llenos de muestras de buena voluntad por parte de nuestra actual protagonista hacia los italorromanos y el emperador. Otros ejemplos serían la devolución de algunos bienes confiscados, el valor dado a la educación clásica y las personas que la impartían o la cordial relación con el Senado de Roma y el papa. Por otro lado, también se rodeó de grandes prohombres godos que le mostraron la misma fidelidad que habían tenido hacia su padre. Uno de los ejemplos más palmarios sería el del general Tuluino o Tuluin. Este godo sobresaliente participó en numerosas campañas militares en tiempos del padre de Amalasunta, como por ejemplo en la guerra franco-gótica, y contrajo innumerables méritos. Asimismo, parece ser que estaba casado con una mujer perteneciente al linaje de los Amalos y era una persona muy respetada tanto por Teodorico el Grande como por Amalasunta. Pues bien, Tuluino fue nombrado patricio y se convirtió en consejero de la corte.

Conspiración contra la regente

Poco a poco se fue fraguando una conspiración contra Amalasunta; detrás de la misma no solo estaba la cuestión de la educación de Atalarico, sino la excesiva influencia romana y el acercamiento a Constantinopla. Tampoco es descartable que para algunos de los conspiradores la condición de mujer de Amalasunta fuese otra de sus motivaciones. Empero, la hija de Teodorico el Grande demostró que la sangre de los Amalos corría por sus venas y que era una digna descendiente directa de su padre. «No se atemorizó por la conspiración de los godos, ni tampoco, aun siendo mujer como era, mostró ninguna debilidad, sino que, por el contrario, con la dignidad propia de una reina…», nos dice Procopio de

Cesarea. Amalasunta parecía estar empeñada en no ajustarse al rol que le correspondía según los parámetros de la época. Así, la regente seleccionó a los tres nobles principales de la oposición a su persona y los separó, enviando a cada uno de ellos a un extremo del *regnum* para vigilar las fronteras. Un claro destierro encubierto y un neto «divide y vencerás».

No obstante, los seguidores de cada uno de estos nobles siguieron con la conspiración y, ante la presión, Amalasunta tomó una decisión drástica. En primer lugar, consultó a Justiniano si sería acogida, a lo que el emperador accedió gustosamente. Seguidamente, la regente ordenó a varios hombres de su confianza que eliminasen a los tres nobles conspiradores; mientras tanto, y junto a otros hombres de su confianza, preparó un barco con un rico cargamento de oro (¿el tesoro real godo?) por si tenía que ir a territorio imperial al fallar alguno de los tres asesinatos. Finalmente, no fue necesaria la huida porque los conspiradores fueron eliminados. Todos estos sucesos tuvieron lugar a principios de la década de los años treinta.

Si seguimos con la regencia de Amalasunta y el reinado de Atalarico, los cronistas ensalzan el gobierno de la madre y la deriva del hijo, inmerso en una vida ociosa. Amalasunta, como su padre, estuvo muy preocupada por la legislación y la correcta aplicación de la justicia. Asimismo, la regente mantuvo una intensa actividad diplomática, particularmente con el Imperio bizantino, y procuró que su gobierno se mantuviese en Roma y en el papado al mismo nivel que el de su progenitor, interviniendo en asuntos papales y vigilando el cumplimiento de las leyes. Conjuntamente, Amalasunta procuró mantener el equilibro entre arrianos y católicos, y siendo una clara arriana, no se opuso a que los católicos realizasen obras edilicias.

La ciudad que marcó total y absolutamente la vida de Amalasunta fue la antigua sede de la corte imperial y, desde el año 493, capital goda, es decir, la bella urbe de Rávena. Desde el palacio real levantado por su padre, Amalasunta procuró que la labor constructiva, de embellecimiento y de simbolismo realizada por Teodorico el Grande se mantuviese y perdurase. No es descartable que ella misma impulsara la construcción de algún edificio. No obstante, lo más importante es que de la mano de Amalasunta, Rávena siguió siendo una joya mediterránea y brillando con luz propia: no en vano, era la ciudad desde la que se proyectaba el poder del Reino ostrogodo de Italia y donde se guardaba el valioso, ancestral y simbólico tesoro real que tanto había hecho crecer su padre.

Lo que Amalasunta no pudo mantener fue la fortaleza militar y fronteriza de su padre, y ello se debe en buena medida a la debilidad que proyectaba el rey Atalarico, quien estaba más preocupado por el alcohol que por emular a sus ancestros. Por un lado, cuando alrededor del año 530 llegó a la capital goda la noticia de la muerte de Amalafrida, su sobrina no pudo hacer nada para actuar contra los vándalos por el daño sufrido, pero exigió por carta al rey vándalo Hilderico que aclarase si la muerte había sido por causas naturales o por ejecución; de lo contrario las relaciones se romperían. Por otro lado, el verdadero problema militar y fronterizo llegó desde el norte. Los francos ansiaban tomar los territorios que los ostrogodos dominaron tras la guerra franco-gótica y a la par querían conquistar el Reino burgundio, aliado de los godos. De esta manera, y despreciando la posible reacción militar del joven Atalarico, los francos se hicieron con el control de una buena parte de la Provenza, haciendo perder a los ostrogodos una de las grandes conquistas de Teodorico el Grande a través de la toma del territorio burgundio. Desde Rávena se asumió dicha pérdida ante la delicada situación de salud de Atalarico.

Siguiendo el texto de Procopio de Cesarea se detecta un distanciamiento entre Amalasunta y Atalarico; incluso llegó a decir que «no podía confiar en la lealtad de su hijo, que había llegado a tal extremo de depravación». Asimismo, la mala vida de Atalarico le hizo caer enfermo. A la par que la situación con su hijo empeoraba, Amalasunta asumió que la vida de su vástago era la garantía de su posición e incluso de su supervivencia. Por esta razón, miró más decididamente al emperador Justiniano. En estos momentos existían desavenencias entre Constantinopla y Rávena por varias reclamaciones imperiales como la fortaleza de Lilibeo, el acogimiento de desertores o el ataque ostrogodo a una ciudad amiga en el contexto de la guerra contra los gépidas.

La respuesta de Amalasunta no pudo ser más contundente. Recriminó en primer lugar las amenazas a un joven como Atalarico y, posteriormente, consideró injustificadas estas reclamaciones, debido a que los ostrogodos habían facilitado la victoria imperial contra el Reino vándalo en el norte de África, gracias a su apoyo logístico sin recibir a cambio lo que les correspondería por semejante victoria. A pesar de esta circunstancia, Amalasunta, según Procopio de Cesarea, seguía teniendo en mente entregar el reino a Justiniano si así fuese necesario. También en estos meses del año 534 Amalasunta tuvo un serio roce con un familiar suyo, con el que en breve volveremos a encontrarnos: nos referimos a su primo Teodato —hijo de la difunta Amalafrida—. Teodato era un noble y terrateniente de cierta edad que había ido acaparando mucho poder y propiedades en la región de la Toscana, llegando a convertirse casi en su dueño y a plantearse entregar sus grandes dominios al emperador Justiniano a cambio de una gran suma. La cuestión es que Amalasunta lo hizo llamar a la corte para darle una reprimenda ante las múltiples quejas de distintos habitantes de la Toscana por sus malas artes. Teodato tuvo que devolver lo ilegalmente arrebatado y se marchó con un gran odio hacia su prima.

En octubre del señalado año de 534 la enfermedad pudo con el *rex gothorum* Atalarico y murió. La posición de Amalasunta era más que comprometida y, puede que por esa tensión, tomó la que pueda definirse como la peor decisión de su vida. Las tensiones entre Amalasunta y Teodato eran más que evidentes, pero ella pensó que si tenía un gran gesto hacia su primo, eso serviría para limar asperezas y reconducir la situación. Nada más lejos de la realidad. Antes de que concluyese el año 534 Amalasunta invitó a Teodato a que la acompañase en el trono. La esperanza de la reina goda era que este matrimonio con un miembro directo de la dinastía Amala y sobrino del siempre ilustre Teodorico el Grande facilitase y mantuviese su posición y aplacase la ira de sus opositores, aunque la reputación de su segundo marido no era la mejor en el reino. En cambio, el pensamiento del ahora nuevo *rex gothorum* iba por otro lado; es más, la idea de Teodato pasaba directamente por deshacerse de Amalasunta.

Una vez que Amalasunta consideró que los asuntos legales de Teodato habían quedado resueltos, le hizo prometer a su primo mediante juramento que respetaría sus poderes cuando fuese rey. Por consiguiente, vemos cómo Amalasunta era y se sentía una auténtica «ostrogoda de poder»: para ella el hecho de que Teodato fuese a ser rey no vendría a significar la pérdida de su posición en los asuntos de Estado por el mero hecho de ser mujer y encontrarse junto a ella un hombre mayor de edad. Se podría considerar que durante un mes Amalasunta fue reina en solitario y, a partir de noviembre del año 534, habría un cogobierno con el rey Teodato, un *consortium regni*, como sucedió, por ejemplo, con Leovigildo y sus hijos Hermenegildo y Recaredo. Todo hace indicar que esta jugada política era para Amalasunta un plan perfecto, porque ella gobernaría no ya como regente sino como reina sin discusión, pudiendo seguir con la actividad que había desarrollado como regente, a la par que aseguraba su posición y su vida al tener un hombre al lado. Además, Teodato no estaría tan centrado en los asuntos de Estado porque su ambición y gusto por el dinero ya habrían quedado colmados por el mero hecho de ser proclamado rey.

Algunos de los estudiosos incluidos en nuestra bibliografía apuntan que Amalasunta adoptaría el rol masculino de la realeza, Teodato el rol femenino y que el poder podría ser compartido. Por otro lado, nos encontramos con historiadores que consideran que esta unión de gobierno se hizo simplemente a partir del parentesco que los unía al ser ambos miembros del linaje de los Amalos. En cambio, otros sostienen que en verdad hubo una unión matrimonial. Como en líneas atrás, en anteriores trabajos hemos hablado de matrimonio, pero llegados a este punto nuestra posición ha cambiado y apostamos por que no hubo unión conyugal. Lo que resulta evidente es que Teodato quedó vinculado al poder real en una especie de asociación al trono, al gobierno y a la soberanía, como se desprende de las cartas que Amalasunta y Teodato enviaron al emperador Justiniano. De hecho, en una carta que Teodato dirigió al Senado de Roma en la que exponía el agradecimiento a Amalasunta por haberlo hecho partícipe del trono, se refiere a ella como «nuestra señora» y no tiene ningún reparo en alabar sus virtudes como reina y gobernante.

Con estas palabras escenifica Procopio de Cesarea la unión de Amalasunta y Teodato y lo que estaba por venir: «De tal forma, Amalasunta fue engañada tanto por su propio criterio como por los juramentos de Teodato y lo estableció en el poder. Envío a Bizancio a unos godos en embajada y se lo comunicó todo a Justiniano». No tardó Teodato en incumplir su juramento. Rápidamente entró en contacto con las familias de los nobles que fueron ejecutados por Amalasunta para establecer una fuerte red de apoyos, dada la importancia que tenían estos clanes. El siguiente paso fue el de deshacerse de los más allegados a Amalasunta para que esta se quedase sin apoyos. Desconocemos qué sucedió con el noble godo y patricio Tuluino, siempre leal a Teodorico el Grande y Amalasunta. Es de suponer que pudo morir de causa natural o en estas purgas cometidas por Teodato, porque, de lo contrario, resulta impensable que no hubiese reaccionado en defensa de su reina. No obstante, el profesor Wolfram sostiene que el prohombre Tuluino sería uno de los grandes conspiradores contra Amalasunta por diferencias en su política, y que igualmente sería uno de los tres nobles purgados por esta tiempo atrás.

El último paso de Teodato para hacerse con el control total de la situación fue el de desterrar a Amalasunta a la región de la Toscana, más concretamente al lago Bolsena, donde se encontraba una isla con una fortaleza en la que fue encerrada. En un primer momento y por temor a la reacción del emperador Justiniano, Teodato intentó exponer, a través del envío de legados, que el confinamiento no había supuesto ningún daño para su prima. Sin embargo, todo acabó estallando. Justiniano seguía muy de cerca la política goda y estaba deseando sacar beneficio del enfrentamiento entre los propios godos de Italia y contar con una razón para intervenir militarmente. Después de haber conquistado el Reino vándalo, el Reino ostrogodo de Italia sería la siguiente meta. Pues bien, todo hace indicar que Teodato facilitó mucho las cosas al gobierno de Constantinopla. Según Jordanes, Amalasunta sería estrangulada en los baños por la guardia de Teodato. Por su parte, Procopio de Cesarea dice que, por instigación de los familiares de los nobles asesinados por Amalasunta, Teodato accedió a que estos se cobrasen venganza acabando con la vida de la reina goda. A continuación y cargado de miedo, intentaría justificarse ante el emperador Justiniano esgrimiendo que los asesinos habían actuado sin su consentimiento.

Muerte de una mujer única para los ostrogodos

En abril del año 534 la *regina* Amalasunta fue privada de su vida y dejó trás de sí una profunda pena entre una buena parte de los italorromanos y entre muchos godos. En verdad, con su muerte también empezaba a desvanecerse el sueño de Teodorico el Grande y es que no nos equivocamos si decimos que, dejando a un lado a Hermanarico y al propio Teodorico el Grande, Amalasunta fue la mejor gobernante de la dinastía Amala y del pueblo ostrogodo. Las fuentes contemporáneas no escatiman en halagos, como ya hemos reiterado, y ella procuró que el legado de su padre y el de su pueblo quedasen recogidos por escrito tal y como quería su ancestro directo. Por esta razón, apoyó al cronista Casiodoro, quien poco antes de la muerte de Atalarico había recibido el distinguido cargo de prefecto del pretorio en base a sus magníficos servicios, para la elaboración de su *Origo gothica* o *Historia de los godos* —perdida—.

De hecho, una figura tan importante para el desarrollo del *Regnum Gothorum* de Italia y para su conocimiento como es el propio Casiodoro dedica múltiples palabras de alabanza a la que podemos considerar reina madre goda Amalasunta, las cuales son recogidas por la profesora Herrin: «[Ha] encarnado en sí misma la excelencia de ambos sexos […] sobrepasa cualquier elogio que se haga de los hombres». Del mismo modo la hace digna heredera de la grandeza de sus ancestros, alaba sus acciones de Estado y la compara con Gala Placidia, poniendo incluso a la goda por encima.

Nos parece propicio cerrar el recorrido que hemos hecho sobre la reina Amalasunta recordando una vez más a una persona fundamental tanto en su vida como en su gobierno, Casiodoro, y cómo este no escatimó en sus escritos en exaltar el amplio abanico de virtudes de la principal «ostrogoda de poder». El respeto que infundía, su admirable presencia, su dominio de distintas lenguas (gótico, latín y griego), su elocuencia, su oratoria, sus conocimientos de literatura, la dignidad que daba al trono, su templanza, su paciencia o la comparación con emperatrices romanas son buenos ejemplos de dichas virtudes expuestas. En esta línea de alabanzas, y como ya hemos dejado entrever, una de las virtudes que más ensalzan los historiadores —Casiodoro, Jordanes y Procopio de Cesarea— es que Amalasunta estaba por encima de los roles que en aquella época se asociaban irremediablemente a la mujer, véanse la debilidad o la incapacidad para el gobierno. Para ellos es muy digno de admiración que la hija de Teodorico el Grande, monarca con el que quisieron compararse todos los reyes ostrogodos o incluso de otras monarquías, actuase en determinadas ocasiones como lo haría un hombre. Podríamos decir que la «masculinización» que se proyecta sobre Amalasunta es una de las mejores cosas que podía decirse de una regente y de una reina en el marco cronológico que tratamos.

Y por último, recurrimos al argumento de autoridad para justificar una buena parte de lo que hemos dicho remitiéndonos al profesor Vitiello, autor de uno de los mejores trabajos que existen sobre la protagonista de estas últimas páginas: «*Amalasunta was unprecedented as a ruling woman in the world of the migration period and the century that followed. Neither Gothic women nor contemporary queens of the other kingdoms exercised such a degree power, and the fact that she was a* consors regni *without ever being the wife of a king makes her case even more anomalous in both the post-Roman and the early medieval worlds*» (Traducción: «Amalasunta no tuvo precedentes como mujer de gobierno en el mundo del periodo de las migraciones y del siglo siguiente. Ni las mujeres góticas (godas) ni las reinas contemporáneas de los otros reinos ejercieron tal grado de poder, y el hecho de que ella fuera una *consors regni* sin ser nunca la esposa de un rey hace su caso aún más anómalo tanto en el mundo tardorromano como en el mundo medieval temprano».

El asesinato de la reina goda Amalasunta era el *casus belli* que parecía ansiar el emperador bizantino Justiniano para intervenir militarmente en el Reino ostrogodo de Italia en pos de su deseada *renovatio imperii*[4]. La conocida como Guerra Gótica arrancó a mediados del año 535 con el ataque y conquista, por parte del famoso general Belisario, de la isla de Sicilia mientras que otras fuerzas imperiales avanzaban desde el este a sangre y fuego sobre los dominios godos para aproximarse a la península itálica. Por su parte, el rey godo Teodato suplicó la paz al gobierno de Constantinopla e incluso su mujer, la ahora reina consorte Gudeliva, intercambió cartas, también a través de las manos de Casiodoro como era preceptivo en la corte goda, con la emperatriz Teodora. Antes de que estallasen las hostilidades, se habría dado un acercamiento por parte de Gudeliva hacia Teodora, lo que una vez más nos muestra la importancia de las mujeres de la corte en asuntos diplomáticos, bien por acciones encabezadas por ellas mismas o bien por ser herramientas movidas por sus progenitores, hermanos, etc.

Gudeliva alababa la figura de la emperatriz y para algunos historiadores se detecta que Amalasunta no era una persona del agrado de Gudeliva, lo que tiene hasta sentido según lo que hemos expuesto, pero tampoco era del gusto de la propia Teodora, quizá por la buena consideración que tenía hacia ella su marido Justiniano, si bien esta cuestión es muy discutida. Sabiendo del poder del Justiniano, de su cercanía a Amalasunta y de lo sucedido con el Reino vándalo en el norte de África, primero Teodato en solitario desde el instante en el que comenzó su cogobierno, y después él y su esposa Gudeliva, buscaron el favor del emperador y de la emperatriz. Sin embargo, su caída acabaría llegando.

La emperatriz Teodora y su corte en uno de los espectaculares mosaicos de San Vital de Rávena (547) (Wikimedia Commons).

Entretanto, es preciso referirse a otras dos cuestiones ligadas a Teodato y que tienen que ver con las que hemos denominado «ostrogodas de poder». En primer lugar, del matrimonio entre Gudeliva y Teodato nacieron un hijo, Teodegisclo o Teudiselo —identificado por algunos autores como el rey que ocupó el trono visigodo—, y una hija, Teodenante. Ambos en el año 535 eran ya mayores de edad. Y en segundo lugar, volvemos a la figura de Amalaberga, hermana de Teodato. Como el lector recordará, Amalaberga era sobrina de Teodorico el Grande y en la red de matrimonios políticos fue casada con el turingio Hermanfredo. De esta unión nacieron Amalafredo y Rodelinda. Pues bien, no sabemos si durante la regencia de Amalasunta o durante el gobierno conjunto de Amalasunta, Amalaberga huyó junto a su hermano, acompañada de sus dos hijos. La huida se debió al ataque perpetrado por los francos, que se beneficiaron de la desaparición de Teodorico el Grande, contra los turingios y la consecuente muerte de Hermanfredo.

Volviendo a la Guerra Gótica, la situación superaba y con creces a Teodato, el cual no estaba preparado militarmente para un enfrentamiento de este calibre. Siguiendo con la línea diplomática, intentó negociar la entrega del reino, pero cuando se enteró de algunas victorias de los suyos en la zona de Dalmacia, rompió la negociación. Las fuerzas imperiales, conformadas tanto por romanos orientales como por distintos pueblos bárbaros, reaccionaron avanzando desde el este, y Belisario desde el sur. Además, el marido de Teodenante, Evermundo, consecuentemente yerno de Teodato y Gudeliva, desertó junto a parte de sus hombres y se entregó a Belisario cuando tenía el cometido de atacarlo. Seguidamente, Belisario tomó, tras un duro asedio, la estratégica ciudad de Nápoles ante la pasividad de Teodato, que se encontraba en Roma. Poco a poco, entre los godos iba creciendo el descontento hacia su rey. Así, a finales del año 536 fue elegido como *rex gothorum* o *rex Italiae* Vitiges siguiendo la costumbre antigua de elevarlo sobre el escudo y dejando así clara su vinculación con el ámbito guerrero. Este era un destacado general que ya había sobresalido en tiempos de Teodorico el Grande. Teodato fue asesinado y no sabemos la suerte que corrieron Gudeliva ni Teodenante. Por su parte, Teudiselo quedó bajo vigilancia y Amalaberga y sus hijos no sufrieron ningún daño.

Vitiges había demostrado sobradamente ser un gran militar y dispuso la defensa de Roma. Es más, no se quedó en la Ciudad Eterna ni se lanzó contra Belisario, sino que se dirigió hacia la capital goda. El *rex gothorum* quería vigilar su frontera norte amenazada por los francos —con quienes luego consiguió una alianza—, reorganizar sus fuerzas y, sobre todo, legitimarse en el trono. Hay que tener en cuenta que Vitiges no pertenecía al distinguido linaje de los Amalos y, aunque en su discurso recogido por Casiodoro y dirigido a los godos recordase a Teodorico el Grande y rememorase su magnanimidad, por sus venas no corría sangre regia. La solución se encontraba en Rávena.

Otra de nuestras «ostrogodas de poder» a la que llevamos mucho tiempo sin referirnos es Matasunta, hermana de Atalarico e hija de la ilustre Amalasunta. Desconocemos cómo fue su vida a lo largo de su infancia y juventud porque las fuentes se centran en su hermano, pero es de suponer que viviría en la corte, recibiría una formación adecuada a su condición, máxime conociendo el carácter de su madre, y aguardaría algún matrimonio político. Vitiges sabía que un matrimonio con la nieta de Teodorico el Grande daría fuerza simbólica a su elección como rey tanto entre los godos como de cara al Imperio bizantino. En este último sentido, entendemos que en una carta del rey Vitiges dirigida al emperador Justiniano y escrita por Casiodoro, el godo defiende su legitimidad al haber ejecutado a Teodato, ensalza la memoria de la reina Amalasunta y argumenta que Matasunta ha llegado al trono gracias a él.

Enlace forzado de Matasunta con Vitiges

Procopio de Cesarea indica que Matasunta era una doncella pero que por su edad ya podía casarse. Empero, la joven Amala no estaba por la labor de contraer matrimonio con Vitiges, seguramente por la diferencia de edad. A pesar de su desagrado, a Matasunta no le quedó más remedio que casarse con Vitiges, quien habría repudiado a su esposa para poder vincularse con la dinastía de los Amalos. Como en tantas ocasiones hemos visto a lo largo de este trabajo, estamos ante una mujer sin poder de decisión de cara a su futuro pero, al poseer un gran valor político y simbólico, condicionaba el desarrollo del reino. Al respecto de este matrimonio, Casiodoro escribió un bello poema del que la profesora Herrin recoge parte y nosotros traemos aquí un pequeño extracto: «También has construido, oh señora, un palacio que sin duda te daría fama asimismo entre los que no te conocen, porque de tan enorme morada se puede deducir la magnitud del residente».

Recomendamos al lector interesado acudir a la bibliografía contenida al final de este trabajo si quiere seguir pormenorizadamente la Guerra Gótica que se alargó unos veinte años. El mismo Procopio de Cesarea ofrece tal cantidad de detalles que permite la publicación de trabajos específicos o monografías.

El general imperial Belisario sabía de la importancia de conquistar Roma y a ello se lanzó. Vitiges intentó impedirlo, pero finalmente la Ciudad Eterna volvió a estar en manos de un emperador romano. Belisario aseguró Roma, sometió el territorio circundante y lanzó campañas contra zonas de la Toscana. Vitiges envió un ejército con el objetivo de frenar al enemigo, pero esta fuerza militar fracasó en el intento. De esta manera, el marido de Matasunta decidió encabezar una gran hueste que partió desde Rávena con el claro objetivo de reconquistar Roma, y envió otro ejército a Dalmacia. Los godos llegaron hasta las cercanías de la Ciudad Eterna, la cual fue sometida a un terrible asedio que se prolongó desde marzo del año 537 a marzo del año siguiente. Puertas, murallas, caminos y acueductos sufrieron los ataques godos. Finalmente, los germanos tuvieron que retirarse porque los refuerzos bizantinos se aproximaban a la península itálica, dejando la ciudad muy dañada pero sin ser tomada.

Durante el asedio de Roma, se combatía en otras partes del Reino ostrogodo de Italia. Procopio de Cesarea dice que «...Matasunta, la esposa de Vitigis, que era extremadamente hostil a su marido porque la había tomado por esposa a la fuerza desde un principio». Si tomamos como ciertas las palabras del historiador, Matasunta guardaba un gran rencor hacia su marido y desde el palacio real de Rávena ansiaría la derrota de este para ponerse en manos del emperador. De hecho, Procopio también señala que la reina goda Matasunta contactó con un general bizantino para ofrecerse en matrimonio.

Regresando a los enfrentamientos, los godos consiguieron refuerzos francos para enfrentarse a los bizantinos en Milán. En este contexto bélico de finales de la década de los años treinta del siglo vi, también aparece la figura del otro gran general bizantino del momento, Narsés, que unió sus fuerzas a las de Belisario. Independientemente de los esfuerzos del gobierno de Constantinopla y de los deseos de la *regina* Matasunta, Vitiges y los godos estaban alargando la guerra. Cuando Vitiges se enteró de que Belisario pretendía atacar Rávena, optó por buscar nuevos aliados bárbaros. Desestimó volver a recurrir a los francos y, por su parte, los hérulos ya se habían marchado de la península itálica. El intento de acercamiento fue con los longobardos pero fracasó, por eso intentó llegar con una embajada hasta los persas sasánidas.

Adiós a Rávena, capital del Reino ostrogodo de Italia

De manera sorpresiva, en el verano del año 539, y mientras godos y bizantinos se desangraban, los francos cruzaron los Alpes y aprovecharon para lanzar una campaña de saqueo. Si avanzamos a finales del año 539, nos encontramos con el general Belisario, que se opuso a la propuesta de paz enviada por el emperador, sometiendo a Rávena a un muy severo asedio hasta que en la primavera del año 540 Vitiges no pudo resistir más y rindió la urbe. Del mismo modo, Procopio indica que Belisario se aprovechó de que los godos le ofrecieron el gobierno para entrar en la ciudad; en cambio, Jordanes no comenta nada de esto al respecto. Lo que también señala el primero de estos historiadores es que Matasunta ayudó para que la resistencia de Rávena decayese, facilitando que los almacenes de grano ardiesen.

Así, Rávena, la capital del Reino ostrogodo de Italia, la orgullosa joya del poderoso Teodorico el Grande que su hija, la regente y reina Amalasunta, protegió y mimó, dejó para siempre de formar parte de los godos. La ciudad más importante en este capítulo y la ciudad que más huella dejó en muchas de nuestras «ostrogodas de poder», véanse Erelieva/Eusebia, Amalafrida, Amalasunta, Matasunta, etc., decía adiós a su condición de capital del Reino ostrogodo de Italia y sede de la corte ostrogoda y lugar de residencia de sus figuras regias femeninas. Procopio trae a colación un detalle curioso en la entrada del ejército de Belisario en Rávena: las mujeres godas escupieron a la cara de sus maridos por no haber combatido mejor a dicho ejército.

En cuanto a Matasunta y Vitiges, los dos corrieron el mismo destino. Belisario apresó a ambos y fueron enviados a Constantinopla —con el tesoro real de Teodorico el Grande—, aunque no fueron solos, y no porque hubiesen tenido descendencia, sino que la prima de Amalasunta y hermana de Teodato, Amalaberga, junto a sus hijos Amalafredo y Rodelinda, también fueron enviados a la capital imperial. En Constantinopla la vida de Matasunta tuvo que ser buena en el sentido del respeto del que gozó por parte del emperador Justiniano y de cómo trató este a los miembros de la corte ostrogoda. Es más, Vitiges recibió la dignidad de patricio, lo que demuestra igualmente el respeto por parte del emperador hacia el antiguo *rex gothorum*.

Bajo nuestro punto de vista, y a tenor de los hechos, la que sí debió de ser complicada fue la relación entre Matasunta y Vitiges. La situación cambiaría cuando en el año 542 Vitiges murió y seguidamente Matasunta contrajo matrimonio con un destacado prohombre, Germano, patricio y primo de Justiniano, que ahora quedaba vinculado al linaje de los Amalos y esperaba jugar esa baza en la Guerra Gótica. Matasunta cambió una vida compleja con un marido por el que no sentía ningún afecto y un contexto de guerra en la corte goda de Rávena por un nuevo esposo al que sí parece que le tenía afecto y una corte imperial en Constantinopla. Y no solo esto, sino que con Germano Matasunta tuvo un hijo que recibió el nombre de su progenitor, aunque vino al mundo cuando su padre ya había fallecido, en el año 550. No se casó por tercera vez y se centraría en dar una educación adecuada a su hijo Germano, el cual tenía sangre goda y romana.

Desconocemos la fecha de la muerte de Matasunta y su lugar de enterramiento, pero es de suponer que sería en Constantinopla y no en el mausoleo de Teodorico el Grande en Rávena, donde, aparte de su abuelo, plausiblemente descansarían su madre, su padre, su hermano y su bisabuela. En lo referido a Amalaberga, no sabemos nada de ella tras su llegada a Constantinopla; lo más lógico es que recibiese un trato similar al de su familiar Matasunta y que muriese en la capital imperial. Lo que sí vería Amalaberga es que su hijo Amalafredo o Amalafridas recibió del emperador Justiniano un alto cargo militar y que su hija Rodelinda fue casada con el rey longobardo Audoino. Con este matrimonio la casa real de los longobardos quedaba unida con el linaje de los Amalos, lo que derivaba en un gran prestigio para el monarca Audoino además de ofrecerle una posible reclamación de intereses políticos.

Así, concluimos el análisis y la exposición de las «ostrogodas de poder» directamente ligadas por sangre a Teodorico el Grande o el Amalo. Si este linaje alcanzó una fama y un prestigio casi imperecederos no solo se debe al propio Teodorico y a cronistas como Jordandes o Casiodoro, sino también a estas reinas y princesas que en mayor o en menor medida dejaron su huella en un mundo donde la mujer no lo tenía nada fácil para aparecer en los anales de Historia.

¿Esto quiere decir que el Reino ostrogodo de Italia cayó y, consecuentemente, ya no contamos con más figuras regias? La respuesta es no, pero con matices a la segunda cuestión. Tras Vitiges, y mientras se desarrollaban los acontecimientos descritos en Constantinopla, el reino godoitaliano subsistió más de diez años y siguió siendo un quebradero de cabeza para el emperador Justiniano. Conocemos a cuatro reyes más pero no sabemos el nombre de sus esposas y reinas. El vacío de datos es total y absoluto y la diferencia es abismal con respecto a la cantidad de información que hemos podido ofrecer anteriormente. Por tanto, y de cara a cerrar este capítulo, terminaremos el desarrollo del Reino ostrogodo de Italia para que el lector siempre cuente con el contexto histórico y global en el que se desarrollaron las vidas de «nuestras reinas», y ofreceremos los pocos datos existentes sobre las últimas monarcas ostrogodas.

Poco a poco la nobleza goda se rindió a Belisario y los condes fueron entregando las ciudades que todavía permanecían bajo poder germano. Cuando parecía que el general bizantino había conseguido su objetivo, el gobernador de la ciudad de Verona, Hildibaldo, se negó. Asimismo, muchos godos, al enterarse de que Belisario había sido llamado por el emperador y que muchos grandes nobles y miembros del linaje de los Amalos eran llevados a Constantinopla, miraron al prócer

Urayas, sobrino de Vitiges, para que fuese el nuevo rey. Este rechazó la propuesta y propuso a Hildibaldo para que ocupase el trono, ya que además era sobrino de Teudis, rey visigodo. Este expuso a los godos que lo más sensato sería hablar con Belisario para que volviese y aceptase el trono, pero el general bizantino lo rechazó. Fue en este momento cuando Hildibaldo sí pasó a ser *rex*.

Enfrentamiento entre las esposas de Hildibaldo y Urayas

El nuevo soberano godo reorganizó el ejército, cosechó varias victorias en el norte y trasladó la capital a Pavía. Sabemos que Hildibaldo estaba casado pero ignoramos el nombre de esta reina goda. De lo que sí tenemos conocimiento gracias a Procopio de Cesarea es que hubo un enfrentamiento entre esta reina y la esposa del mencionado Urayas, y que este choque acabó en tragedia. La esposa de Urayas, de quien igualmente ignoramos el nombre, era bien conocida «por su dinero y su belleza física», que estaban por encima del resto de nobles godas y de la mismísima reina. Un día la esposa de Urayas y la reina se encontraron en unos baños. La diferencia entre las dos era llamativa, la primera con un gran séquito y ricamente vestida, la segunda más humilde. El problema vino cuando la noble se burló de la reina y esta, muy dolida, acudió a su marido para que tomase cartas en el asunto. Hildibaldo acabó asesinado a Urayas. Y como a quien hierro mata a hierro muere, el rey Hildibaldo fue igualmente asesinado, en este caso durante un banquete por uno de sus hombres, el cual estaba furioso porque el soberano godo había casado a su prometida con otro hombre.

A mediados del año 541 el trono godo pasó a ser ocupado por Erarico, que no era godo sino que pertenecía al pueblo de los rugios, quienes habían acompañado a Teodorico el Grande en la migración. Su reinado también fue efímero, puesto que fue eliminado cuando planeaba entregar el reino al emperador Justiniano. Los godos volvieron a mirar al clan de Hildibaldo, y su sobrino Totila o Totilas —destacado militar— fue aupado al trono. Dejando a un lado a Hermanarico,

Totila sería el tercer rey ostrogodo más importante tras Teodorico el Grande y Amalasunta.

Hemos visto que no sabemos el nombre de la esposa de Hidibaldo, pero al menos conocemos que había una reina y tenemos constancia de algún suceso de su biografía. En el caso de Erarico no contamos con ningún dato, y del mismo modo sucede con Totila, y eso que este último fue rey durante once años. Un dato interesante con el que sí contamos es que Totila intentó contraer matrimonio con una princesa franca de quien, una vez más, desconocemos el nombre, al igual que ignoramos el nombre de su padre. Estamos en un periodo en el que había varios reyes francos tras la unificación de Clodoveo y antes de la unificación de Clotario I. La negativa se debió a que el franco no reconocía al godo como *rex Italiae* porque, aunque recuperó Roma para los godos —prohibiendo que sus hombres violasen a las romanas—, destruyó una parte considerable de la ciudad y más tarde volvió a perderla. Es probable que Totila estuviese casado con una goda, a quien habría repudiado para contraer matrimonio con la princesa franca.

El rey godo Totila consiguió recomponer buena parte del Reino ostrogodo de Italia, aprovechando la ausencia de Belisario, sin llegar a recuperar Rávena. No así Roma, que, como acabamos de indicar, volvió a manos godas y tuvo varias idas y venidas entre germanos y bizantinos. La Guerra Gótica se alargaba a la par que desangraba a la península itálica y dividía a los italorromanos. Ante esta situación, el emperador Justiniano envió más tropas con un número mayor de aliados o auxiliares bárbaros. A la cabeza de este ejército estaba el general Narsés, que volvía a tierras italianas. En el año 552 se dio la batalla de *Busta Gallorum* o de *Tagina* (provincia de Perugia, centro de la actual Italia) en la que Narsés, gracias a la combinación de los soldados imperiales con sus huestes bárbaras, derrotó a Totila, quien perdió la vida en el combate. *Alea jacta est.*

No obstante, los godos no habían dicho su última palabra y miraron al sobresaliente guerrero Teya para que articulase una última resistencia. Tampoco sabemos nada de la esposa y reina consorte del último monarca ostrogodo. Al año siguiente aconteció la batalla de *Mons Lactarius* (cerca del Monte Vesubio) y Teya murió en la misma junto a algunos destacados nobles godos. A partir de aquí las guarniciones godas se fueron rindiendo y los jefes godos, cayendo o entregándose al no erigirse ningún nuevo rey. Los ostrogodos se dividieron entre los que se quedaron en la península itálica, los que se unieron a visigodos o longobardos y los que pasaron al Imperio romano de Oriente o Imperio bizantino.

De esta manera cerramos el capítulo dedicado a las que hemos denominado como «ostrogodas de poder». A modo de reflexión, parece que mientras el linaje de los Amalos era fuerte o tenía miembros reconocibles y de prestigio, el Reino ostrogodo de Italia se mantuvo y la información sobre las reinas y princesas ostrogodas resulta abundante. Una vez que la dinastía de los Amalos ya no copó el poder, la obra de Teodorico el Grande se vino abajo y la información sobre las reinas y princesas ostrogodas prácticamente desapareció.

8
MUJERES MÁS ALLÁ DEL DÍA A DÍA

El siguiente capítulo resulta un tanto excepcional: no se enmarca en ningún desarrollo histórico, ni se centra en más reinas godas, ni tampoco corresponde a un contexto cotidiano en el cual entendamos la vida de la mujer en época goda. A partir de aquí podríamos preguntarnos el sentido y la validez de este contenido. Pues bien, el objetivo de este capítulo es exactamente el mismo que para el resto de capítulos: siempre hemos defendido a lo largo de nuestra carrera la necesidad de analizar, entender y casi asumir el espectro religioso y el marco legendario de un periodo determinado para poder impregnar de verdad el sentido y significado de dicho periodo. No podemos ver la Historia como un mero discurrir de acontecimientos o quedarnos exclusivamente con los procesos políticos, legislativos, sociales y económicos.

Debemos ampliar nuestro espectro también para conocer más elementos femeninos de la época goda y aunque no vayamos a aportar más datos de la matriz fundamental de esta obra, las reinas godas, sí veremos otras figuras femeninas que enriquecerán nuestro conocimiento y visión del Reino visigodo de Toledo. Y todo ello moviéndonos en el campo de la religión y de las leyendas, que, reiteramos, son imprescindibles para sumergirse de lleno y de pleno en el alma de una etapa histórica determinada.

Para esta labor seguiremos manejando varios de los grandes especialistas que nos han acompañado a lo largo de este camino y, del mismo modo, recurriendo a distintos trabajos propios. A esto se suma-

rán algunos estudios específicos sobre la materia. Todo ello, obviamente, se recogerá en la bibliografía contenida al final de este libro, la cual
recomendamos encarecidamente al lector interesado en complemen-
tar o ampliar la información aquí contenida.

SANTAS

Desde nuestra perspectiva, si hay dos santas especialmente ligadas al Reino visigodo son Santa Eulalia y Santa Leocadia. Bien es cierto que ninguna de las dos están ubicadas cronológicamente entre los siglos VI y VIII,
puesto que ambas nacieron a finales del siglo III y murieron a principios
del siglo IV. Empero, fue durante estos siglos donde su figura estuvo más
presente y fueron más ensalzadas, al menos hasta la posterior Reconquista tras la invasión musulmana. Llegados a este punto, queda claro por
nuestra parte que apostamos por la historicidad de las dos santas, particularmente por la de Santa Leocadia, que ha sido la más discutida.

Santa Eulalia, muerta por el fuego

Eulalia, mártir y santa, nació en el año 292 en la capital de la Lusitania,
la muy romana ciudad de Mérida, en el seno de una familia patricia.
Pudo haber llevado una vida acomodada pero su fe cristiana estaba por
encima de lo mundano. La emeritense vivió tiempos muy difíciles
para los cristianos, ya que el emperador Diocleciano, gran reformador
y recuperador del vigor imperial tras tiempos tumultuosos, impulsó
durísimas persecuciones contra los cristianos. Para evitar que Eulalia
pudiese sufrir algún daño por dichas persecuciones, sus padres se la
llevaron a una villa, pero se escapó y mostró su descontento ante las
autoridades romanas que obligaban a renunciar a Jesucristo. Eulalia se
negaba a adorar a los viejos dioses romanos, no tenía ningún interés en
contraer matrimonio, defendía a toda costa su virginidad y, ante todo,
profesaba un profundo amor a Cristo. Así, según la tradición, la joven
fue salvajemente torturada y finalmente murió en las llamas.

La propia muerte de la santa ya estuvo rodeada de sucesos asombrosos, y el lugar en el que fue asesinada pronto se convirtió en espacio de culto y de referencia para el cristianismo hispano. Su figura fue elogiada por el poeta Prudencio, y ella y su culto no pasaron por alto para miembros tan destacados del estamento eclesiástico como San Agustín de Hipona, San Isidoro de Sevilla o Gregorio de Tours. Su condición de mártir y virgen impulsó su culto. Durante la época visigoda existía en Mérida una gran basílica dedicada a la santa, en cuyo interior se conservaban sus restos. Con la invasión musulmana, como tantas reliquias de santos, llegaron a Oviedo, pasando a jugar un papel destacado en el Reino de Asturias y los primeros tiempos de la Reconquista. Tras la reconquista de Mérida en el siglo XIII, se sucedieron las reclamaciones para que las reliquias volviesen a su ciudad originaria. En el siglo XX una parte de las mismas fueron entregadas desde Oviedo a Mérida.

La ligazón entre Mérida y los godos es muy fuerte desde el reinado de Teodorico II. El propio soberano godo no saqueó la urbe emeritense porque, según el cronista Hidacio, «es aterrorizado por los prodigios de la mártir Eulalia». No obstante, seguramente sea más famoso el encontronazo entre el obispo godo de Merida Masona, el cual se convirtió al catolicismo antes del III Concilio de Toledo del año 589, y el poderoso *rex gothorum* Leovigildo. Dentro de su proyecto político, el monarca germano estaba haciendo de Toledo una ciudad que emulase a Rávena y Constantinopla. Entre otras cuestiones, necesitaba para ello que un gran referente femenino del cristianismo hispano estuviese ligado a la *urbs regia* y ahí entró en juego Santa Eulalia. Hizo venir a la corte toledana a Masona para que abandonase el catolicismo y abrazase la herejía arriana y para que entregase una reliquia muy preciada, la túnica de la mártir y virgen. El obispo se negó firmemente a las dos cosas. Leovigildo insistió especialmente en el asunto de la túnica porque sabía del valor devocional y simbólico de la misma. El soberano godo fracasó y el obispo Masona fue desterrado.

Con Santa Eulalia de Mérida ha existido un gran debate durante siglos, que todavía se mantiene, y es si Santa Eulalia de Barcelona fue otra joven, si sería un desdoblamiento o si era la misma versión de la

Entierro de Santa Leocadia de Cecilio Pla (1887). El cuadro forma parte de la colección del Museo del Prado de Madrid. (Wikimedia Commons).

emeritense. Por nuestra parte, no entraremos en ese debate porque no es el cometido de este libro.

Santa Leocadia, de perseguida por Diocleciano a patrona de Toledo

La figura de Santa Leocadia está ampliamente vinculada a la vieja capital goda, Toledo. Ha sido clave en distintos momentos de su Historia y ha resultado fundamental a la hora de crear eso que llamamos identidad urbana. No se puede negar que, como en buena medida sucede con Santa Eulalia o incluso más en el caso de la toledana, resulta casi una epopeya establecer una biografía cien por cien fidedigna sobre ella. Su nacimiento se ubica en el último tercio del siglo III en la *urbs regia* y, como tantos cristianos, sufrió las persecuciones del emperador Diocleciano. La virgen toledana fue encarcelada por el gobernador de *Toletum*, quien esperaba que el encierro hiciese mella en la fe de la joven. El efecto fue más bien el contrario: Leocadia se mantuvo firme en sus convicciones y cuando llegó a sus oídos que Santa Eulalia —en este punto quedarían ligadas ambas dando más empaque a la propia figura de la toledana— y los llamados mártires de Talavera habían muerto, el dolor y la pena hicieron mella en su cuerpo y en su espíritu. En verdad, Leocadia se encontraba en un estado lamentable por el sufrimiento causado por el encierro y la inanición, y esa terrible noticia sería el paso definitivo para su muerte. Según la leyenda y la tradición, la toledana pudo grabar en la dura piedra una cruz, simplemente con su dedo. Los cristianos de Toledo recogieron su cuerpo sin vida, que había sido arrojado cerca del río Tajo, y lo enterraron, convirtiendo su sepultura en lugar de culto.

La profunda unión entre Santa Leocadia y el Reino visigodo de Toledo nos lleva al siglo VII, momento en el cual su culto tomó una fuerza inusitada a partir de la propia capital. De hecho, sabemos que durante el reinado de Sisebuto se inauguró (618) la basílica de Santa Leocadia[1], la cual se convirtió en uno de los tres grandes templos toledanos junto a la basílica de Santa María y la basílica palatina de los Santos Apóstoles Pedro y Pablo. La señalada basílica de Santa Leocadia —con carácter martirial por el pasado de la santa— fue sede de varios concilios nacionales y lugar de enterramiento de reyes y obispos.

Si seguimos raspando en la profunda relación entre Santa Leocadia y el Reino visigodo de Toledo, tenemos que irnos a un milagro que recoge el obispo Cixila en el siglo VIII, estando ya Toledo y una parte muy importante de la península ibérica bajo dominio musulmán. En la biografía que el prelado Cixila escribió sobre San Ildefonso recoge un milagro que nos traslada a la basílica de Santa Leocadia. Allí se reunieron el rey Recesvinto, el arzobispo San Ildefonso de Toledo y la élite de la ciudad de Toledo. Todo ellos quedaron asombrados cuando Santa Leocadia salió de su tumba con el fin de agradecer la labor de San Ildefonso en defensa de la Virgen María. A continuación, el santo toledano, gracias a un cuchillo que le entregó el monarca Recesvinto, cortó un pequeño trozo de la túnica de la santa, convirtiéndose este y el propio cuchillo en dos valiosas reliquias. Finalmente, Santa Leocadia volvió a su lugar de descanso eterno.

El último aspecto que queremos indicar sobre la ligazón entre la protagonista de estas líneas y el contexto visigodo nos hace dar un salto en el tiempo y trasladarnos al siglo XIII, cuando el rey de Castilla y León

Alfonso X el Sabio hizo traer los restos de los reyes godos Recesvinto y Wamba a la ciudad de Toledo. Los restos del primero se encontraban en la antigua villa de Gerticós, identificada con la actual localidad de Wamba, por ser el lugar donde murió Recesvinto, y a la postre ser elegido su sucesor. En el caso de Wamba, sus restos se encontraban en la localidad burgalesa de Pampliega, donde murió. La cuestión es que los restos de ambos fueron depositados en un lugar directamente asociado a Santa Leocadia. Junto al alcázar se encontraba su cripta porque se identificaba con la mazmorra donde fue encerrada y donde acabó muriendo. De esta manera tan singular, de nuevo Santa Leocadia y el contexto visigodo vuelven a estar fuertemente vinculados.

Un detalle curioso pero que seguramente no sea nada casual y que queremos mencionar antes de presentar a la última santa que aparecerá en este epígrafe es que la festividad de Santa Leocadia, patrona de Toledo, es el 9 de diciembre, y la festividad de Santa Eulalia de Mérida es el 10 de diciembre. Ambos días corresponderían a cuando falleció cada una de las santas.

Florentina, la santa cartagenera

La siguiente santa ya ha aparecido en este trabajo y, en su caso, su vida queda insertada de lleno en el contexto del Reino visigodo de Toledo. Estamos hablando de Santa Florentina, hermana de San Leandro, San Isidoro y San Fulgencio, siendo los cuatro hermanos conocidos como los «Cuatro Santos de Cartagena» (hubo una quinta hermana que no tiene la consideración de santa). Por consiguiente, estamos ante una familia singular dentro del propio *Regnum Gothorum* y de la Historia del santoral hispano. Florentina nacería hacia mediados del siglo VI en Cartagena y su familia pertenecería a la aristocracia hispanorromana de la zona. De hecho, se considera que su padre era hispanorromano —Severiano— y su madre goda. Con la llegada de las huestes imperiales en el contexto de la guerra civil entre Agila y Atanagildo, huyeron de la ciudad que se convirtió en el epicentro de la provincia bizantina de Spania. La siguiente ciudad que marcó la vida de Florentina y de su familia fue Sevilla. Una vez muertos sus padres, el hermano mayor, San Leandro, actuó como cabeza de familia. No sabemos si por consejo de su hermano mayor o *motu proprio*, nuestra última santa encaminó su vida hacia el Señor. Es este punto en el que debemos situar la mención en páginas precedentes a Santa Florentina cuando su hermano mayor San Leandro compuso para ella una regla monástica para mujeres, gracias a la cual pudo realizar varias fundaciones monásticas femeninas a principios del siglo VII. La santa cartagenera alcanzó un nivel cultural muy elevado, llegó a ser abadesa y atrajo a muchísimas mujeres a sus monasterios. Siempre fue tenida en alta consideración por sus hermanos, y San Isidoro —hermano menor— también le dedicó una obra. Murió en algún momento del primer tercio del siglo VII y sus reliquias se guardan junto a las de su hermano San Fulgencio en la localidad extremeña de Berzocana. Su festividad es el 20 de junio y alcanzó una gran devoción en toda España.

LEYENDAS CON SABOR A AMOR, SANGRE Y CASTIGO

El Reino visigodo de Toledo ocupa un lugar muy destacado dentro del marco legendario español; hay pocos periodos de nuestra Historia que hayan generado tantos mitos y leyendas como este, lo que evidencia la trascendencia del mismo. En este escenario, también podemos encontrar un par de relatos legendarios en los que el componente femenino juega un papel primordial y muy ligado a la realeza.

La primera de estas leyendas nos lleva al recién destruido Reino visigodo de Tolosa; nos sitúa en concreto en la figura de la reina goda y princesa franca Clotilde y de su marido, el *rex gothorum* Amalarico. Si el lector recuerda, el reinado del nieto de Teodorico el Grande resultó muy complejo y tumultuoso, al igual que su matrimonio con Clotilde. Como nos situamos en una leyenda toledana, la acción traslada a los esposos a la urbe del Tajo y adelanta varios años su condición de *urbs regia*. La leyenda vendría a reflejar las diferencias religiosas entre la católica y el arriano y recogería algo que algunas fuentes también mencio-

El pañuelo ensangrentado (Clotilde y Amalarico), grabado de F. Blanch para
la obra *Imágenes de la Historia de España y de los pueblos hispanoamericanos
hasta su independencia* de Manuel Rodríguez Codolá (1930).

nan, los maltratos sufridos por Clotilde a manos de Amalarico. Quizá lo
más interesante es el objeto que, según este relato legendario, envió
Clotilde a sus hermanos solicitando su ayuda. Nos referimos a un pañuelo ensangrentado que propiciaría la entrada de los francos en territorio godo y, a la postre, la caída y muerte de Amalarico. En resumen,
estamos ante un hecho histórico como es la difícil relación entre Clotilde y Amalarico, aderezado con el componente legendario y el adorno
literario, los cuales intentan acercarnos a una realidad histórica interesada, a la par que moralizante, donde la protagonista es la reina Clotilde,
que al fin y al cabo es el elemento que más nos interesa en este caso.

Florinda la Cava

La siguiente leyenda en la que tiene un gran peso una figura femenina
de época goda es uno de los grandes relatos que forman parte de nuestro marco legendario global. Estamos hablando de Florinda, conocida
popularmente como *La Cava Florinda* o *Florinda la Cava* (el término
«cava» tendría connotaciones peyorativas). Si primeramente nos movemos en el plano netamente histórico —y esto habría que cogerlo
con alfileres, si se nos permite la expresión— Florinda habría nacido a

finales del siglo VII y sería la hija del controvertido conde Julián, el encargado de vigilar el puntal sur del Reino visigodo de Toledo —Ceuta—. Por ende, estaríamos ante una joven perteneciente a la nobleza, la cual, como tantas otras, sería enviada por su padre a la corte para su adecuada formación de cara al futuro. En verdad, toda esta información que podría tener verosimilitud histórica está basada en escritos, relatos, tradiciones y leyendas posteriores —tanto cristianos como árabes— que, además, tienen varias versiones.

Volviendo a la leyenda, cuando el rey godo Rodrigo vio a la joven en la corte, rápidamente quedó prendado de ella, y es que la belleza de Florinda no pasaba inadvertida. Estando un día Florinda con su grupo de amigas bañándose en las antaño cristalinas y envidiables aguas del río Tajo, el monarca germano la observaba desde la distancia mientras sentía cómo su deseo por ella crecía cada vez más e incluso rayaba lo irracional. El mandatario godo no recurrió a ningún arte amatoria y un día forzó a la joven. Florinda, dolida física, moral y espiritualmente, no encontraba consuelo; sintió la necesidad de, a pesar de la distancia, enviar un mensaje a su padre para que supiese que su hija había sido infamemente deshonrada. Una vez que el noble Julián recibió el mensaje, algunas versiones hablan de un huevo podrido, la venganza se maquinó en forma de permitir la entrada a Hispania/Spania a través de Ceuta a las huestes musulmanas. Otras versiones del relato legendario no culpan a Rodrigo de la violación de Florinda y, consecuentemente, de la llamada «pérdida de España», sino que cuentan que los responsables habrían sido los hijos del anterior rey, Witiza, o el propio soberano. Pero siempre, en todos los casos, Florinda, o con los distintos nombres que aparece según la tradición, sufre una terrible violación. Así, podemos ver que la moraleja de la leyenda es muy clara y encaja en el arquetipo de la bella dama que es ultrajada por uno o varios hombres, que recibirán tarde o temprano su castigo.

Sobre Florinda, también nos gustaría señalar que en la *urbs regia* a día de hoy existe un torreón en la orilla del río Tajo que es conocido como el torreón de la Cava y que en el mismo, que no corresponde a la época visigoda, se dice que se aparece el espíritu de la hija del conde Julián, que sigue sin encontrar el descanso eterno.

Florinda de Franz Xaver Winterhalter (1853). El cuadro forma parte
de la colección del Museo Metropolitano de Arte de Nueva York
(Wikimedia Commons).

En suma, independientemente de la discutible historicidad de
Florinda, lo que resulta innegable es que esta figura femenina tiene un
peso más que destacado en las leyendas ligadas al Reino visigodo de
Toledo y en el marco legendario hispano y que ocupa un lugar relevante en nuestro Romancero, llegando a tener su protagonismo en
varias obras del Siglo de Oro.

La última cuestión a la que nos queremos referir en este epígrafe
y, por tanto, en este capítulo es a un milagro. Seguramente, estemos
ante uno de los prodigios más importantes enmarcado en el espectro
cronológico del Reino visigodo de Toledo, un milagro que tuvo una
incidencia absolutamente diferencial en la memoria colectiva, en la
identidad urbana y en la iconografía cristiana de la capital goda. El
milagro de la casulla de San Ildefonso lo podemos ver representado ni
más ni menos que en el tímpano de la puerta principal de la Catedral
de Toledo o Catedral Primada de España. Aunque el protagonista de
este milagro no es una mujer de época goda, hemos creído oportuno

incluirlo aquí porque el componente femenino en el mismo es determinante, ya que se basa ni más ni menos que en Nuestra Señora, la Virgen María. Asimismo, estamos en un periodo fundamental de la Historia de España en el plano religioso, porque es en este momento en el que quizá se fragua la fuerte unión existente entre nuestro pasado histórico y nuestra identidad, tradición y esencia con la madre de Jesucristo, sobremanera en la urbe del Tajo. Todo esto vendría derivado por la tenaz defensa que hizo el arzobispo visigodo de Toledo San Ildefonso de la virginidad y las múltiples virtudes de María. A partir de aquí, podemos entender mejor este milagro que, como sucede con el anteriormente descrito de Santa Leocadia, no es recogido por los sucesores de San Ildefonso en la mitra toledana, pero sí por su biógrafo Cixila en el siglo VIII bajo dominio musulmán.

El milagro de la casulla de San Ildefonso tiene diferentes variantes, pero esencialmente viene a relatar que, próximos a una festividad mariana —a mediados del siglo VII— y estando el santo toledano, junto a miembros del estamento eclesiástico de la ciudad y al propio pueblo, en la iglesia catedralicia de Santa María para celebrar la misa, algo sorprendente sucedió dentro del templo. De repente, una poderosa luz inundó el espacio sagrado y todos los asistentes salvo San Ildefonso salieron despavoridos. El arzobispo, cargado de valor, marchó hacia la luz y allí pudo ver un coro celestial de ángeles y, en el centro de la escena, a la Virgen María. Esta quería agradecer no solo con su presencia o sus palabras a San Ildefonso el trabajo que realizaba, sino también hacerlo con un preciado regalo. El presente fue una casulla tejida por los ángeles y perteneciente al tesoro de Jesucristo. Este regalo tenía una condición: solo podría portarla el prelado toledano y no cuando quisiera, sino específicamente en determinadas fechas festivas. Si algún otro miembro de la Iglesia se vistiera con la casulla, le esperaría la muerte.

El rastro físico de este milagro todavía puede apreciarse actualmente en la Catedral toledana, en la conocida como capilla de la Descensión. En este lugar se encuentra la piedra o el pilar desde el cual la Virgen María habló a San Ildefonso; constituye así uno de los puntos más simbólicos del corazón religioso de España.

9

MUJERES DESTACADAS DE OTRAS MONARQUÍAS GERMÁNICAS

El siguiente capítulo podría dar por sí solo para una monografía. Por nuestra parte, vamos a trazar un pequeño análisis de la materia, cuestión que consideramos necesaria para contar con una mayor amplitud del núcleo de este trabajo e incluso posibilitar que el lector pueda establecer comparativas y acudir a otros escenarios.

De esta manera, haremos un breve recorrido por otras monarquías germánicas y por otros pueblos bárbaros para conocer a distintas reinas —consortes—, princesas o mujeres relevantes. Bien es cierto que algunas de ellas resultarán viejas conocidas por la interacción entre la monarquía visigoda y la monarquía ostrogoda con respecto a suevos, vándalos, francos o burgundios, por poner algunos ejemplos. Sin embargo, en esta ocasión daremos más información sobre algunas de estas féminas, lo que nos permitirá conocer a mujeres sorprendentes sin las cuales resultaría harto complicado entender la Antigüedad tardía y primera etapa de la Alta Edad Media. En todo caso, advertimos que de cara a saber más sobre las reinas francas, anglosajonas o longobardas, entre otras, recomendamos acudir a la bibliografía contenida al final de esta obra.

Y a colación de la cuestión documental, nos enfrentamos a los mismos problemas que hemos visto con visigodas y ostrogodas: es decir, la parquedad de los cronistas e historiadores es la tónica habitual a la hora de hablar de estas reinas y del elemento femenino en general, más allá de contadas y destacadas excepciones, como vimos que sucedió con Gala Placidia, Amalasunta o Goswinta. Así, las fuentes mencionadas y utilizadas anteriormente seguirán siendo válidas; a ellas habría que sumar otras como son Beda el Venerable para el contexto anglo-sajón, o Paulo Diácono para el marco longobardo. En lo relacionado con los estudios de los siglos XX y XXI, muchos de los estudiosos referenciados serán una herramienta vital e indispensable, a los que añadiremos algún historiador nuevo y algún trabajo propio.[1]

★   ★   ★

Vamos a arrancar con esa famosa triada de pueblos bárbaros (dos germanos y uno iranio-estepario) como son los suevos, vándalos y alanos. Como ya indicamos, estos cruzaron el helado río Rin el 31 de diciembre del año 406 y sembraron el caos en territorio galo. En otoño del año 409 atravesaron los Pirineos en el marco de las luchas entre el emperador legítimo Honorio y el usurpador Constantino III. Igualmente hemos visto los enfrentamientos con los godos y las interacciones con estos. En cuanto a los alanos, al no levantar reinos siguiendo la estructura de los pueblos germanos, basada esta en la herencia y tradición romanas, no podemos ofrecer el nombre de ninguna reina. Sobre los vándalos sí hemos realizado alguna mención siempre que tenía que ver con los godos. Esto mismo ha sucedido con los suevos, pero en el caso de este pueblo queremos detenernos para aportar algo nuevo y que forma parte de su escenario propio.

En el verano del año 448 moría en la antigua capital de la *Diocesis Hispaniarum,* y ahora sede de la corte sueva, el gran rey Riquila, Requila o Rechila, aquel que había expandido los límites bajo dominio suevo más allá de la Gallaecia. El poder de los suevos pasó a su hijo Requiario, pero todo hace sospechar que la sucesión estuvo rodeada de contratiempos y enfrentamientos. Dentro de la propia familia real y de la aristocracia sueva surgieron voces discordantes. El profesor Pablo C. Díaz sostiene que este «Juego de tronos» se derivaría de la sorprendente conversión al catolicismo de Requiario, abandonando el paganismo ancestral germano de su padre. Pues bien, ¿dónde encontramos aquí el relevante elemento femenino? En septiembre del año 2018 y en febrero del año 2021 los periodistas Israel J. Espino y Vicente G. Olaya publicaron, respectivamente, en los diarios *Hoy* de Extremadura y *El País,* sendos artículos con los sugerentes títulos «De tesoros suevos y princesas asesinadas» y «Mérida encuentra a sus princesas suevas».

Mérida: ocho enterramientos de jóvenes suevas

Lo que podría corresponder a dos potentes títulos para otras tantas novelas históricas tiene que ver con los magníficos trabajos realizados años atrás por Heras Moras y Olmedo Gragera. Estos arqueólogos se toparon con una tumba que podría corresponder con esa «Mérida sueva» y más concretamente con la tumultuosa sucesión de Requiario y el enfrentamiento con parte de su familia y de la aristocracia sueva[2]. Estamos ante ocho enterramientos de mujeres jóvenes o muy jóvenes en plena capital extremeña. Estas damas pertenecían a la alta nobleza y fueron enterradas con un ajuar funerario de excepción: oro, granates y zafiros pertenecientes a 124 piezas de joyería que seguía la tradición e influencia propias de Oriente y Centroeuropa. Estas mujeres pudieron estar ligadas de manera directa o indirecta al rey suevo Requiario y las luchas intestinas por el poder y correr así la peor de las suertes. No es descartable que estas damas suevas muriesen al mismo tiempo en una ejecución sumarísima que buscase acabar con la oposición a Requiario, quien, como ya dijimos, se casó un año después con una hija del rey visigodo Teodorico I. Y es que las piezas de vestimenta y adorno personal, el lugar en el que se encontraron y lo que sabemos por las fuentes históricas evidenciarían, especialmente a partir de los dos primeros argumentos, que formarían parte de la élite sueva.

Seguidamente, pasamos a centrarnos en los francos y a resaltar la figura de alguna de sus reinas más relevantes. Se conoce un buen número de monarcas francas, propiciado seguramente por el hecho de que el reino se unificaba y se fragmentaba cada poco tiempo (a principios del siglo VII: París, Neustria, Austrasia y Borgoña). Era muy habitual que un rey poderoso como Clodoveo, Clotario I, Clotario II o Dagoberto I fomentase esa unificación para posteriormente dividir el reino entre sus hijos a modo de herencia particular. Obviamente, esto propiciaba que en muchas ocasiones estuviésemos ante cuatro reinos francos con sus respectivos reyes —y estos con sus esposas, que en distintas ocasiones eran varias, al ir muriendo y volviendo a contraer matrimonio el monarca—. En realidad, este podría ser un buen resumen de la Historia de los francos desde principios del siglo VI hasta la victoria de Carlos Martel sobre los musulmanes en la batalla de Poitiers del año 732, y la posterior llegada al trono de su nieto Carlomagno.

Basina, a la busca del poderoso Childerico

La primera reina franca que queremos mencionar es realmente turingia: Basina, esposa del rey Basino. De esta mujer nos habla el historiador franco Gregorio de Tours al exponer la vida del rey franco Childerico a mediados del siglo V. Este era conocido porque le gustaba deshonrar a las hijas de sus hombres. Sus lascivas actuaciones tuvieron consecuencias, como fueron la pérdida del trono y el exilio. Este tiempo fuera de territorio franco lo vivió en Turingia, aunque siempre albergando la esperanza de regresar y recuperar el poder perdido. El rey turingio lo recibió cordialmente, y fue allí donde Childerico conoció a Basina. Hasta ese momento no sabemos nada de Basina, pero lo que podemos deducir por los hechos que detallaremos a continuación es que la figura de Childerico no tuvo que pasar desapercibida para ella cuando este estuvo en la corte turingia. Tras un tiempo, Childerico aprovechó la coyuntura política para volver entre los francos y recuperar el trono perdido.

Cuando Basina se enteró, abandonó a su marido y viajó en pos de Childerico. Una vez que Basina estuvo ante el rey franco, este le preguntó el motivo de su viaje y ella, según Gregorio de Tours, le vino a decir que el hecho de haber recuperado el trono perdido era una hazaña y por eso quería convertirse en su esposa. Pero no solo esto, sino que Basina, cargada de carácter y orgullo, también le habría espetado al que se convirtió en su marido que, si hubiese sabido de otro hombre con mayores méritos que él, igualmente habría viajado hasta su reino y se habría casado con él. Básicamente, Basina daba a entender que ella quería estar casada con el hombre más poderoso del mundo. De este matrimonio nacieron el mencionado rey franco Clodoveo —considerado uno de los padres de Francia—, la reina goda Audefleda, por casarse con Teodorico el Grande —consecuentemente madre de la reina goda Amalasunta—, y las princesas Lantilda o Lanteclidis y Albofleda o Albofledis.

La siguiente reina franca sobre la que nos detendremos es Clotilde, esposa de Clodoveo. Al igual que su marido, Clotilde también es un personaje fundamental en la Historia de Francia. Ella no era franca de nacimiento, sino que se trataba de una princesa burgundia. Sus padres eran los reyes Chilperico II y Caretene, ambos asesinados en las luchas por el poder entre los burgundios. En el año 492 contrajo matrimonio con Clodoveo; tuvieron varios hijos varones —que heredaron, dividido, el reino franco que tanto trabajo le costó unificar a su padre— y una hija llamada también Clotilde, de la cual ya hemos hablado por su matrimonio con el rey visigodo Amalarico. Clotilde se convirtió al catolicismo antes que su marido y jugó un papel fundamental en la conversión de este y en el fortalecimiento del catolicismo entre los francos.

Curiosamente, sabemos más de ella tras la muerte de Clodoveo en el año 511, ya que lo sobrevivió muchos años más, y Gregorio de Tours tuvo a bien recoger algún dato de estos años de viudedad. Su marido fue enterrado en la basílica de los Santos Apóstoles de París, que había sido levantada por impulso de los dos. La reina Clotilde sufrió las guerras por el poder entre sus hijos desde su retiro en la ciudad de Tours, lugar en el que se encontraba la preciada basílica dedicada a San Martín, aunque en alguna ocasión viajó a París. Gregorio de Tours señala que la viuda de Clodoveo poseía una gran cantidad de virtudes y no reparaba en llevar una vida de bondad hacia los necesitados y de profunda religiosidad, máxime una vez que perdió a su marido. Murió a mediados del año 545, siendo ya una anciana, y fue canonizada, pasando a ser Santa Clotilde.

Radegunda, entregada a la religión y los desfavorecidos

La siguiente reina franca, Radegunda, tiene algo en común con Basina, también era turingia, y algo que ver con Clotilde, también fue elevada a los altares. Hasta que pudo llevar una vida plenamente religiosa, su existencia siempre fue complicada. Vivió de cerca las guerras entre familias para hacerse por el poder en Turingia. De esta manera fue como perdió a su padre. Cuando el poderoso rey franco Clotario I, hijo de Clotilde y Clodoveo, intervino en los asuntos turingios, Radegunda fue secuestrada o hecha prisionera por este. Más tarde Clotario se casó con Radegunda, contraviniendo la voluntad de la ahora reina franca. Para el soberano franco fue otra más de las muchas esposas que tuvo a lo largo de su vida. Radegunda no tenía ningún interés en lo que le ofrecía la vida en la corte ni en adoptar el papel que se esperaba de ella como reina. Sus prioridades eran la religión y los más desfavorecidos.

Cuando su marido mató a su hermano para evitar que pudiese reclamar el trono turingio, Radegunda huyó y, gracias a la ayuda de personajes influyentes de la Iglesia católica, pudo entregarse en cuerpo y alma a la vida religiosa. Así, fundó la importante abadía de la Santa Cruz en Poitiers. Muchas mujeres ingresaron en ella y llegó a conseguir una astilla de la Vera Cruz; y es que Radegunda sentía un profundo fervor por las reliquias. La vida de Radegunda estuvo rodeada de fe, curaciones, milagros y leyendas por lo que tras su muerte en el año 587, no tardó en ser canonizada. El poeta Venancio Fortunato y el historiador Gregorio de Tours conocieron y admiraron a Santa Radegunda.

De las tres reinas con las que cerraremos este recorrido franco, ya hemos referido alguna cuestión en capítulos precedentes. Además, las tres están, por unos motivos u otros, estrechamente relacionadas; no en vano dos de ellas son hermanas. Así, estamos hablando de Galsvinta, su hermana Brunequilda y Fredegunda. Como ya dijimos en su momento, Galsvinta y Brunequilda eran dos princesas godas hijas de Goswinta y Atanagildo. Ambas fueron casadas con dos reyes francos. Primero Brunequilda fue desposada con Sigiberto de Austrasia y, posteriormente, Galsvinta con Chilperico de Neustria. Si nos centramos en esta segunda princesa goda y reina franca, su vida con el rey Chilperico distó mucho de la que podría haber soñado cuando vivía con su madre Goswinta en Toledo.

Galsvinta no era la primera esposa de Chilperico, el cual ya se había casado previamente con una mujer llamada Audovera, con la que había tenido cuatro hijos. Empero, el matrimonio con Galsvinta era una jugada política de conveniencia y Chilperico repudió a su primera esposa para poder casarse con la visigoda. El «juego amoroso» de Chilperico no acababa aquí, ya que, a pesar de sus dos matrimonios, nunca dejó de lado a su amante, la citada Fredegunda. Galsvinta se sentía profundamente dolida por la vida libertina de su marido y se quejó de la actitud de su esposo, incluso pudo pensar en regresar a la urbe del Tajo junto a su madre. Las quejas y los deseos de Galsvinta no tuvieron un largo recorrido, puesto que fue asesinada por estrangulamiento estando en la cama. Corría el año 568 y se sospecha que Fredegunda no debió de andar muy lejos en cuanto a quién pudo cometer, instigar u ordenar el asesinato de la princesa goda y reina franca Galsvinta. La verdad es que no estamos ante una hipótesis sin fundamento: hay que tener presente que al poco tiempo Fredegunda

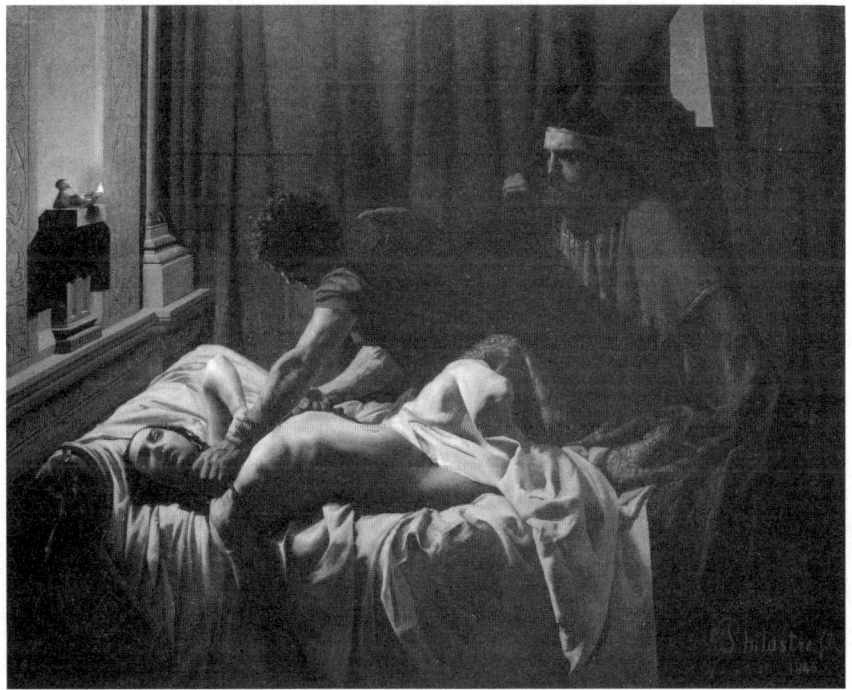

Asesinato de la reina Glaswinta atribuido a Eugène Philastre (1846).
La obra se encuentra en el Museo Municipal Soissons
(Wikimedia Commons).

se casó con el rey Chilperico y se convirtió en reina de Neustria y acabó con la vida de Audovera, la esposa repudiada de su marido.

Fredegunda: amante, esposa y asesina

Fredegunda inició su vida en la corte como sirvienta de la reina Audovera, seguidamente se convirtió en concubina del rey Chilperico y finalmente, tras ver a otras dos mujeres como esposas de su amante, consiguió casarse con este y convertirse en reina. El asesinato de Galsvinta supuso la reacción de su hermana Brunequilda, la cual exigió venganza a su marido Sigiberto de Austrasia, que era hermano de Chilperico. Esta exigencia y la actitud de Fredegunda y Chilperico provocaron que estallase la guerra entre ambos reinos francos. Los enfrentamientos entre Fredegunda y Brunequilda continuaron a lo largo de los años. Lo cierto es que el ansia de mantenerse en una posición que tanto le había costado conseguir y el interés en proteger a los hijos que tuvo con Chilperico devinieron en que Fredegunda atesorase un amplio currículum en lo que a maquinar asesinatos de refiere. Aparte de los mencionados, habría que añadir el asesinato del rey Sigiberto y el de varios de los hijos del primer matrimonio de su esposo Chilperico. Es más, hay sospechas que llevarían hasta la propia Fredegunda para explicar la muerte por envenenamiento de su esposo.

Una de las grandes angustias que vivió Fredegunda, y que incluso le hizo pensar que la magia más oscura y la brujería podían estar detrás de su pesar, es que todos los hijos que daba a luz acababan muriendo al poco tiempo. Todo esto pasó cuando en el año 584 nació el futuro rey Clotario II. El hijo de Fredegunda vino al mundo pocos meses antes del asesinato de su padre. Ante este escenario, Fredegunda se movió estratégicamente porque sabía que Brunequilda, desde Austrasia, donde el hijo de esta era ahora rey, podía intentar acabar con ella. Por eso actuó política y diplomáticamente para convertirse en regente de su hijo. Después de unos años de regencia, actuando con puño de hierro y facilitando el gran poder que pocos años después atesoraría su hijo Clotario II, Fredegunda murió por enfermedad en el año 597.

Hasta sus últimos días ella siguió ordenando asesinatos de rivales políticos o de personajes que no eran de su gusto. Su maquiavélico y casi sangriento carácter la llevó a estar a punto de matar a su hija Rigunta, cuando esta no se comportó de manera adecuada.

Brunequilda, reina franca y hábil política

Y para concluir con los francos, vamos a detenernos un poco más de lo expuesto hasta ahora en la también princesa goda y reina franca Brunequilda. Ya hemos visto su partida de Toledo para casarse con Sigiberto de Austrasia y del mismo modo hemos mencionado el sufrimiento por el asesinato de su hermana y el enfrentamiento con Fredegunda y Chilperico de Neustria. Una vez que no consiguió que su marido aplastase a sus enemigos, y tras la muerte de este, su situación quedó muy comprometida. Sin embargo, Brunequilda era, ante todo, una luchadora, y no iba a rendirse tan fácilmente. El historiador Gregorio de Tours tuvo en muy alta consideración a la hija de Goswinta y por eso contamos con más información relacionada con ella que sobre otras reinas. Aparte, y como sucedía con su archienemiga Fredegunda, sus propias cualidades propiciaron que resultase casi inevitable hacer referencia a ellas. Brunequilda tuvo varios hijos con el rey franco Sigiberto, y una ellas es una vieja conocida, Ingunda, la esposa del príncipe godo Hermenegildo. Otro de los hijos fue Childeberto; tras un intento fallido de Chilperico de Neustria de hacerse con el trono de su padre, Brunequilda consiguió que este fuese reconocido como legítimo heredero —Childeberto II— de Austrasia. Brunequilda no obtuvo la regencia, así que se retiró a un monasterio, pero al poco tiempo contrajo un sorprendente y criticado matrimonio con uno de los hijos supervivientes de Audovera y Chilperico. El enlace acabó yéndose al traste por la furibunda intromisión de Chilperico, y el segundo marido de Brunequilda también fue asesinado.

Tras muchos enfrentamientos, también con nobles de su reino, Brunequilda pudo convertirse en regente de Austrasia. Desde su posición, y como persona de extrema confianza de su hijo, el rey Childeberto II, participó de manera rotunda en la política del momento. Estableció lazos con el Reino visigodo de Toledo, donde estaban Recaredo y Goswinta; sufrió con la noticia de la muerte de su hija Ingunda cuando se dirigía en barco hacia Constantinopla y fortaleció el poder y la administración real en Austrasia. Cuando Childeberto II asumió la corona al alcanzar la mayoría de edad, Brunequilda no se permitió el lujo de pasar a un segundo plano y siguió teniendo un fuerte peso político. De hecho, se mantuvo cerca de los hijos de Childeberto y ordenó la ejecución de algunos nobles desafectos. Con la muerte del rey franco Gontran de Borgoña, Brunequilda pudo ver a su hijo ocupar ese trono.

No obstante, Childeberto II murió siendo todavía joven, en el año 596, y su madre volvió a moverse de manera acertada para que sus dos nietos se hicieran con los tronos de su padre. Así, Teudeberto II se convirtió en rey de Austrasia y Teoderico II en rey de Borgoña. En ambos casos, Brunequilda actuó como regente, pero desde Austrasia llegó una conspiración de nobles que hizo que la reina abuela tuviese que refugiarse en Borgoña. Brunequilda, que poco a poco fue enfatizando su «antigoticismo», acabó impidiendo el citado matrimonio entre la princesa goda Ermenberga, hija de Witerico, y su nieto Teoderico II.

A principios de la década de los años diez del siglo VII estalló una guerra civil entre Austrasia y Borgoña, alimentada por Brunequilda. En un primer momento, su nieto predilecto, Teoderico II de Borgoña, salió victorioso. La alegría le duró poco a la reina abuela porque Teoderico II murió en el año 613 a causa de una enfermedad y la ocasión fue aprovechada por Clotario II de Neustria, hijo de Fredegunda, para volver a unificar los reinos francos. Para dejar todo bien atado y completar su jugada maestra, Clotario II sabía que la figura de Brunequilda debía ser eliminada. Sin apoyos, sola y siendo una anciana, la hija de Goswinta fue detenida, torturada, vejada, arrastrada por un caballo y desmembrada. Este fue el violento final de una de las figuras regia femeninas más importantes y relevantes de la Antigüedad tardía y primera etapa de la Alta Edad Media.

El suplicio de Brunegilda, grabado de Paul Girardet en base
a un modelo de Félix Philippoteaux (s. XIX)
(Wikimedia Commons).

El *Cantar de los Nibelungos*

En lo que concierne a los burgundios, ya hemos visto a varias de sus
princesas casándose con reyes godos o con soberanos francos. Volviendo a este pueblo germano, cuyo reino acabó siendo conquistado y
asumido por los francos en el año 534, no queremos detenernos en
ninguna otra gran mujer ligada a su Historia, sino en una obra; en uno
de los cantares más famosos y populares de la vieja Europa: el anónimo
Cantar de los Nibelungos. Este se encuentra estrechamente ligado a los
burgundios y en él el componente femenino es muy destacado, así
como el viaje del héroe, estudiado de manera global por el mitólogo
Joseph Campbell. Historia, leyendas, paganismo y personajes femeninos tan sugerentes como Krimilda o Kriemhilt y Brunilda o Brünhilt

aparecen en dicha obra. Como recoge uno de los grandes estudiosos de este cantar, el profesor Víctor Millet: «Crecía en Burgundia una muy noble doncella, hermosa como ninguna otra en todos los reinos, llamada Kriemhilt. Se convirtió en una bella mujer, pero por ella muchos guerreros hubieron de perder la vida». La impronta de estos personajes femeninos alcanzó su clímax cuando en el siglo xix el *Cantar de los Nibelungos* se convirtió en unas de las piezas clave y en uno de los vehículos del romanticismo y el nacionalismo alemanes.

Berta y Eanfleda, dos reinas y santas en la gran isla

A continuación cruzamos el canal de la Mancha, hasta las antiguas tierras de los britanorromanos, ahora en poder de las tribus germanas de los anglos, jutos y sajones. Estos bárbaros procedían del territorio ubicado entre las actuales Alemania y Dinamarca, y ya conocían las costas de Britania antes del siglo v a través de sus acciones piráticas. En el siglo v, dada la inestabilidad que se vivía en Occidente, Britania se quedó sin la estructura derivada de la administración romana y vivía atemorizada por las incursiones de escotos y pictos desde el norte. Atendiendo a los últimos estudios, la llegada de anglos y sajones fue progresiva a lo largo de ese siglo, aunque las centurias quinta y sexta continúan siendo un quebradero de cabeza para los grandes especialistas en la materia y para los historiadores en general.

A lo largo del siglo vi se fueron fortaleciendo distintos reinos como el de Kent, el de Anglia Oriental, el de Wessex o el de Northumbria. A uno de estos reinos, al de Kent, en la zona suroriental de la isla, llegó una princesa franca llamada Berta, puesto que se casó con el rey Etelberto. Este monarca era pagano pero respetó la profunda fe cristiana de su esposa. Es en la cuestión religiosa donde la reina Berta jugó un papel determinante y es que fue una pieza fundamental para que el catolicismo arraigase en tierras britanas. Gracias a ello su marido abandonó el paganismo y se convirtió a la fe de Cristo. Asimismo, el papa Gregorio Magno envió a un personaje clave para el cristianismo en la Historia de Inglaterra: hablamos del que ha pasado a los anales como San Agustín de

Canterbury, quien se vio favorecido por la reina Berta. Esta murió a principios del siglo VII dejando tras de sí una inmensa labor de implantación del catolicismo en el Reino de Kent y un legado que la llevó a ser canonizada. Fue enterrada en la capilla de San Martín de la iglesia de los Santos Apóstoles Pedro y Pablo en Canterbury.

Otra de las reinas de los anglosajones que queremos resaltar es Eanfleda o Eanfled, la cual nos lleva ya a pleno siglo VII. Estaba ligada a otros de esos reinos anglosajones, el de Northumbria, del periodo conocido como el de la Heptarquía anglosajona. Beda el Venerable repara en ella porque dice que es la primera persona bautizada de su reino: «y fue bautizada el santo día de Pentecostés, siendo la primera del pueblo de los nortumbros, con otras once personas de su familia». Recibió este sacramento por parte del obispo Paulino de York en el año 626. Debido a la inestabilidad que se vivía en la antigua Britania romana, fue enviada a territorio franco, donde encontró protección hasta su regreso a mediados de siglo. De vuelta en casa, contrajo matrimonio con el rey Oswiu de Northumbria y procuró que el cristianismo romano impusiera su modelo frente al cristianismo celta. A la muerte de su marido, entró en el famoso monasterio de Whitby, donde se convirtió en abadesa y vivió hasta dejar este mundo. Como sucedió con Berta, tiempo después fue canonizada y se generó una gran devoción alrededor de su figura.

Eteldreda, esposa y virgen

Seguimos en pleno siglo VII y en plena heptarquía anglosajona; pero ahora nos marchamos al Reino de Anglia Oriental. Allí nos encontramos con Eteldreda, hija del rey Anna. A pesar de hacer desde muy joven voto de castidad y de mantenerlo hasta su muerte, se casó en dos ocasiones con dos reyes. Tras la muerte de su primer marido, se retiró al territorio de Ely (este de Inglaterra) y, aunque posteriormente volvió a contraer nupcias, rápida y definitivamente tomó los hábitos ante el enfado de su nuevo marido, Egfrido, rey de Northumbria, quien pretendía consumar el matrimonio. Eteldreda, después de una huida de leyenda, se libró de su segundo marido, fundó un monasterio del cual fue abadesa y murió a los pocos años. Del mismo modo que las anteriores reinas anglosajonas, Eteldreda fue canonizada y el episodio de su virginidad impresionó tanto al historiador y santo Beda el Venerable, que le dedicó un himno en el que menciona a Santa Eulalia de Mérida.

Por último en el caso anglosajón, y aunque se sale del marco cronológico trazado porque nos lleva casi al paso del siglo VIII al IX, queremos hacer una mínima mención de la reina Cynethryth, esposa del poderoso rey de Mercia Offa. Lo llamativo de ella es que se llegó a acuñar moneda con su nombre y efigie y el mismísimo Carlomagno la tuvo en muy alta consideración.

En resumen, hemos visto cuatro reinas anglosajonas que tuvieron un vínculo muy directo con el ámbito religioso, casi como no podía ser de otra manera teniendo presente el contexto de la época. Es más, tres de ellas llegaron a ser canonizadas y la imagen que nos llega de ellas a través de las fuentes escritas, principalmente de Beda el Venerable, es muy positiva, seguramente por el señalado vínculo religioso. Antes de cerrar la cuestión regia femenina anglosajona, queremos hacer una pequeña mención muy en la línea de lo que hemos hecho en el caso burgundio con el *Cantar de los Nibelungos*. Por esta razón, no podemos pasar por alto todo lo que rodea a la figura del rey Arturo. Como hemos señalado en otro trabajo, «la leyenda o el mito del rey Arturo no solo es una de las narraciones más conocidas de la Historia de Inglaterra, sino que su fama es prácticamente mundial [...]. Se ha venido estableciendo que lo más apropiado para hablar de una teórica "época artúrica" serían los siglos V y VI, y siendo más específicos, el paso entre un siglo y otro». Aquí encajaría el líder britano Ambrosius Aurelianus. Realmente, lo que nos interesa de esta cuestión es que resulta imposible acercarse al mito artúrico sin reparar en una figura regia femenina como es la de su esposa Ginebra; por eso consideramos que al menos había que citarla.

Una reina longobarda con sangre goda

Otro pueblo bárbaro y germano que ofrece información interesante sobre figuras regias femeninas es el de los longobardos. Originarios de la zona entre el sur de la península de Jutlandia y las orillas del río Elba, los lombardos o longobardos se encontraban a mediados del siglo v en las orillas del río Danubio, aunque ese no fue su destino final.

En primer lugar, queremos traer a colación a la reina Rodelinda. De ella hablamos en el capítulo dedicado a las «ostrogodas de poder», ya que era hija de Amalaberga, consecuentemente nieta de Amalafrida y sobrina-nieta de Teodorico el Grande. La sangre de los Amalos corría con fuerza por sus venas. Del mismo modo señalamos que cuando el general bizantino Belisario se hizo con el control de la antaño gloriosa capital goda de Rávena, Rodelina, junto a su hermano y su madre, fue enviada a Constantinopla. Desde la capital imperial entró en contacto con los longobardos al ser casada por disposición imperial con el rey Audoino.

La siguiente reina longobarda lo era igualmente de adopción, porque su sangre era gépida. El sucesor del rey Audoino fue su hijo Alboíno, quien, en el año 567 y con el apoyo del pueblo de los ávaros (jinetes nómadas de origen no germánico), acabó con el vecino Reino gépida. El último de los reyes gépidas fue Cunimundo que, a pesar de sus esfuerzos, sucumbió ante sus enemigos. El historiador y fuente fundamental para conocer el pasado de los longobardos es el monje Paulo Diácono, el cual escribe: «En este combate Alboíno mató a Cunimundo [rey de los gépidas] y, tras quitarle la cabeza, hizo de ella una copa para beber. Este tipo de copa se llama entre ellos *scala* y se denomina en latín *patera*». No queremos dejar pasar por alto este sangriento episodio por casualidad, ya que la hija de Cunimundo era Rosamunda, la cual había mamado desde niña el odio hacia los longobardos. Este odio fue en aumento ante lo sucedido con su padre y fue a más como veremos a continuación.

La venganza de Rosamunda

Alboíno, viudo en ese momento, tomó la decisión de casarse con la princesa gépida Rosamunda. Como es de suponer y dadas las premisas expuestas, el matrimonio no iba a acabar muy bien. Rosamunda sufrió los maltratos de su esposo, quien en el año 568 había invadido parte de la península itálica, estableciendo allí a su pueblo. Se considera que la paciencia de la princesa gépida y reina longobarda Rosamunda se agotó cuando su marido la obligó a beber de la copa hecha con la cabeza de su padre. Rosamunda encabezó un complot palatino y el rey Alboíno fue asesinado. Y, en lo que podemos considerar una jugada maestra, la venganza de Rosamunda no se quedó en dejar sin *rex* a sus archienemigos longobardos, sino que también fue capaz huir con parte del tesoro y refugiarse con alguno de los suyos en la ahora bizantina ciudad de Rávena, que no había caído con la invasión longobarda. La vida de Rosamunda en Rávena no fue muy larga, debido a que murió envenenada cuando ella misma trataba de emponzoñar a un antiguo amante.

La última reina longobarda a la que queremos hacer referencia probablemente sea la más interesante de todas ellas: Teodelinda. Bien nos parece oportuno, aunque este tipo de consideraciones siempre puede resultar arriesgadas, decir que Teodelinda sería la «Amalasunta de los longobardos» o la «Goswinta de los longobardos» por el peso y legado sobre el Reino Longobardo y por el conocimiento que tenemos de ella. Una circunstancia que se repite con las dos reinas longobardas anteriores, y que tiene todo el sentido en el marco de los matrimonios políticos del periodo, es que Teodelinda no nació entre los longobardos: era una princesa bávara, aunque su madre sí era longobarda. A finales de la década de los años ochenta del siglo VI, contrajo nupcias con el rey longobardo Autario. Empero, este enlace duró muy poco tiempo al morir el monarca germano en el año 590. Teodelinda siguió muy ligada al trono longobardo a causa de un nuevo matrimonio, en este caso con un prestigioso duque llamado Agilulfo, el cual es uno de los monarcas longobardos de más peso.

Hay un aspecto que se discute sobre Agilulfo, y en el que Teodelinda pudo tener mucho que ver desde su posición de católica convencida: la posible conversión del soberano a dicha fe en contraposición al arrianismo y paganismo todavía presentes entre los longobardos. No podemos certificar esta conversión, pero lo que sí resulta indudable, y en lo que sí habría que ver la mano de Teodelinda, es la buena sintonía que estableció su marido con la Iglesia católica. Por otro lado, mientras que Agilulfo fortalecía el reino y propició distintos acuerdos de paz, Teodelinda embelleció algunas ciudades, como la estratégica urbe de Monza, levantó iglesias, fundó monasterios y favoreció el arte y la cultura y entabló una gran amistad con el papa Gregorio Magno. Cuando en el año 616 falleció su marido, el hijo de ambos —bautizado católico por instigación materna—, Adaloaldo, quedó como sucesor; pero al ser todavía muy joven, Teodelinda actuó como regente.

La regencia de Teodelinda fue muy activa y reconocida. Murió en el año 627 y siempre ha quedado ligada a la catedral de Monza por las donaciones que realizó. A partir de Teodelinda, se abrió paso en el trono longobardo la dinastía bávara de los agilofingios o agilofingos. Gundeperga, hija de Teodelinda, se casó con dos reyes longobardos, primero con Arioaldo —opositor a su hermano Adaloaldo— y después con Rotario —promulgador de *El Edicto de Rotario*—, y falleció a mediados del siglo VII.

Una reina de armas tomar entre los varnos

Para cerrar este capítulo nos gustaría aludir a un episodio singular en el que el componente femenino regio está presente y cuya resolución es digna de película. Los protagonistas son los varnos, pueblo germano asentado en la costa báltica de la actual Alemania, próximos a anglos y sajones. El historiador romano Tácito indica que los varnos («varinos») rendían culto a una diosa muy presente en el paganismo germánico: Nerthus. Avanzamos hasta el siglo VI, que es cuando se enmarca el mencionado episodio: según el historiador Procopio de Cesarea el rey varno Hermegisclo, después de morir su primera esposa, concertó un segundo matrimonio. La elegida fue una princesa franca de la que desconocemos el nombre. A su vez, también había concertado el matrimonio, y ya había entregado la dote, de su hijo y sucesor Radigis con la hermana del rey de los anglos de la que igualmente ignoramos el nombre.

No obstante, al presentir Hermegisclo su muerte y al haber tenido hijos con su nueva esposa, determinó: «De manera que, como las cosas son así, dejaos de esposa isleña para este muchacho y todo el dinero que ha conseguido ella obtener de nosotros con ese propósito, que se lo lleve en compensación por el insulto, tal como quiere una ley que es la común para todos los seres humanos. En cuanto a mi hijo Radigis, que se case luego con su madrastra, de acuerdo con lo que nos permite nuestra ley ancestral». Procopio nos dice que esto fue una terrible ofensa para los anglos, en especial para su princesa, porque entre ellos el matrimonio y la castidad iban de la mano y ahora se sentía ultrajada. La princesa utilizó primero la diplomacia, pero al no obtener ningún resultado, según el historiador «adoptó el comportamiento de los hombres y pasó a la acción con las armas. Reunió, pues, de inmediato cuatrocientas naves y embarcó en ellas un ejército de no menos de cien mil guerreros. Y ella misma era quien guiaba esta expedición contra los varnos».

Ambos pueblos bárbaros se enfrentaron y la victoria fue para los anglos, aunque el rey varno Radigis consiguió escapar. Esto enfureció a la princesa angla, que se había quedado en el campamento, por lo que seleccionó a los mejores guerreros para que cumpliesen la misión de captura. Radigis fue encontrado en un bosque y llevado ante su prometida. Esta le reprochó severamente su actitud y Radigis, avergonzado, se excusó en las órdenes dadas por su difunto padre y acabó suplicando por miedo a perder su vida. Asimismo, Radigis pidió perdón, se comprometió a reparar el daño causado y se ofreció a casarse con la princesa angla. Esta, al ver que el rey varno repudió a su esposa y madrastra, y tras un largo camino, acabó casándose con él. Una pena no conocer el nombre de esta princesa angla y reina varna porque su particular historia nos parece sencillamente fascinante.

Epílogo
LA CONJUNCIÓN TOLEDO Y ASTURIAS EN FEMENINO

Siguiendo la línea trazada en el anterior capítulo y justo antes de cerrar este trabajo —bibliografía aparte— con una conclusión a modo de reflexión general, nos proponemos en este capítulo a hablar de las primeras reinas, también de condición consorte, del Reino de Asturias, que igualmente darían para una monografía independiente. El motivo de tratar esta temática obedece, del mismo modo que hicimos en el capítulo precedente, a la posibilidad de establecer comparativas y ver con perspectiva otros escenarios monárquicos en el sentido femenino. Junto a esta premisa, otro de los objetivos de este capítulo es ahondar en un asunto en el que llevamos insistiendo muchos años, como es el profundo vínculo y la clara ligazón entre el Reino visigodo de Toledo y el Reino de Asturias. Por esta razón y porque lo haremos de una manera breve, consideramos que encaja a la perfección en el concepto de un epílogo que en este caso no actúa como recapitulación, sino que viene a aportar hechos históricos posteriores al marco cronológico establecido, los cuales se insertan en el núcleo central del libro.

Así, vamos a presentar a cinco reinas asturianas que abarcan buena parte del siglo VIII y que resultan fundamentales para conocer el paso del reino toledano al reino asturiano. No podemos negar que son figuras históricas que nos parecen muy interesantes y de un gran valor. El problema radica en que la historicidad de alguna de ellas se encuentra comprometida, se discute o se entremezcla con la leyenda. De todo ello daremos debida cuenta en las siguientes páginas.

Las fuentes documentales imprescindibles para estudiar y trabajar estas figuras regias femeninas son las distintas crónicas asturianas. En lo concerniente a las obras, los artículos y demás material contemporáneos y actuales, seguiremos recurriendo a varios de los grandes especialistas que nos han venido acompañando a lo largo de este camino, como el profesor García Moreno, y añadiremos alguna novedad como por ejemplo el profesor Solano Fernández-Sordo y su magnífico trabajo *Las reinas de la Monarquía asturiana y su tiempo (718-925)*.

★   ★   ★

El nombre de Pelayo tal vez sea uno de los que más resuene en el imaginario colectivo español y de los que tenga más peso en la conformación de la identidad patria. Estamos ante la figura histórica que da el pistoletazo de salida a la Reconquista/Restauración y al Reino de Asturias. Este rey asturiano o de los astures, este noble godo o este líder de la resistencia norteña estuvo casado y tuvo hijos. Los nombres de sus descendientes luego los veremos pero ¿quién fue la madre de estos? La respuesta queda rodeada por la niebla. En verdad, la propia biografía de Pelayo sigue estando sometida a debate, aunque hay aspectos que resultan indudables como es el de su propia existencia y el de muchas de sus acciones.

Indudablemente, Pelayo tuvo esposa y esta es llamada habitualmente Gaudiosa. El problema radica en que este nombre comienza a tomar fuerza en el lejano, con respecto al siglo VIII, siglo XVI. Para muchos estudiosos Gaudiosa sería una creación mítica y legendaria pero necesaria a nivel histórico e identitario para entender la propia vida del precursor de la Reconquista. Como nuestro objetivo no es entrar en este debate y el lector interesado puede recurrir a la bibliografía que aportamos, vamos a continuar con lo que tradicionalmente se considera que son hechos ligados a la esposa de Pelayo y nos referiremos a esta con el nombre que hemos indicado.

Gaudiosa le daría a Pelayo, que sepamos, dos hijos que no pasaron inadvertidos en la Historia del incipiente *Asturorum Regnum*: Fávila o Favila y Ermesinda. Otro de los aspectos que se suele señalar en la biografía de Gaudiosa es que a su muerte fue sepultada en la iglesia de Santa Eulalia de Velanio o de Abamia, en el concejo de Cangas de Onís. En esta última ciudad se encontraba la corte de su marido Pelayo, que murió en el año 737 y con absoluta seguridad después de ella. Pelayo fue sepultado en la misma iglesia que Gaudiosa.

La que con una inmensa cantidad de matices podríamos considerar la primera reina de la Monarquía asturiana, Gaudiosa, no es la única mujer directamente vinculada a Pelayo que nos ofreces dudas y eso que las crónicas asturianas sí hablan de ella. Aquí el problema radica en que solo se refieren a ella como «la hermana de Pelayo» y no nos ofrecen su nombre. El valor que tiene esta mujer para los cronistas e historiadores altomedievales se centra en que era hermana de Pelayo; por tanto, ya solo por eso sería una dama de prestigio aunque tuviese un papel pasivo en lo que se nos transmite sobre ella. Su vida, como la de su hermano, pasaría por Toledo y por Asturias, y cuando Pelayo se encontraba en Córdoba, capital del poder musulmán en la vieja piel de toro, en el marco de las negociaciones políticas tras la caída del *Regnum Gothorum*, en Gijón el gobernador mahometano Munuza se casaría por la fuerza con ella o al menos lo intentaría. Este hecho supondría la chispa definitiva para el regreso a uña de caballo de Pelayo a la tierra de los astures y que iniciase la resistencia armada frente al invasor. Una vez más la afrenta hacia una mujer de la corte o de prestigio aparece como *casus belli* o acicate para iniciar una guerra, motivar una batalla o exigir una respuesta violenta: la integridad de una dama de la corte o de la aristocracia como uno de los «grandes recipientes» que contenían el honor familiar y el prestigio del linaje.

A modo de cierre sobre la esposa y la hermana de Pelayo, nos parece muy acertado traer las palabras del profesor Solano Fernández-Sordo: «Dos damas contrapuestas. Una anónima, quizás ficticia, pero con historia; y otra con nombre, quizá ficticio, pero sin historia. Ambas se sitúan en torno a Pelayo y se ven rodeadas de las sombras propias de los relatos germinales. Ambas, con sus blancos y sus negros, resultan un perfecto ejemplo de lo que es aventurarse en la historia e investigación del *Asturorum Regnum*».

Froiliuba, la esposa de Favila; y Ermesinda, la hija de Pelayo

De la siguiente reina no tenemos ninguna duda de su existencia, hablamos de Froiliuba. Esta era la esposa del sucesor de Pelayo, su hijo
Favila. La realidad histórica de Froiliuba no significa que contemos
con muchos datos sobre ella. El matrimonio con Favila tuvo que ser
anterior al mes de octubre del año 737. El profesor García Moreno,
siguiendo criterios onomásticos, opina que Froiliuba podría ser hija
del último *dux* de Cantabria, el cual se llamaba Pedro, otro de los
prohombres del norte cristiano. Esta unión y la siguiente que veremos
vendrían a establecer lazos entre las dos familias más importantes del
incipiente Reino de Asturias. Por consiguiente, Froiliuba pertenecía
a la aristocracia goda que ahora desde el norte resistía al invasor mahometano. Para el otoño del año 737 Froiliuba y Favila ya habían
tenido varios hijos, como sabemos por una inscripción perteneciente
a la iglesia de la Santa Cruz, ubicada en la sede regia de Cangas de
Onís. Este simbólico templo, véase su nombre y recuérdese el episodio de la batalla de Covadonga[1], fue fundado por Favila y Froiliuba en
compañía de sus hijos, y en él fueron sepultados tras sus respectivas
muertes. La reina perdió a su marido en el año 739 cuando este se
encontraba cazando. El accidente con un oso pudo deberse a un des-
cuido, a una imprudencia o, no es descartable, a algún rito iniciático
que no salió bien para el hijo de Pelayo. No sabemos cuándo murió
Froiliuba ni qué sucedió con sus hijos. Mayoritariamente se sostiene
que si de este matrimonio hubiera habido algún hijo varón, debería
haber sido tenido en cuenta como sucesor de su padre. En el caso de
que todavía fuese menor, Froiliuba podría haber actuado a modo de regente con las peculiares políticas que tenía el todavía no asentado de
pleno Reino de Asturias.

La cuestión es que el trono se quedó muy cerca de Froiliuba, ya
que fue a parar a Alfonso I el Católico, considerado por muchos el
verdadero primer rey de Asturias y quien sería, según el profesor
García Moreno, su hermano mayor. La llegada al trono de Alfonso I
es fácil de entender por su linaje —hijo mayor del duque Pedro de
Cantabria— y porque estaba casado con Ermesinda, la hija de Pelayo

—instigador del enlace matrimonial—. Por ende, vemos los dos linajes más prestigiosos del norte cristiano quedando fuertemente unidos a través de los matrimonios de Froiliuba-Favila y de Ermesinda-Alfonso, y haciendo el discurrir histórico que ambas uniones llegasen a lo más alto de la Monarquía Asturiana. En el caso de Alfonso I resulta más paradigmático porque su mujer es quien le dio más prestigio y, sobre todo y por encima de todo, es quien lo legitimó en el trono al ligarse con la estirpe pelagiana. No nos hemos cansado de ver a lo largo de este trabajo la importancia de la reina y de las mujeres de la familia real como perpetuadoras del linaje, símbolos de prestigio y fuentes de legitimidad en y para el poder.

Volviendo a la figura de Ermesinda, poco más podemos decir de ella porque, a pesar de su importancia como queda certificado al recoger las crónicas asturianas su nombre, no sabemos mucho más de su vida. Si no conocemos su año de nacimiento, tampoco el de su muerte. Ignoramos si sobrevivió a su marido, Alfonso I, que murió en el año 757 tras haber vencido a los musulmanes en varios choques y haber hecho avanzar por primera vez la Reconquista, o si falleció antes. Lo que sí resulta claro es que serían sepultados juntos; actualmente en Covadonga se encuentra un discutido sepulcro que contendría los restos de la reina Ermesinda y del rey Alfonso I. Un último y fundamental dato sobre Ermesinda se refiere a los hijos que tuvo con Alfonso I. De este matrimonio nacieron Fruela, Vimarano y Adosinda, que tampoco pasaron desapercibidos en este catálogo de miembros de la Monarquía asturiana; de especial relevancia es la última.

Munia, la esposa vascona de Fruela I

La siguiente reina asturiana que conocemos es Munia, esposa del sucesor e hijo de Alfonso I y Ermesinda, Fruela I. Brevemente, del reinado de Fruela I podemos destacar que continuó la labor militar y reconquistadora emprendida por su padre. En realidad, el uso de la espada bien podría definir su reinado porque no solo luchó contra los musulmanes, sino que también tuvo que sofocar distintas revueltas internas. En el contexto de estos enfrentamientos contra fuerzas del reino, como por ejemplo los vascones, surgió su matrimonio con una de estos. Munia pertenecería a la aristocracia vascona y sería capturada como botín de guerra en una de las campañas de Fruela I contra los rebeldes. Munia podía haberse convertido en una mera concubina pero el rey asturiano quiso hacerla su esposa. De ella sabemos, aparte de que su familia fuese de la élite vascona, que era muy joven cuando fue hecha cautiva.

El matrimonio entre Munia y Fruela I dio al norte hispano uno de los reyes más importantes de la Alta Edad Media, Alfonso II el Casto, al cual le costó recorrer un largo camino hasta hacerse con el trono. Las dificultades para que el hijo de Munia accediese al trono de su padre se deben a la propia política violenta del padre que lo llevó a asesinar a su propio hermano Vimarano, por tanto cuñado de Munia, por miedo a que pudiese arrebatarle el poder. Este hecho no fue bien visto por parte de la nobleza, que optó por asesinar en Cangas de Onís a su rey.

La conjura nobiliaria propició que en el año 768 Aurelio, primo de Fruela I e hijo de Fruela, el hermano del fenecido rey Alfonso I el Católico, se hiciese con el trono. ¿En qué situación quedaron Munia y su hijo Alfonso? Parece ser que Alfonso permaneció en un monasterio y Munia pudo quedarse bajo vigilancia en la corte u optaría por buscar refugio entre sus más allegados en tierras vasconas.

El reinado de Aurelio no nos ofrece mucha información, salvo la dura revuelta de carácter antiseñorial a la que tuvo que hacer frente. El soberano asturiano murió de manera natural en el año 774 y la elección del nuevo recayó en Silo, un noble. Desde nuestra posición, lo más interesante e importante del nuevo rey es que conocemos bastante bien a su esposa, llamada Adosinda y mencionada anteriormente al nombrar los hijos de Ermesinda y Alfonso I. Por consiguiente, Adosinda, como sucedió en el caso de su madre, fue quien legitimó en el trono a su marido. No hay que pasar por alto que el linaje y la estirpe de Pelayo corrían plenamente por las venas de Adosinda, su nieta.

Retrato imaginario de Usenda o Adosinda, reina consorte de Asturias por su matrimonio con el rey Silo de Isidoro Lozano (mediados del s. xix). El cuadro se halla en el Museo de Covadonga (Wikimedia Commons).

Adosinda, «mujer de voluntad y señorío»

Adosinda es la reina de la Monarquía asturiana con la que vamos a cerrar este epílogo y, curiosamente, es la figura regia femenina del siglo VIII asturiano de la que contamos con más información. Se considera que Adosinda tuvo una gran influencia sobre su marido, la cual, entre otras cuestiones, quedaría justificada en el hecho de la sucesión. Adosinda y Silo no tuvieron hijos, pero la reina tenía entre sus familiares de sangre a un candidato perfecto al trono, su sobrino Alfonso, quien había pasado su infancia entre los monjes del monasterio de Samos, alejado de las intrigas palatinas. Una de las decisiones más importantes del rey Silo fue la de trasladar la corte de Cangas de Onís a Pravia y allí llegó, gracias a su tía, el joven Alfonso, a quien le fue encomendado un importante cargo en el *palatium* o en el mismo gobierno del *regnum*.

El gobierno de Silo se extendió hasta el año 783 y pudo ver cómo los musulmanes y los soldados de Carlomagno se enfrentaban en suelo hispano. Asimismo, le tocó sofocar una peligrosa rebelión en Galicia. El marido de Adosinda murió en Pravia, donde el matrimonio llevó a cabo una relevante actividad edilicia de carácter regio, y allí fue enterrado. Cuando todo parecía indicar que Alfonso llegaría al trono tras su elección, una conjura nobiliaria encabezada por Mauregato, hijo de Alfonso I el Católico y de una concubina, desbarató los planes de Adosinda, y su hermano de padre se hizo con el poder usurpándolo. El futuro Alfonso II tuvo que retirarse y es aquí donde vuelve a emerger la figura de Munia. El hijo de esta y sobrino de Adosinda se refugió, sin que esto sea una hipótesis, en las tierras de sus ancestros maternos. ¿Significa esto que se marchó con su madre, y que esta lo esperaba concretamente en la zona de Álava? No lo sabemos, pero no resulta nada descabellado, aunque tampoco debemos desechar que pudiese haber muerto años atrás, y de ahí el vacío informativo sobre su persona.

Regresando a la figura de la reina Adosinda, de quien el profesor Solano Fernández-Sordo dice «es la única reina que se menciona en las *Crónicas asturianas* desempeñando alguna actuación que pueda llamarse realmente "de gobierno"», la esposa de Silo no siguió a su sobrino. Su permanencia en la corte del rey Mauregato resultaba muy complicada por la rivalidad política existente. Así, siguiendo una costumbre, una tradición y una imposición legal que hemos visto para el Reino visigodo de Toledo, Adosinda tomó los hábitos —aunque a diferencia de algunas reinas godas no de manera inmediata a la muerte de su esposo— en noviembre del año 785 ante la presencia del famoso Beato de Liébana. Desconocemos la fecha de la muerte de la nieta de Pelayo y de la hija de Ermesinda y Alfonso I; es de suponer que fue en algún momento de finales del siglo VIII. Sí tenemos certeza de su enterramiento en la sede regia de Pravia.

De esta manera, cerramos el viaje vital de Adosinda, aquella que proporcionó el trono a su marido Silo y luchó por preservar la pureza del linaje de su abuelo Pelayo al proteger y aupar al trono a su sobrino Alfonso. No obstante, Adosinda —a quien se refiere el profesor Sánchez Albornoz como «mujer de voluntad y señorío»— no pudo ver reinar a Alfonso II el Casto. El poder de Mauregato se extendió hasta el año 789 y su sucesor fue otro hijo de Fruela —recordemos, hijo del *dux* Pedro de Cantabria—, Bermudo I o Vermudo I, quien fue elegido por los nobles. Su reinado fue breve, tan solo dos años, dado que estaba más inclinado hacia la carrera eclesiástica que hacia el ámbito político-militar.

En el año 791 el sobrino de Adosinda Alfonso II el Casto regresó al trono astur, convirtiéndose en una de las figuras regias más importantes de la Monarquía asturiana —para algunos la más importante—, asentando plenamente el Reino de Asturias e impregnándolo de un profundo neogoticismo. Por ende, hizo del Reino de Asturias el legítimo heredero del Reino visigodo de Toledo, y de Oviedo, la «nueva Toledo», tal y como recoge la asturiana Crónica albeldense: «… y todas estas casas del Señor las adornó con arcos y con columnas de mármol, y con oro y plata, con la mayor diligencia posible y, junto con los regios palacios, las decoró con diversas pinturas; y todo el ceremonial de los godos, tal y como había sido en Toledo, lo restauró por entero en Oviedo, tanto en la Iglesia como en el Palacio». Con la conexión entre Toledo y Asturias proporcionada por las mujeres del linaje de Pelayo —casi como guardianas del mismo pero como auténticas legitimadoras del poder y del trono del nuevo reino— cerramos este largo camino.

Conclusión

LO MIRES EN MASCULINO O LO MIRES EN FEMENINO, ESTA ÉPOCA ES FASCINANTE

A mediados del siglo XVIII uno de los grandes sabios que ha dado España y a la par un auténtico referente historiográfico como es el religioso Enrique Flórez, más conocido como el Padre Flórez, autor, entre otras muchas y grandes obras, de la inmensa *España Sagrada*, publicó una obra titulada *Memorias de las Reinas Católicas. Historia Genealógica de la Casa Real de Castilla y de León*. Pues bien, entre distintas justificaciones para escribir este trabajo, el padre Flórez señala lo siguiente: «Las memorias de las Reynas Catholicas parece que fueron sepultadas con los cuerpos. Ninguno se ha dedicado a celebrar sus honras [...]. Mi profession en esta Obra es reconocer cadáveres: formar un Pantheon universal de nuestras Reynas». Pero más interesante nos parecen las siguientes palabras: «¿Mas quién será la que ocupe la primera urna? En Pantheon de las Reynas Catholicas, ninguna que no sea Catholica. La Corona de España no se gloría tanto de los años de su Throno, como de la antigüedad y firmeza de su fe: por tanto empezaremos por el tiempo en que se hicieron Catholicos los Godos».

A partir de aquí realiza un interesante recorrido mencionando a distintas reinas godas arrianas hasta que llega a quien para él es la verdadera primera reina, Ingunda, la esposa del rebelde Hermenegildo. Después de Ingunda, podemos decir, si se permite la expresión, que se «abre la veda» y arranca el listado que hemos ido tratando en nuestro trabajo: las princesas francas que no llegaron a casarse con Recaredo, Baddo, Hildoara, Reciberga, Liuvigoto, Cixilo, Egilo, pero también

Gaudiosa, Froiliuba, Ermesinda, Munia y Adosinda, incluyendo alguna de historicidad muy discutida.

Hemos traído a colación la obra del padre Flórez porque nos parece una elocuente muestra del interés por nuestras figuras regias femeninas, por su puesta en valor en el siglo XVIII y por la significación germinal y fundacional que siempre se da a lo godo, como vemos que sucede a la hora de realizar el recorrido por las reinas de la Historia de España. Estamos acostumbrados a escuchar aquello de «la lista de los reyes godos», antaño más tenida en cuenta, aunque fuese como un ejercicio poco gustoso de memoria. Pues tal vez en pleno siglo XXI estaría bien recuperar esa vieja lista, pero que fuese acompañada de las respectivas reinas godas.

Esta especie de reivindicación de lo godo como simiente de nuestra España actual y, por tanto, de sus reyes y reinas, ¿es un mero capricho de algunos historiadores apasionados por nuestra Historia en general y por la época visigoda en particular? Vamos a intentar responder a esta cuestión con diferentes argumentos y réplicas.

Como ya han señalado grandes expertos —tanto mujeres como hombres—, el que puede considerarse como mejor rey de España es una reina: Isabel la Católica. Teniendo en cuenta que tanto Isabel de Castilla como Fernando de Aragón conocían muy bien su vinculación con la monarquía goda, no debemos pasar por alto esta circunstancia. Uno de los innumerables ejemplos del conocimiento de dichas vinculaciones es una carta que la ciudad de Toledo dirigió a los Reyes Católicos. En la epístola se decía lo siguiente: «Esta (Toledo) era el título principal de los godos, linaje real donde venisteis, aunque después de la perdición de España se alteraron los títulos reales...».

Por si esto fuera poco, vamos a arriesgar y nos disponemos a lanzar un postulado que seguramente resulte sorprendente, llamativo e incluso pueda provocar algún sobresalto, pero el cual consideramos que es defendible si se asumen determinadas cuestiones, y resulta, cuanto menos, sugerente. Diversos autores consideran que la dinastía que reina en España está ligada a una de las líneas de descendencia regia más antigua del mundo y, en el caso de Europa, la más antigua de todas ellas. Desde Felipe VI se puede seguir el linaje a través de las dinastías Borbón,

Habsburgo, Trastámara, Borgoña, Jimena y Astur-leonesa hasta llegar al considerado primer antepasado de nuestro actual monarca, hablamos de Bermudo I. De esta manera habría una línea antiquísima y directa entre el rey asturiano Bermudo I y nuestro soberano, Felipe VI.

Por nuestra parte vamos a ir más allá, y tengamos en cuenta que la sucesora de Felipe VI será Leonor, actual princesa de Asturias. Ahora volvamos a Bermudo I. Este era hijo de Fruela, hermano de Alfonso I el Católico e hijo del duque Pedro de Cantabria. Si admitimos que alguna de las crónicas asturianas está en lo cierto y no lo hace únicamente con un mero fin laudatorio y de enaltecimiento, el señalado *dux* sería descendiente de los reyes godos Liuva I, Leovigildo y Recaredo. Insistimos, si aceptamos esta aventurada premisa, se nos abre bajo nuestro punto de vista un escenario muy interesante. ¿Por qué? Siguiendo a nuestro admirado profesor García Moreno, ya indicamos que el padre de Liuva I y Leovigildo podría ser el gobernador y gran militar ostrogodo Liuverit o Liuverito, el cual llegó a tierras hispanas por orden de Teodorico el Grande. Este Liuverit podría estar ligado, aunque fuese de manera lejana, con el prestigioso linaje de los Amalos. El citado profesor y académico indica que «la pertenencia del linaje de Leovigildo a la nobleza ostrogoda y greutunga, con algún grado de parentesco incluso con los Amalos, y sus fuertes raíces septimanas explican su conquista de la corona visigoda». Llegados a este punto, podríamos atrevernos a decir por nuestra parte —porque sí, estimado lector, es un atrevimiento por nuestra parte— que, asumiendo como realidad histórica estos «entroncamientos godos», nuestra monarquía estaría vinculada muy remotamente al prestigioso y noble linaje de los Amalos. Por ende, podría haber un remoto vínculo entre Felipe VI y Teodorico el Grande. Es más, y esto nos interesa mucho según la temática de este trabajo, del mismo modo y consecuentemente habría un muy remoto vínculo entre la actual princesa de Asturias y futura reina de España Leonor y la reina goda Amalasunta. Dejamos la puerta abierta al juicio de cada lector, insistiendo que asumimos lo arriesgado, osado, audaz y atrevido de esta última reflexión.

Finalmente, esperamos haber cumplido con nuestro cometido y situar en el lugar que se merecen a las distintas reinas godas, amén de poner otro granito de arena más en la divulgación, el conocimiento y el estudio de esta época que siempre hemos reivindicado a través de grandes figuras masculinas y, ahora también, a través de grandes figuras femeninas. Y como estamos en un marco muy femenino, vamos a quedarnos por último con un extracto de las palabras que San Isidoro de Sevilla dedicó a Hispania/Spania, nuestra tierra, nuestra «madre», nuestra «verdadera reina», en su *De laude Spaniae* (Alabanza de España):

> Tú eres, oh España, sagrada y madre siempre feliz de príncipes y de pueblos, la más hermosa de todas las tierras que se extienden desde el Occidente hasta la India. Tú, por derecho, eres ahora reina de todas las provincias, de quien reciben prestadas sus luces no solo el ocaso, sino también el Oriente. Tú eres el honor y el ornamento del orbe y la más ilustre porción de la tierra, en la cual grandemente se goza y espléndidamente florece la gloriosa fecundidad de la nación goda.

Anexo
LISTA DE REYES Y REINAS

Reyes y reinas visigodos (años de reinado)

Alarico I: 395 – 410

Ataúlfo: 410 – 415 / Gala Placidia

Sigerico: 415

Walia: 415 – 418

Teodorico I: 418 – 451

Turismundo: 451 – 453

Teodorico II: 453 – 466

Eurico: 466 – 484 / Ragnahilda

Alarico II: 481 – 507 / Thiudigoto (caída del Reino visigodo de Tolosa)

Gesaleico: 507 – 511

Amalarico: 511 – 531 / Clotilde (gobierno, tutela y regencia de Teodorico el Grande entre 511-526)

Teudis: 531 – 548 / Rica dama hispanorromana cuyo nombre ignoramos

Teudiselo: 548 – 549

Agila: 549 – 555

Atanagildo: 555 – 567 / Goswinta

Liuva I: 568 – 573

Leovigildo: 568/569 – 586 / Goswinta

Recaredo: 586 – 601 / Baddo

Liuva II: 601 – 603

Witerico: 603 – 610
Gundemaro: 610 – 612 / Hildoara
Sisebuto: 612 – 621
Recaredo II: 621
Suintila: 621 – 631
Sisenando: 631 – 636
Chintila: 636 – 639
Tulga: 639 – 642
Chindasvinto: 642 – 653
Recesvinto: 649 – 672 / Reciberga
Wamba: 672 – 680
Ervigio: 680 – 687 / Liuvigoto
Egica: 687 – 702 / Cixilo
Witiza: 698 - 710
Rodrigo: 710 – 711 / Egilo

Reyes y reinas ostrogodos (años de reinado)

Valamiro: ¿? – 468/469
Teodomiro: 469 – 474 / Erelieva o Ereleuva (concubina), Eusebia
    (después de su conversión al catolicismo)
Teodorico el Grande: 474 – 526 / Audefleda
Atalarico: 526 – 534 / Amalasunta (madre y regente)
Teodato: 534 – 536 / Amalasunta y Gudeliva
Vitiges: 536 – 540 / Matasunta
Hildibaldo: 540 – 541
Erarico: 541
Totila: 541 – 552
Teya: 552 – 553

Primeros reyes y reinas asturianos (años de reinado)

Pelayo: ¿718 - 722? – 737 / Gaudiosa
Favila: 737 - 739 / Froiliuba

Alfonso I: 739 – 757 / Ermesinda
Fruela I: 757 - 768 / Munia
Aurelio: 768 – 774
Silo: 774 – 783 / Adosinda
Alfonso II: 783
Mauregato: 783 – 789
Bermudo I: 789 – 791
Alfonso II: 791 - 842

Notas

1. La Historia de los godos y la mujer hasta los albores del siglo V: migraciones, dudas, incertezas y pocos datos

[1] No solo incluye a los godos, sino también a otros germanos orientales como a los vándalos, y destaca por la influencia escandinava.

[2] El registro arqueológico ligado a la cultura de Čerjahov-Sîntana de Mureş muestra un desarrollo tanto de la agricultura como de la ganadería, así como interesantes piezas de artesanía entre las que podríamos destacar la orfebrería. Asimismo, al estar en pleno discurrir de la famosa ruta del ámbar que conectaba la zona del mar Báltico con el territorio del mar Negro, pueden encontrarse piezas de dicho material. Tanto en el caso de la orfebrería como del trabajo del ámbar o de materiales más comunes, como por ejemplo peines, pueden encontrarse piezas relacionadas tanto con ámbitos masculinos como femeninos.

[3] En el caso de los tervingios hay que añadir otro término más tardío con el que igualmente se los relaciona, y es el de *vesi*, cuyo significado sería «los buenos, los nobles, los sabios». Y un detalle que no podemos dejar pasar por alto en esta cuestión terminológica es que nos encontramos con autores latinos que se refieren a los godos en general como *escitas* o con el nombre de *getas*, pueblos diferentes a los godos incluso en el caso cronológico en el segundo de estos. La utilización de estos términos correspondía a una cuestión geográfica y de prestigio.

[4] Para profundizar sobre las invasiones bárbaras y su contexto, recomendamos nuestros trabajos *Bárbaros en Hispania. Suevos, vándalos y alanos en la lucha contra Roma* e *Historia de los pueblos bárbaros de Europa* (coautoría con

el historiador Gonzalo Rodríguez García). Sí es preciso indicar que la irrupción de los hunos supuso un «efecto dominó» que no solo afectó a los godos, sino también a otro buen número de pueblos bárbaros y, en determinados casos, facilitó o aceleró el cruce del *limes* romano por parte de estos. Un buen ejemplo de lo expuesto fue lo sucedido a finales del año 406 con el cruce del río Rin por suevos, vándalos, un grupo de alanos y otros contingentes bárbaros.

[5] Si hablamos de esta lengua, hay que recomendar el mejor trabajo publicado en castellano sobre la misma: *Manual de lengua gótica*, de las profesoras Ana Agud Aparicio y María Pilar Fernández Álvarez.

2.   Gala Placidia, una mujer de película

[1] Consideramos necesario insistir en que siempre hablamos de reinas consortes.

[2] Independientemente de su utilidad como fuentes históricas, recomendamos como mera lectura la obra de Jordanes *Orígenes y gestas de los godos* en la magnífica edición crítica de José María Sánchez Martín.

[3] Presumiblemente el emperador occidental Honorio sufriría algún tipo de problema de impotencia. Lo más llamativo es que alguna fuente llega a culpar a Serena de ello.

[4] Cantidad claramente insuficiente para abastecer a todo su pueblo.

[5] Independientemente de que a la hora de seguir analizando la figura de Gala Placidia hagamos referencias al marco general político de Occidente, puesto que ella fue partícipe directa del mismo, el desarrollo de la Historia de los godos que estamos entretejiendo a medida que hablamos de sus reinas y de la mujer a nivel general lo continuaremos en el siguiente capítulo.

[6] Existe un debate historiográfico sobre la muerte y el enterramiento de Gala Placidia. El verdadero problema no sería tanto dónde murió, como dónde fue enterrada. Hay posturas que apuestan por Roma y otras directamente por Rávena; incluso existe una vía que sostiene que originalmente fue enterrada en la Ciudad Eterna, para tiempo después ser trasladada a Rávena. Lo que está fuera de toda duda es que el funeral fue todo un acontecimiento para el Imperio romano de Occidente.

3. Reinas visigodas en el Reino visigodo de Tolosa

[1] Ofrecemos la definición que da el profesor Arce en su indispensable obra *Bárbaros y romanos en Hispania. 400-507 a.D.*: «El régimen de *hospitalitas* significaba que el bárbaro recibía dos terceras partes de la tierra cultivable de un territorio romano, la mitad del pasto y bosques».

[2] Ofrecemos la definición que damos en nuestro trabajo *Historia de los Visigodos:* «El punto de partida de las rebeliones bagaudas se halla en la Prefectura gálica a finales del siglo III, encontrándonos con destacados focos en la primera mitad del siglo V en las Galias y en Hispania. Se pueden definir como revueltas protagonizadas por trabajadores del campo y campesinos de condición libre que vieron perder sus propiedades a causa de la demanda impositiva de la administración imperial. La única salida para este grupo fue la de pasar a depender de los grandes terratenientes, quedando en muchos casos mermada su calidad de vida. Ante la indefensión y el condicionante que supuso la llegada de los invasores bárbaros, un número indeterminado de campesinos y dependientes optaron por agruparse y lanzarse al bandidaje. Así, a estos se sumaron libertos, esclavos, huidos de la ciudad pero también miembros destacados del escalafón social como antiguos militares, desertores o destacados personajes que igualmente pudieron dejar atrás la urbe en busca de una nueva forma de vida. Para el lector interesado en esta temática, recomendamos los trabajos del profesor Gonzalo Bravo».

[3] Siempre hemos apostado por las líneas historiográficas que se inclinan por cifrar entre ciento cincuenta mil y doscientos mil el número de godos que, tras las distintas penetraciones dadas entre principios del siglo V y el primer tercio del siglo VI, llegaron y sentaron en Hispania (incluyendo los dominios góticos de la Narbonense).

4. Un episodio dramático en el palacio de la *urbs regia*

[1] A mediados del siglo VI el Imperio romano de Oriente o Imperio bizantino de la mano de su emperador Justiniano había conquistado el Reino vándalo del norte de África y se encontraba en la recta final de la sangrienta conquista del Reino ostrogodo de Italia.

[2] Al morir el rey Clodoveo en el año 511, la unificación franca volvió a romperse al dividirse el territorio en cuatro reinos en el reparto efectuado

entre sus cuatro hijos, los cuales siguieron ampliando el área de dominio de los francos.

[3] No podemos dejar de recomendar nuestro trabajo *Toledo. Biografía de la ciudad sagrada* en el que se profundiza sobre la ciudad de Toledo como *urbs regia* goda y, desde ese momento y por sucesos acontecidos posteriormente, se expone su indiscutible condición de «capital espiritual» de España.

5. Otras reinas en el Reino visigodo de Toledo

[1] En el año 1226 el rey castellano y leonés Fernando III y el arzobispo de Toledo y primado de España Jiménez de Rada pusieron la primera piedra de la actual catedral gótica, siendo hasta el día de hoy la Catedral Primada de España.

[2] La *decalvatio* fue un castigo presente en el Reino visigodo aplicado a usurpadores, rebeldes y traidores que consistía en rasurar el pelo largo y la barba, puesto que tenían un valor muy simbólico en la tradición germana. Por otro lado, creemos oportuno indicar que si en la ciudad de Roma se celebraban los grandes triunfos militares y la exhibición de los vencidos, en el Reino visigodo se hacía lo mismo en Toledo.

[3] Nieto de Brunequilda e hijo de Childeberto II de Austrasia.

[4] Recomendamos el artículo del profesor Oriol Dinarès Cabrerizo: «El elogio de Hildoara: estudio comparativo de la representación literaria de una reina», *Pyrenae: revista de prehistòria i antiguitat de la Mediterrània Occidental*, Vol. 54, n.º 2, (2023), pp. 167-188, y traemos su conclusión: «En el caso de Hildoara, Bulgarano (Búlgar) presenta a una figura regia, digna, que reúne buena parte de las virtudes cristianas y femeninas que observamos en otros autores visigodos (la piedad), pero también otras virtudes públicas e incluso facetas menos recatadas (en vez de castidad, esplendor y atractivo físico) que recogen ecos de imágenes, ciertamente tópicas y masculinas, más clásicas: la reina palatina, ornato de la corte, *consocia* del monarca, elocuente, sabia, caritativa y piadosa. De haber contado con fuentes parecidas con más abundancia, quizás estaríamos hablando de otro modo sobre estas cónyuges reales. Las reinas visigodas son esclavas de la imagen que se quiere proyectar de ellas en cada momento, y nosotros somos esclavos de las imágenes que hemos conservado».

[5] En la localidad navarra de Marcilla están muy presentes Hildoara y Gundemaro: https://www.noticiasdenavarra.com/navarra/2021/09/03/gundemaro-hildoara-gigantes-2118968.html

[6] Escribió *Vida y Pasión de San Desiderio*, de contenido religioso, y respondió a la obra astronómica *De natura rerum o Liber rotarum* de San Isidoro de Sevilla con un escrito sobre los eclipses.

[7] El Reino visigodo de Toledo estaba dividido en las siguientes provincias: Bética, Carthaginense, Lusitania, Gallaecia, Tarraconense y Narbonense. Siguiendo al profesor García Moreno, es posible que a lo largo de la segunda mitad del siglo VII se creasen las provincias o ducados de Cantabria y de Asturias.

[8] Siglos después se le asignó el nombre de Teodora a la esposa de Suintila, pero resulta muy discutible.

[9] Se convirtió en el gran referente legislativo a lo largo de toda la Edad Media y marcó profundamente la actividad legislativa de los reyes Fernando III el Santo y Alfonso X el Sabio.

[10] El Aula Regia estaría formada por las figuras más cercanas al rey con funciones de consejo y asesoramiento y participarían en la elección del siguiente monarca. El Oficio Palatino u *Officium Palatinum*, que podría incluir en su amplia estructura al Aula Regia, se conformaría a partir de la administración y de la burocracia del reino y estaría formado por el resto de palatinos, grandes y bajos funcionarios y relevantes individuos tanto laicos como religiosos.

[11] Recoge el concepto del *Habeas Corpus* visigodo que prohibía la obtención de confesiones por medio de la tortura a individuos de la aristocracia laica y religiosa. Del mismo modo, en las actas de este concilio la nobleza y la Iglesia impusieron su voluntad al impedir que los siervos reales pudiesen ocupar cargos de gobierno.

[12] El debate sobre la ubicación exacta de esta batalla determinante para la Historia de España ha resultado largo y tendido, aunque se tendió a imponer la postura y la terminología del gran profesor Sánchez Albronoz con Guadalete. Parece ser que en los últimos años, gracias a trabajos como los del profesor García Moreno o Soto Chica, haya que desplazar su ubicación del río Guadalete y pasar a denominarla como batalla de batalla del Lago, batalla de la Laguna o de la Laguna de la Janda o batalla de los Montes Transductinos.

[13] Hay hipótesis, con muy poco fundamento, que sostienen que Egilo tuvo un hijo con Abd al-Aziz y que se convirtió al islam.

6. La mujer en la época visigoda

[1] Por la complejidad del tema, invitamos al lector interesado a que acuda a la bibliografía contenida al final de este trabajo si desea ampliar lo aquí tratado.

[2] «Aborto, violencia en gestantes e infanticidio en el Reino visigodo: *Lex Visigothorum* VI.3», *Hispania Antiqva: Revista de Historia Antigua*, n.º XL-VII, (2023), pp. 67-85.

[3] Por la singularidad de la temática y por algunos aspectos muy curiosos, recomendamos el artículo de la profesora Gallego Franco: «La sexualidad en "Las Etimologías" de San Isidoro de Sevilla: cristianismo y mentalidad social en la Hispania visigoda», *Hispania sacra*, Vol. 55, n.º 112, (2003), pp. 407-432.

[4] Entre finales de primavera y principios de verano de los últimos años en las localidades señaladas, y en otras más, se organizan *Jornadas Visigodas* en las que la mencionada recreación histórica, pero también las conferencias, los talleres y demás actividades culturales, proporcionan al público en general un acercamiento muy valioso a esta época histórica. Del mismo modo, nos vemos obligados a recomendar las visitas culturales que realizamos al Museo Arqueológico Nacional. En estas actividades procuramos igualmente acercar la cultura visigoda al público en general, pero a escasos centímetros de piezas tan increíbles como el Tesoro de Guarrazar o las fíbulas aquiliformes de Alovera.

[5] Herejía cristiana que daba un gran valor al ascetismo, rechazaba los bienes materiales atesorados por la institución eclesiástica y daba una mayor importancia a la mujer dentro de su visión del cristianismo. Recibe el nombre de priscilianismo por el obispo Prisciliano de Ávila.

[6] *Grosso modo*, individuo perteneciente a la élite guerrera que prestaba juramento de lealtad al rey. Así, quedaba a disposición del soberano y este le proporcionaba propiedades.

[7] Una fuente indispensable para acercarnos y profundizar en la religiosidad popular y las desviaciones de la fe en el medio rural de la provincia de Gallaecia durante este periodo.

7. La familia de Teodorico el Grande: «Ostrogodas de poder»

[1] Dentro de lo difícil y aventurado que es dar una cifra para un proceso histórico como este, nos inclinamos por la postura que apuesta por un total de cien mil almas entre ostrogodos, grupos de rugios y alanos e incluso algunos provinciales romanos.

[2] Algunos ejemplos son el mausoleo de Teodorico el Grande, la basílica de San Apolinar el Nuevo o el baptisterio arriano, todos ellos auténticas joyas arquitectónicas y de la Historia del Arte.

[3] Una magnífica obra funeraria, de mármol de Istria y con dos pisos, digna de la tradición imperial romana levantada alrededor del año 520. Se conserva un llamativo sarcófago de pórfido rojo-púrpura. Recomendamos encarecidamente su visita, así como a toda la ciudad de Rávena.

[4] El intento y el anhelo por recuperar los antiguos territorios del Imperio romano y su vieja gloria.

8. Mujeres más allá del día a día

[1] La basílica de Santa Leocadia tenía carácter martirial y era uno de los tres grandes edificaciones religiosos de Toledo en época visigoda junto a la basílica pretoriense de los Santos Apóstoles Pedro y Pablo, de carácter palatino, y la basílica de Santa María, esta de carácter catedralicio.

9. Mujeres destacadas de otras monarquías germánicas

[1] Una vez más nos vemos en la obligación de recomendar nuestros trabajos *Bárbaros en Hispania. Suevos, vándalos y alanos en la lucha contra Roma* e *Historia de los pueblos bárbaros de Europa* (coautoría con Gonzalo Rodríguez García).

[2] Tras este interesante descubrimiento, en el año 2018 se organizó en la urbe emeritense una exposición titulada *Suevas*. En esta muestra se pudieron contemplar las llamativas joyas de estas teóricamente princesas y aristócratas suevas. Previamente, las piezas habían sido expuestas en la que hasta ahora ha sido la mejor y más grande exposición realizada sobre el *Regnum Suevorum*. Estamos hablando de la exposición *In tempore sueborum* celebrada en Orense y comisariada por el profesor López Quiroga.

Epílogo

[1] Al respecto recomendamos el trabajo del investigador Yeyo Balbás *Espada, hambre y cautivero. La conquista islámica de Spania*.

Bibliografía

Vamos a dividir el aparato bibliográfico en dos secciones. Primeramente, expondremos las más destacadas fuentes antiguas y sus correspondientes —y fundamentales para nuestro trabajo— ediciones que hemos utilizado. Esta exposición nos parece más que imprescindible de cara a que el lector pueda acudir, si así lo desea, a dicha fuente primaria. El hecho de acercar las fuentes al lector no solo es una cuestión académica, sino que, desde nuestro punto de vista, debería ser un cometido de la alta divulgación histórica; por eso hemos incluido muchas referencias y distintos fragmentos de las siguientes fuentes a lo largo de todo nuestro trabajo.

AMIANO MARCELINO, *Historia*, ed. M. Luisa Harto Trujillo, Akal, Madrid, 2002. Existe una versión más antigua de F. Norberto Castilla, *Historia del Imperio romano desde el año 350 al 378 de la era cristiana*, Librería de la Viuda de Hernando y C.ª, Madrid, 1895, Tomo I.

BEDA EL VENERABLE, *Historia eclesiástica del pueblo de los anglos*, José Luis Moralejo Álvarez, Akal, Madrid, 2013.

CASIODORO, *Cassiodorus. Variae epistolae*, Corpus Christianorum, A.J. Fridh, 96, 1973 (en latín). Dentro del proyecto Gutenberg y en su web (www.gutenberg.org) existe una traducción al inglés realizada por el profesor Thomas Hodgkin.

CLAUDIANO: *Poemas*, ed. Miguel Castillo Bejarano, Gredos, Madrid, 1993.

Concilios visigóticos e hispano-romanos, ed. José Vives, CSIC, Barcelona-Madrid, 1963. Existe una versión más antigua traducida del latín por Juan Tejada y Ramiro, *Colección de Cánones de la Iglesia Española* de Francisco Antonio González, Imprenta de Anselmo Santa Coloma y Compañía, Madrid, 1850.

«Crónica Caesaraugustana, Acerca de la denominada Crónica de Zaragoza», estudio de Juan Antonio Jiménez Sánchez, en *Helmantica: Revista de filología clásica y hebrea*, n.º 177, (2007), pp. 339-376.

Crónica de Fredegario, Chronique des temps mérovingiens, ed. Olivier Devillers y Jean Meyers, Turnhout, Brepols, 2001 (en francés).

Crónica mozárabe de 754, ed. J.E. López Pereira, Centro de Estudios San Isidoro, León, 2009.

Crónicas Asturianas, ed. Juan Gil Fernández *et aliii*, Universidad de Oviedo, Oviedo, 1985.

ENNODIO, *Obra miscelánea; declamaciones*, ed. Agustín López Kindler, Gredos, Madrid, 2007.

«Epistolae Wisigoticae, Miscellanea wisigothica», ed. J. Gil en *Anales de la Universidad Hispalense*, 1972 (n.º 15), pp. 1-49.

EUGENIO DE TOLEDO, *Poemas*, ed. Salvador Iranzo Abellán, Fundación Ignacio Larramendi, Madrid, 2011 (edición digital).

GREGORIO DE TOURS, *Historia Francorum, Monumenta Germaniae Historica*, Scriptores Rerum Merovingiarum, ed. B. Krush y W. Levison y *The History of the Franks*, ed. Lewis Thorpe, Penguin, Londres, 1974 (en inglés).

HIDACIO, *Idacio, obispo de Chaves. Su cronicón. Introducción, texto crítico, versión española y comentario*, ed. Julio Campos Ruiz, Calasancias, Salamanca, 1984. Existe una versión más antigua de Marcelo Macías García, *Cronicón de Idacio. Versión castellana, con abundantes notas y aclaraciones, precedida de un estudio del insigne obispo y su obra*, Imprenta de A. Otero, Orense, 1906.

ILDEFONSO DE TOLEDO, *San Ildefonso de Toledo*, ed. V. Blanco y J. Campos, BAC, Madrid, 1971.

«Institutionum Disciplinae: Las Institutionum Disciplinae: programa educativo para un noble godo», ed. Ana B. Sánchez Prieto, en

Ideales de Formación en la Historia de la Educación, Dykinson, Madrid, 2011, pp. 87-104.

ISIDORO DE SEVILLA, *Las historias de los godos, vándalos y suevos de Isidoro de Sevilla. Estudio, edición crítica y traducción*, ed. Cristóbal Rodríguez Alonso, Centro de Estudios e Investigaciones «San Isidoro», León, 1975.

—, *Etimologías*, ed. José de Oroz Reta *et alii*, BAC, Madrid, 1982.

—, *Sentencias*, ed. Ismael Roca Meliá, BAC, Madrid, 2009.

JORDANES, *Orígenes y gestas de los godos*, ed. José María Sánchez Martín, Cátedra, Madrid, 2001.

JUAN DE BÍCLARO, *Juan de Bíclaro, obispo de Gerona. Su vida y su obra. Introducción, texto crítico y comentarios*, ed. Julio Campos Ruiz, CSIC, Madrid, 1960.

—, «El Chronicon de Juan de Bíclaro. La crónica del rey Leovigildo y del III Concilio de Toledo. Estudio y traducción», ed. Francisco María Fernández Jiménez, en *Toletana*, n.° 16, (2007), pp. 29-66.

JULIÁN DE TOLEDO, «Julián de Toledo: "Historia del Rey Wamba" (Traducción y Notas)», ed. Pedro Rafael Díaz y Díaz en *Florentia iliberritana*, n.° 1, (1990), pp. 89-144.

Liber Iudiciorum, Boletín Oficial del Estado, 2015.

MARTÍN DE BRAGA, *Martín de Braga. Obras completas. Versión castellana, edición y notas*, Fundación Universitaria Española, Madrid, 1990.

OROSIO, *Historias. Libros V-VII*, ed. Eustaquio Sánchez Salor, Gredos, Madrid, 1982.

PABLO DIÁCONO, *Historia de los Longobardos. Introducción, traducción y notas*, ed. Pedro Herrera Roldán, Universidad de Cádiz, Cádiz, 2006.

PROCOPIO DE CESAREA, *Historia de las Guerras. Libros III-IV. Guerra Vándala* e *Historia de las Guerras. Libros V-VI y VII-VIII. Guerra Gótica*, ed. José Antonio Flores Rubio, Gredos, Madrid, 2006.

SIDONIO APOLINAR, *Sidonius Apollinaris: Epistolae, Monumenta Germaniae Historica. Auctores Antiquissimi*, VIII, ed. Christian Luetjohann (en latín).

TÁCITO, *Agrícola. Germania. Diálogo sobre los oradores*, ed. José María Requejo Pietro, Gredos, Madrid, 1981.

VENANCIO FORTUNATO, «Venancio Fortunato y las letras en el Medievo y el Humanismo», ed. Serafín Bodelón García, en *Tiempo y sociedad*, n.º 13, 2013-2014, pp. 98-160.

Vientos de tormenta. Las invasiones «bárbaras» en la Hispania del siglo V según los cronistas hispanos de la época: Paulo Orosio, Hidacio e Isidoro de Sevilla, ed. Fernando Romo, La Oficina, Madrid, 2022.

ZÓSIMO, *Nueva Historia*, ed. José María Candau Morón, Gredos, Madrid, 1992.

En segundo lugar, vamos a detallar los trabajos, estudios y publicaciones del siglo XX y del XXI —determinantes para el camino recorrido— dedicados a la temática y al periodo que hemos tratado. Al igual que las anteriores fuentes primarias o antiguas, recomendamos encarecidamente los siguientes títulos y artículos:

AA.VV., *250 Mujeres de la antigua Roma*, Universidad de Sevilla, Barcelona, 2022.

AA.VV., *Concilio III de Toledo: XIV centenario, 589-1989,* Arzobispado de Toledo, Toledo, 1991.

AA.VV., *Hispania Visigoda. El tiempo de los bárbaros*, Pinolia, Madrid, 2023.

AA.VV., *In tempore sueborum. El tiempo de los suevos en Gallaecia (411-585)*, Diputación de Orense, Orense, 2017.

ABADAL Y DE VINYALS, Ramón de, *Del Reino de Tolosa al Reino de Toledo*, Real Academia de la Historia, Madrid, 1960.

AYALA MARTÍNEZ, Carlos de, *Sacerdocio y Reino en la España Altomedieval. Iglesia y poder político en el Occidente peninsular, siglos VII-XII*, Sílex, Madrid, 2008.

AGUD APARICIO, Ana y FERNÁNDEZ ÁLVAREZ, Mª Pilar, *Manual de lengua gótica*, Universidad de Salamanca, Salamanca, 1988.

ALONSO ÁLVAREZ, Raquel, «Hornija, Bamba, Pampliega: las elecciones funerarias de los reyes hispanovisigodos», *Territorio, sociedad y poder: revista de estudios medievales*, n.º 3, (2008), pp. 13-27.

ÁLVAREZ JIMÉNEZ, David *et alii*, *El espejismo del bárbaro. Ciudadanos y extranjeros al final de la Antigüedad*, Publicaciones de la Universitat Jaume I, Castellón de la Plana, 2013.

Arce Martínez, Javier, *Bárbaros y romanos en Hispania (400-507 a.d.)*, Marcial Pons Historia, Madrid, 2005.

—, *Esperando a los árabes. Los visigodos en Hispania (507-711)*, Marcial Pons Historia, Madrid, 2011.

—, *Alarico (365/370-410 a. D.). La integración frustrada*, Marcial Pons, Madrid, 2018.

Balbás, Yeyo, *Espada, hambre y cautiverio. La conquista islámica de Spania*, Desperta Ferro, Madrid, 2022.

Bango Torviso, Isidro G., «Alta Edad Media: de la tradición hispano-visigoda al románico», *Manual del arte español: introducción al arte español*, Sílex, Madrid, 2003.

Barbero de Aguilera, Abilio, *La sociedad visigoda y su entorno histórico*, Siglo Veintiuno Editores, Madrid, 1992.

Barroso Cabrera, Rafael *et alii*, «Mundo funerario y presencia "germánica" en Hispania (ss. v-vi DC)», en *Gallia e Hispania en el contexto de la presencia «germánica» (ss.v-vii): balances y perspectivas* (coord. Jorge López Quiroga *et alii*), Oxford, Madrid, 2006, pp. 213-220.

—, *et alii*, *Gallaecia Gothica: de la conspiración del Dux Argimundus (589/590 d.C.) a la integración en el Reino visigodo de Toledo*, Audema, Madrid, 2015.

Besga Marroquín, Armando, *Spania: La España visigoda*, Letras Inquietas, Cenicero (La Rioja), 2022.

Boin, Douglas, *Alarico el godo. La caída de Roma vista por los bárbaros*, Ático de Libros, Barcelona, 2021.

Bravo Castañeda, Gonzalo, *Revueltas internas y penetraciones bárbaras en el Imperio*, Akal, Madrid, 1991.

Bronisch, Alexander Pierre, *Reconquista y Guerra Santa. La concepción de la guerra en la España cristiana desde los visigodos hasta comienzos del siglo XII*, Universidad de Granada, Granada, 2006.

Brown, Peter, *El mundo en la Antigüedad tardía: de Marco Aurelio a Mahoma*, Taurus, Madrid, 2021.

Burns, Thomas S., *Rome and the Barbarians, 100 B.C.-A.D. 400*, JHU Press, Baltimore, 2003.

—, «Al otro lado del Rin, los bárbaros en el s. IV», *Desperta Ferro Antigua y Medieval*, n.º 29, (2015), pp. 48-54.

CAMPBELL, Joseph, *El poder del mito*, Capitán Swing, Madrid, 2015.

CANDELAS COLODRÓN, César, «*Plebs* y aristocracia en el Cronicón de Hidacio: La organización política hispanorromana en el siglo v», *Polis*, n.º 13, (2001), pp. 129-139.

CANTERA MONTENEGRO, Santiago, *Hispania - Spania. El nacimiento de España*, Actas, Madrid, 2014.

CARROBLES SANTOS, Jesús *et alii*, *Regia Sedes Toletana*, Audema, Toledo, 2007.

CASTELLANOS GARCÍA, Santiago, *En el final de Roma (ca. 455.480)*, Marcial Pons, Madrid, 2013.

—, *Los godos y la cruz: Recaredo y la unidad de Spania*, Alianza, Madrid, 2007.

CASTILLO MALDONADO, Pedro, «Aborto, violencia en gestantes e infanticidio en el Reino visigodo: *Lex Visigothorum* VI.3», *Hispania Antiqva: Revista de Historia Antigua*, n.º XLVII, (2023), pp. 67-85.

CATALÁN RAMOS, Raúl, *Fortificaciones en la Tardoantigüedad*, La Ergástula, Madrid, 2014.

CEBRIÁN ZÚÑIGA, Juan Antonio, *La aventura de los godos*, La Esfera de los Libros, Madrid, 2002.

COLLINS, Roger, *La Europa de la Alta Edad Media: 300-1000*, Akal, Madrid, 2000.

—, *La España visigoda, 409-711*, Crítica, Barcelona, 2005.

COUMERT, Magali y DUMÉZIL, Bruno, *Los reinos bárbaros en Occidente*, Universidad de Granada, Granada, 2013.

DÍAZ Y DÍAZ, Manuel C. *et alii*, «España visigoda. I. Las invasiones. Las sociedades. La Iglesia», *Historia de España de Menéndez Pidal*, T. III, Espasa Calpe, Madrid, 1991.

DÍAZ MARTÍNEZ, Pablo C., «Rey y poder en la monarquía visigoda», *Iberia*, n.º 1, (1998), pp. 175-195.

—, *Hispania tardoantigua y visigoda*, Istmo, Madrid, 2007.

—, *El reino suevo (411-585)*, Akal, Madrid, 2013.

DÍAZ MARTÍNEZ, Pablo y TORRES PRIETO, Juana M., «Pervivencias paganas en el cristianismo hispano (siglos IV-VII)», en *El cristianismo: aspectos históricos de su origen y difusión en Hispania* (coords. Teja Casuso, Ramón y Santo Yanguas, Juan), Vitoria, Universidad del País Vasco, 2001.

DINARÈS CABRERIZO, Oriol, «El elogio de Hildoara: estudio comparativo de la representación literaria de una reina», *Pyrenae: revista de prehistòria i antiguitat de la Mediterrània Occidental*, Vol. 54, n.º 2, (2023), pp. 167-188.

DOMÍNGUEZ HERNÁNDEZ, Fernando, *Los Godos. Desde sus orígenes bálticos hasta Alarico I*, Cultivalibros, Madrid, 2011.

DOMÍNGUEZ MONEDERO, Adolfo, «La *Chronica Caesaraugustana* y la presunta penetración popular visigoda en Hispania», *Antigüedad y Cristianismo*, n.º 3, (1986), pp. 61-68.

ESPARZA TORRES, José Javier, *Visigodos. La verdadera historia de la primera España*, La Esfera de los Libros, Madrid, 2018.

FERNÁNDEZ, Gonzalo, «Problemas históricos en torno a la muerte de Arrio», *Erytheia: Revista de estudios bizantinos y neogriegos*, n.º 5 (1984), 95-103.

FERNÁNDEZ CONDE, Francisco Javier, «Prisciliano y el priscilianismo. Historiografía y realidad», *Clio & Crimen*, n.º I, (2004), pp. 43-85.

GALLEGO FRANCO, Henar, «La imagen de la "mujer bárbara": a propósito de Estrabón, Tácito y Germania», *Faventia*, n.º 21, Fasc. 1, (1999), pp. 55-63.

—, «La sexualidad en "Las Etimologías" de San Isidoro de Sevilla: cristianismo y mentalidad social en la Hispania visigoda», *Hispania sacra*, Vol. 55, n.º 112, (2003), pp. 407-432.

—, «Modelos femeninos en la historiografía hispana tardoantigua: de Orosio a Isidoro de Sevilla», *Hispania antiqva. Revista de Historia Antigua*, n.º 28, (2004), pp. 197-222.

—, «Mujer e historiografía cristiana en la Hispania tardoantigua: las "Historias contra los paganos" de Orosio», *Habis*, n.º 36, (2005), pp. 459-479.

—, «Mujeres y élite social en la Hispania tardoantigua: la evidencia epigráfica (ss. V-VI)», *Hispania antiqva. Revista de Historia Antigua*, n.º 29, (2005), pp. 215-223.

—, «Algunas reflexiones en torno al aspecto étnico-cultural en la onomástica femenina de las fuentes epigráficas de la Hispania tardoantigua», *Hispania antiqva. Revista de Historia Antigua*, n.º 31 (2007), pp. 209-234.

—, «Fronteras de la maternidad en la *Lex Visigothorum*», *Hispania Antiqva. Revista de Historia Antigua*, n.º 32, (2008), pp. 299-312.

—, «Madre y maternidad en el ordenamiento jurídico de la Hispania tardoantigua (siglos V-VII d. C.)», en *Madres y maternidades: construcciones culturales en la civilización clásica* (coord. Rosa María Cid López), KRK, Oviedo, 2009, pp. 293-325.

—, «Cristianismo y maternidad en el ordenamiento jurídico del occidente tardorromano: el Código de Teodosio», *Hispania Sacra*, Vol. 62, n.º 125, (2010), pp. 7-25.

—, «Domina mea: mujeres, protección y caridad en Hispania tardoantigua (ss. V-VII d. C.)», *Arenal: Revista de historia de las mujeres*, Vol. 18, n.º 2, (2011), pp. 335-368.

—, «Quod vi agat feminam. Autoridad marital y violencia doméstica en el discurso normativo y patrístico en la Hispania tardoantigua», *Hispania Sacra*, Vol. 70, n.º 142, (2018), pp. 395-405.

—, «Política y violencia de género en Hispania tardoantigua. Los matrimonios regios visigodos», en *Mujeres, género y estudios clásicos: un diálogo entre España y Brasil* (coord. Manuel García Sánchez y Renata S. Garraffoni), Universidad de Barcelona, 2019, Barcelona, pp. 335-350.

GARCÍA MORENO, Luis Agustín, «Estudios sobre la organización administrativa del Reino visigodo de Toledo», *Anuario de Historia del Derecho Español*, n.º 44, (1974), pp. 5-155.

—, *Historia de España visigoda*, Cátedra, Madrid, 1989.

—, *Las claves de los Pueblos Germánicos*, Planeta, Barcelona, 1992.

—, *La construcción de Europa. Siglos V-VIII.*, Síntesis, Madrid, 2001.

—, «El cristianismo y los pueblos bárbaros. Algunos apuntes», en *El cristianismo: aspectos históricos de su origen y difusión en Hispania*, (coords. Teja Casuso, Ramón y Santo Yanguas, Juan), Universidad del País Vasco, Vitoria, 2001, pp. 67-79.

—, *Leovigildo. Unidad y diversidad de un reinado*, Real Academia de la Historia, Madrid, 2008.

—, *España 702-719. La conquista musulmana*, Universidad de Sevilla, Sevilla, 2014.

—, *España, siglo V. La monarquía goda Balta y la Diócesis de las Españas*, Boletín Oficial del Estado, Madrid, 2017.

—, *La Monarquía de España. Los orígenes (siglo VIII)*, Agencia Estatal Boletín Oficial del Estado, Madrid, 2022.

GOLDSWORTHY, Adrian, *Pax Romana. Guerra, paz y conquista en el mundo romano*, La Esfera de los Libros, Madrid, 2017.

GÓMEZ ARAGONÉS, Daniel, *La invasión bizantina de Hispania 533-625. El reino visigodo frente a la expansión imperial*, Almena, Madrid, 2013.

—, *El esplendor del Reino visigodo de Toledo*, Covarrubias, Toledo, 2014.

—, *Vouillé, 507. El nacimiento del Regnum Gothorum de España*, HRM Ediciones, Zaragoza, 2016.

—, *Bárbaros en Hispania. Suevos, Vándalos y Alanos en la lucha contra Roma*, La Esfera de los Libros, Madrid, 2018.

—, *Historia de los Visigodos*, Almuzara, Córdoba, 2020.

—, *Toledo. Biografía de la ciudad sagrada*, La Esfera de los Libros, Madrid, 2022.

GÓMEZ ARAGONÉS, Daniel y RODRÍGUEZ GARCÍA, Gonzalo, *Historia de los pueblos bárbaros de Europa*, Almuzara, Córdoba, 2023.

GONZÁLEZ CAMPOS, Mariano (traducción y estudio), *Saga de Teodorico de Verona. Anónimo del siglo XIII*, La Esfera de los Libros, Madrid, 2010.

GONZÁLEZ SALINERO, Raúl (editor), *Marginados sociales y religiosos en la Hispania tardorrromana y visigoda*, Signifer Libros, Madrid, 2013.

GONZÁLVEZ RUIZ, Ramón: «Agali. Historia del monasterio de San Ildefonso», *Toletum* (2.ª época), n.º 54, (2014), pp. 99-145.

GUZMÁN ARMARIO, Fancisco Javier, «El cruce del Danubio», *Desperta Ferro Antigua y Medieval*, n.º 50, 2018, pp. 26-32.

HALSALL, Guy, *Las Migraciones Bárbaras y el Occidente Romano, 376-568*, Valencia, Universitat de Valencia, 2012.

HARMATTA, John, *Etudes sur l'histoire des Sarmates*, Budapest, 1950.

HEATHER, Peter, *Goths and Romans, 332-489*, Oxford University Press, Oxford, 1991.

HERAS MORAS, Francisco Javier y OLMEDO GRAGERA, Ana Belén, «Identidad y contexto en la necrópolis tardorromana de Mérida», en *Identidad y etnicidad en Hispania: propuestas teóricas y cultura material en los siglos V-VIII* (coord. Juan Antonio Quirós Castillo y Santiago Castellanos García), Universidad del País Vasco, Bilbao, 2016, pp. 275-290.

—, «Novedades en la necrópolis tardorromana de Mérida. Las princesas bárbaras», *Anas*, n.º 31-32, (2018-2019), pp. 201-208.

HERRIN, Judith, *Rávena*, Debate, Barcelona, 2022.

Hispania Gothorum: San Ildefonso y el reino Visigodo de Toledo, Empresa Pública Don Quijote de la Mancha, Toledo, 2006.

ISLA FERNÁNDEZ, Amancio, «El *officium palatinum* visigodo: entorno regio y poder aristocrático», *Hispania*, n.º 212, (2002), pp. 823-847.

—, «Reinas de los godos», *Hispania: Revista española de historia*, vol. 64, n.º 217, (2004), pp. 409-434.

—, *Ejército, sociedad y política en la península ibérica entre los siglos VII y XI*, CSIC, Madrid, 2010.

—, «Modelos femeninos de actuación en la familia regia asturleonesa, 700-1000», *Anuario de estudios medievales*, vol. 46, n.º 1, (2016), pp. 35-62.

JIMÉNEZ GARNICA, Ana Mª, *Orígenes y desarrollo del reino de Tolosa. (418-507)*, Universidad de Valladolid, Valladolid, 1983.

—, «Gosuintha, el fracaso de una coniux real», *Studia historica. Historia antigua*, n.º 26, (2008), pp. 345-373.

—, *Nuevas gentes, nuevo Imperio: los godos y Occidente en el siglo V*, Universidad Nacional de Educación a Distancia, Madrid, 2010.

—, «'Nos vero Christiani': evidencias de la doctrina arriano/homea en la arquitectura ravenate de Teodorico el Grande», *Oppidum: cuadernos de investigación*, n.º 17, (2021), pp. 273-302.

JIMÉNEZ SÁNCHEZ, Juan Antonio y SEIJO IBÁÑEZ, Elisabet, «Magia y desprestigio en la corte merovingia: el caso de Fredegunda», *Gerión*, Vol. 38, n.º 1, (2020), pp. 227-257.

KAZANSKI, Michael, «Los godos en el siglo IV», Desperta Ferro Antigua y Medieval, n.º 50, (2018), pp. 18-23.

KOCH, Manuel, «*Gotthi intra Hispanias sedes acceperunt*. Consideraciones sobre la supuesta inmigración visigoda en la península ibérica», *Pynerae*, n.º 37, (2006), pp. 83-104.

LA ROCCA, Cristina, «Consors regni: a problem of gender? The consortium between Amalasuntha and Theodahad in 534», en *Gender and Historiography: Studies in the earlier middle ages in honour of Pauline Stafford* (coord. Janet L. Nelson *et alii*), University of London Press, Londres, pp. 127-144.

LEBEDYNSKY, Iaroslav, «Un rayo que se precipita entre las montañas. Guerreros godos y alanos», *Desperta Ferro Antigua y Medieval*, n.º 50, (2018), pp. 34-39.

LENSKI, Noel, «El día más nefasto. La batalla de Adrianópolis», *Desperta Ferro Antigua y Medieval*, n.º 50, (2018), pp. 40-48.

LILLINGTON-MARTIN, Christopher, «La defensa de Roma por Belisario», *Desperta Ferro Antigua y Medieval*, n.º 18, (2012), pp. 40-45.

LÓPEZ QUIROGA, Jorge, «La presencia "Germánica" en Hispania en el siglo V d. C.», *CuPAUAM,* n.º 30, (2004), pp. 213-223.

—, «*Gentes barbarae*. Los bárbaros, entre el mito y la realidad», en *Antigüedad y Cristianismo. Monografías históricas sobre la Antigüedad tardía*, n.º XXV, Murcia, Universidad de Murcia, 2011.

LORING GARCÍA, Mª Isabel *et alii*, *La Hispania Tardorromana y Visigoda. Siglos V-VIII*, Síntesis, Madrid, 2007.

MCCORMICK, Michael, *Eternal Victory. Triumphal Rulership in Late Antiquity, Byzantium and the Early Medieval West*, Cambridge University Press, Cambridge, 1990.

MCKENNA, Stephen, *Paganism and Pagan Survivals in Spain up to the Fall of Visigothic Kingdom*, Catholic University of America, Washington, 1938.

MENÉNDEZ BUEYES, Luis R., *Medicina, Enfermedad y Muerte en la España Tardoantigua*, Universidad de Salamanca, Salamanca, 2013.

MENÉNDEZ PIDAL, Ramón, «Los godos y el origen de la epopeya española», en *Mis páginas preferidas: temas literarios*, Gredos, Madrid, 1957, pp. 58-95.

MILLET, Víctor, *Héroes de libro. Poesía heroica en las culturas anglogermánicas medievales*, Universidade de Santiago de Compostela, Santiago de Compostela, 2007.

MUSSET, Lucien, *Las Invasiones. Las oleadas germánicas*, Labor, Barcelona, 1967.

ORLANDIS ROVIRA, José, «La reina en la monarquía visigoda», *Anuario de historia del derecho español*, n.º 27-28, (1957-1958). pp. 109-136.

—, *Historia del reino visigodo español*, Rialp, Madrid, 2003.

—, *Europa y sus raíces cristianas*, Rialp, Madrid, 2006.

—, *La vida en España en tiempos de los godos*, Rialp, Madrid, 2006.

ORLANDIS ROVIRA, José y RAMOS LISSON, Domingo, *Historia de los concilios de la España romana y visigoda*, Universidad de Navarra, Pamplona, 1986.

OSABA GARCÍA, Esperanza, «Las mujeres en la sociedad visigoda de los siglos VI-VII», en *Mulier: algunas historias e instituciones de derecho romano* (coord. Rosalía Rodríguez López *et alii*), Dykinson, Madrid, 2013, pp. 109-134.

QUIRÓS CASTILLO, Juan Antonio y CASTELLANOS GARCÍA, Santiago (dirs), *Identidad y etnicidad en Hispania: Propuestas teóricas y cultura material en los siglo V-VIII*, Universidad del País Vasco, Bilbao, 2015.

PALOL Y SALELLAS, Pedro de y RIPOLL LÓPEZ, Gisela, *Los Godos en el occidente europeo*, Encuentros, Madrid, 1998.

PAMPLIEGA NOGUÉS, Javier, *Los germanos en España*, Universidad de Navarra, Pamplona, 1998.

PÉREZ-RODRÍGUEZ ARAGÓN, Fernando, «Testimonios materiales de la presencia de tropas «bárbaras» en la *Hispania* romana del siglo V», *Sautuola*, n.º XIV (2008), pp. 241-266.

PLIEGO VÁZQUEZ, Ruth, *La moneda visigoda*, Universidad de Sevilla, Sevilla, 2009.

POHL, Walter, «Telling the difference: Signs of ethnic identity», en *Strategies of Distinction. The Construction of Ethnic Communities, 300-800* (eds. Pohl, Walter y Reimitz, Helmut), Brill, Leiden, 1998.

RIVERO RECIO, Juan Francisco, «Las infantas toledanas hijas del monarca godo Atanagildo y las tragedias de la familia reinante francesa», *Anales toledanos*, n.º 23, 1986, pp. 9-21.

RODRÍGUEZ DE LA PEÑA, Manuel A., *Los Reyes Sabios. Cultura y poder en la Antigüedad tardía y la Alta Edad Media*, Actas, Madrid, 2008.

RUIZ DE LA PUERTA, Fernando, *Historia de la magia en Toledo*, Covarrubias, Toledo, 2010.

SÁNCHEZ ALBORNOZ, Claudio, *La pérdida de España I - El ejército visigodo: su protofeudalización*, Instituto de Historia de España, Buenos Aires, 1967.

—, *Orígenes de la Nación Española: el Reino de Asturias*, Idea, Oviedo, 1974.

SANZ SERRANO, Rosa, «Adivinación y sociedad en la Hispania tardorromana y visigoda», *Gerión*, n.º Extra 2, (1989), pp. 365-390.

—, *Las migraciones bárbaras y la creación de los primeros reinos de Occidente*, Síntesis, Madrid, 1995.

—, *Historia de los Godos*, La Esfera de los Libros, Madrid, 2009.

—, «El papel de Gala Placidia en la creación de un reino godo en Occidente», en *The Theodosian age (A.D. 379-455): power, place, belief and learning at the end of the Western Empire* (coord. Rosa García-Gasco Villarrubia *et alii*), Archaeopress, Oxford, 2013, pp. 53-66.

SEIJO IBÁÑEZ, Elisabet, «La figura de Gala Placidia a través de las fuentes de la Antigüedad tardía», en *Antigüedad «in progress». Actas del I Congreso Internacional de Jóvenes Investigadores del Mundo Antiguo (CIJIMA I)*, (coord. Pedro David Conesa Navarro *et alii*), Universidad de Murcia- CEPOAT, Murcia, 2017, pp. 495-514.

SOLANO FERNÁNDEZ-SORDO, Álvaro, *Las reinas de la Monarquía Asturiana y su tiempo (718-925)*, Marcial Pons, Madrid, 2018.

SOTO CHICA, José, Los *Visigodos. Hijos de un dios furioso*, Desperta Ferro, Madrid, 2020.

—, *Leovigildo. Rey de los hispanos*, Desperta Ferro, Madrid, 2023.

SYVANNE, Ilkka, «El sistema militar godo», *Desperta Ferro Antigua y Medieval*, nº 1, (2010), pp. 32-39.

THOMPSON, Edward A., *Los godos en España*, Alianza, Madrid, 2007.

TORIJANO MORALES, Pablo A., «El estudio de la magia en la Antigüedad tardía: algunas consideraciones práctias», *Gerión*, n.º 18, 2000, pp. 535-547.

TREADGOLD, Warren, *Byzantium and Its Army*, Standford University Press, Standford, 1995.

VALLEJO GIRVÉS, Margarita, *Hispania y Bizancio. Una relación desconocida*, Akal, Madrid, 2012.

VALVERDE CASTRO, María R., «Los orígenes de la monarquía ostrogoda. Teodorico», *Hispania Antiqua*, n.º 19, (1995), pp. 375-386.

—, «La monarquía visigoda y su política matrimonial. De Alarico I al fin del reino visigodo de Tolosa», *Aquitania: une revue inter-régionale d'archéologie*, Tomo 16 (1999), pp. 295-315.

—, *Ideología, simbolismo y ejercicio del poder real en la monarquía visigoda: un proceso de cambio*, Universidad de Salamanca, Salamanca, 2000.

—, «La monarquía visigoda y su política matrimonial: el Reino visigodo de Toledo», *Studia historica. Historia antigua*, n.° 18, (2000), pp. 331-355.

—, «El reino visigodo de Toledo y los matrimonios mixtos entre godos y romanos», *Gerión*, vol. 20, n.° 1, (2002), pp. 511-527.

—, «La derrota visigoda en la batalla de Vouillé: Factores internos», en *Scripta Antiqua: in honorem Ángel Montenegro Duque et José María Blázquez Martínez* (coord. por Ángeles Alonso Ávila y Santos Crespo Ortiz De Zárate), Universidad de Valladolid, Valladolid, 2002, pp.803-813.

—, «La reina viuda en el derecho visigodo: "religionis, habitum adsumat"», *Anuario de historia del derecho español*, n.° 73 (2003), pp. 389-406.

—, «Mujeres "viriles" en la "Hispania" visigoda. Los casos de Gosvinta y Benedicta», *Studia historica. Historia medieval*, n.° 26, (2008), pp. 17-44.

—, «Los viajes nupciales entre el reino de Toledo y la Gallia merovingia. Una ocasión para la escenificación del poder», en *Viajes y cambios de residencia en el mundo romano* (coord. José Manuel Iglesias Gil *et alii*), Universidad de Cantabria, Santander, 2011, pp. 335-366.

—, «La sufrida relación de la mujer con el poder político en el Reino de Toledo», en *El Estado y la Alta Edad Media: nuevas perspectivas* (coord. Álvaro Carvajal Castro *et alii*), Universidad del País Vasco, 2023, pp. 194-206.

VILLARROEL LARRINAGA, Jone, *La viudedad femenina en el derecho visigodo*, Trabajo Fin de Grado, 2020-2021, Universidad del País Vasco. Disponible en: https://addi.ehu.es/handle/10810/54980 Consulta: septiembre de 2024.

VITIELLO, Massimiliano, *Amalasuintha: The Transformation of Queenship in the Post-Roman World*, University of Pennsylvania Press, Filadelfia, 2017.

VIZCAÍNO SÁNCHEZ, Jaime, *La presencia bizantina en Hispania (siglos VI-VII). La documentación arqueológica*, Serie Antigüedad y Cristianismo XXIV-Universidad de Murcia, Murcia, 2009.

WOLFRAM, Herwig, *History of the Goths*, University of California Press, Los Ángeles, 1988.

Por último, por la gran cantidad de recursos y de referencias que ofrece, no podemos dejar de pasar por alto el *Diccionario Biográfico Español de la Real Academia de la Historia*. https://dbe.rah.es/.